경제통계학

STATISTICS FOR ECONOMICS

송호신 저

도서출판 시대가치

머리말

본 경제통계학은 경제학, 경영학 그리고 여타 인문 사회과학을 공부하고자 하는 사람들을 위하여 집필하였다. 특히, 경제학 또는 경영학을 전공으로 삼으면서 향후 계량경제학을 수강하거나 대학원에 진학하여 통계학적인 방법론을 보다 진지하게 공부하려는 사람들에게 큰 도움이 될 것이라 생각한다. 또한, 실제 업무 및 연구에서 계량경제학 분석 방법을 많이 활용하지만, 이론적인 기초가 부족한 사람들에게도 많은 도움이 되리라 확신한다.

본 경제통계학의 가장 큰 특징은 친절한 이론적인 접근이다. 흔히, 이론적인 접근은 너무나 함축적이고 간결하여 친절한 설명이 없거나 다른 기초 지식을 요구하는 경우가 많아서 중도에 이해하기를 포기하는 경우가 많다. 본 경제통계학은 지나치게 간결한 증명보다는 친절한 증명을 통하여 독자들이 쉽고 깊은 이해를 할 수 있도록 기술하였다. 또한, 모든 필요한 내용을 가능한 한 책 안에 다 소개함으로써 다른 기초 지식이 부족하여 다른 책을 뒤적이는 수고를 덜어주려 노력하였다. 따라서, 독학으로 경제통계학을 공부하고자 하는 독자들에게도 큰 도움이 될 것이라 믿는다.

본 경제통계학의 구성은 확률, 확률변수, 기댓값, 여러 개의 확률변수, 잘 알려진 확률분포, 그리고 통계적 추론으로 구성되어 있다. 먼저 제1장인 확률에서는 확률에 대한 이론적인 소개와 확률의 여러 가지 성질에 대하여 소개한다. 제2장인 확률변수에서는 누적분포함수를 소개한다. 아울러, 확률변수가 연속적인 경우와 이산적인 경우를 구분하여 각각의 특징을 소개한다. 제3장에서는 기댓값과 분산을 소개한다. 또한, 적률생성함수와 주요 부등식을 소개한다. 제2장 및 제3장의 이해를 위해서는 미분과 적분에 대한 이해가 필요한데, 그에 대한 기본 지식이 약한 독자들을 위하여 미분과 적분에 대한 기본적인 내용을 부록 A와 B에 소개하였다. 미분에 대하여 생소한 학생들은 제2장을 공부하기 전에 부록A의 미분을 먼저 공부하는 것을 권한다. 적분에 대한 이해가 부족한 학생은 제3장을 공부하기 전에 부록 B의 적분을 공부한다면 보다 효과적인 학습이 될 것이라 생각한다. 제1장부터 제3장까지 하나의 확률변수에 관한 내용이라면, 제4장과 제5장은 여러 개의 확률변수로 확장한 경우를 소개한 것이다. 여러 개의 확률변수 가운데, 가장 간단한 두 개의 확률변수를 중심으로 기술한다. 제6장은 실제로 많이 사용되는 잘 알려진 확률분포에 대하여 설명한다. 연속확률변수 분포의 경우, t-분포와 F-분포의 일부 내용은 기술적으로 복잡하여 지루할 수 있으니 관심이 많은 독자들만 읽어도 무방하다. 학부생의 경우, t-분포와 F-분포에 대한 정의만 이해하고, 나머지 기술적인 부분은 넘어가더라도 괜찮다고 생각한다. 대학원생의 경우에는 해당 부분을 꼼꼼히 읽어보면 큰 도움이 되리라 생각한다. 여러 확률변수들의 분포로는 다변수 정규분포를 소개한다. 제7장 통계적 추론에서는 무작위 추출 표본 및 추정량 등 추론과 관련 있는 기본적인 개념 및 용어들을 소개한다. 아울러 표본의 크기가 커짐에 따라 추정량이 어떤 성질을 갖는가를 설명하는 추정량의 점근적 성질을 소개한다. 특히 대수의 법칙과 중심극한 정리는 매우 중요한 내용이므로 독자들은 해당 개념에 대하여 명확하게 이해하도록 노력하기를 바란다. 구체적인 증명에 얽매이기보다는 해당 개념의 의미를 이해하는 데 초점을 두기를 권한다. 중심극한 정리를 잘 이해하고 있다면 신뢰구간 및 가설검정에 대해서도 쉽게 이해할 수 있을 것이다.

본 경제통계학을 통하여 통계학 지식의 결과를 단순히 암기하는 것보다 왜 그러한 결과가 나오는 것인가를 이해하는 데서 얻어지는 즐거움을 느끼기를 바란다. 그러한 즐거움을 느끼다보면 어느 사이 독자들은 무엇인가를 창조할 수 있는 능력을 갖춘 사람이 될 것이다. 마지막으로 원고의 한글 LaTex 작업 그리고 교정 작업 등에 도움을 준 제자들 강민서, 황지수, 고유경에게 고맙다는 말을 전한다. 그리고 저자의 느린 작업에 인내심을 가지고 지켜봐준 도서출판 시대가치에 감사의 말을 전한다.

2020년 3월

송호신

차례

제1장 확 률(Probability)

1.1 임의사건(Random Events) ········· 1

1.2 임의실험(Random Experiment) ········· 1

1.3 집합(set)과 사건(event) ········· 3

1.4 확률의 정의 및 성질 ········· 11

1.4.1 확률의 정의 / 12

1.4.2 확률의 성질 / 12

1.5 조건부 확률과 사건의 독립성 ········· 20

1.5.1 조건부 확률(Conditional Probability) / 20

1.5.2 독립성(Independence) / 23

1.6 연습문제 ········· 25

제2장 확률변수(Random Variable)

2.1 확률변수(Random Variable) ········· 27

2.2 누적분포함수(Cumulative Distribution Function) ········· 30

2.3 이산확률변수(Discrete Random Variable) ········· 38

2.4 연속확률변수(Continuous Random Variable) ········· 40

2.5 확률변수의 변환(Transformation of Random Variables) ········· 45

2.6 연습문제 ········· 50

제3장 기댓값(Expectation)

3.1 기댓값의 정의 ········ 51
3.2 기댓값의 성질 ········ 54
3.3 분산(Variance)의 정의 및 성질 ········ 59
3.4 적률생성함수(Moment Generating Function, MGF) ········ 62
3.5 중요한 부등식들 ········ 69
3.5.1 마르코프 부등식(Markov's Inequality) / 69
3.5.2 체비쉐프 부등식(Chebyshev's Inequality) / 70
3.5.3 젠센부등식(Jensen's Inequality) / 71
부록 A : 미분(Differentiation) / 74
부록 B : 적분(Integration) / 85
3.6 연습문제 ········ 88

제4장 여러 개의 확률변수 1(Multiple Random Variables 1)

4.1 결합분포(Joint Distribution) ········ 91
4.2 두 확률변수가 모두 이산확률변수인 경우 ········ 95
4.3 두 확률변수가 모두 연속확률변수인 경우 ········ 98
4.4 연습문제 ········ 105

제5장 여러 개의 확률변수 2(Multiple Random Variables 2)

5.1 확률변수 간의 독립 ········ 107
5.2 기댓값 ········ 108
5.3 공분산과 상관계수 ········ 113
5.4 조건부 확률, 조건부 기댓값 그리고 조건부 분산 ········ 121
5.4.1 이산확률변수의 경우 / 121
5.4.2 연속확률변수의 경우 / 121

5.4.3 조건부 분산 /122
5.4.4 조건부 평균 및 분산 관련 여타 주요 성질 / 123
5.4.5 확률변수 변환시 결합확률밀도함수 / 127
5.5 다차원 확률벡터 ………… 133
5.6 연습문제 ………… 137

제6장 잘 알려진 확률분포(Well-known Distributions)

6.1 이산확률변수 ………… 143
6.1.1 베르누이 분포(Bernoulli distribution) / 143
6.1.2 이항분포(Binomial distribution) / 145
6.1.3 포아송 분포(Poisson distribution) / 147
6.2 연속확률변수 ………… 151
6.2.1 (연속)균일분포(Uniform distribution) / 151
6.2.2 감마분포(Gamma distribution) / 153
6.2.3 정규분포(Normal distribution) / 157
6.2.4 카이제곱 분포(Chi-square distribution) / 165
6.2.5 t-분포(t-distribution) / 172
6.2.6 F-분포(F-distribution) / 177
6.2.7 지수분포(Exponential distribution) / 180
6.3 다변수 정규분포(Multivariate Normal distribution) ………… 182
6.4 정규분포와 t-분포 ………… 185
6.5 연습문제 ………… 191

제7장 통계적 추론(Statistical Inference)

7.1 주요 용어 ………… 193
7.2 표본평균 ………… 196
7.3 추정량의 성질 ………… 198
7.4 추정량의 점근적 성질(Large Sample Property) ………… 201
7.4.1 확률 수렴(Convergence in probability) / 201

7.4.2 분포 수렴(Convergence in distribution) / 208

7.5 신뢰구간(Confidence Intervals) ··· 217

7.6 가설검정(Testing Hypotheses) ··· 226

7.7 연습문제 ··· 236

[부 록]

〈표 A.1〉 표준정규분포표 ··· 240

〈표 A.2〉 카이제곱 분포표 ··· 241

〈표 A.3〉 t-분포표 ··· 242

〈표 A.4〉 F-통계표: 상위 5% 통계값 ··· 243

〈표 A.5〉 F-통계표: 상위 1% 통계값 ··· 244

■ 찾아보기(Index) / 245

01

확 률(Probability)

1.1 임의사건(Random Events)

확률을 이해하기 위해서는 먼저 사건(events)에 대한 이해가 필요하다. 사건은 크게 **임의사건(random event)**과 **비임의사건(non-random event)**으로 구분할 수 있다. 모든 사건은 어떤 결과(outcome)가 나타나면서 종료되는데, 결과에 대한 불확실성이 있다면 임의사건 또는 무작위사건이라 부른다. 결과에 있어서 불확실성이 없다면 그러한 사건은 비임의사건(non-random event)이라고 부른다. 확률과 밀접한 관계를 가지는 사건은 대부분 임의사건(random event)으로 우리가 직면하는 대부분의 사건이 이에 해당한다. 특정 임산부가 아이를 낳을 때 곧 태어날 아이의 성별, 현재 나이가 스무살인 학생의 평생소득, 현재 경제통계학을 수강하고 있는 학생의 최종 점수 등이 임의사건이다. 반대로, 결과의 불확실성이 없는 사건인 비임의사건의 예도 찾을 수 있다. 내일 아침에 해가 뜨는 사건, 또는 오늘 저녁에 해가 지는 사건은 그 결과에 있어서 불확실성이 없는 비임의사건이라고 할 수 있다.

1.2 임의실험(Random Experiment)

임의사건들 중에는 통제가 가능한 상태에서 반복될 수 있는 사건들이 있고, 반대로 반복이 가능하지 않은 사건들이 있다. 전자의 예로는 주사위 던지기, 동전 던지기, 또는 동일한 유전자 복제가 가능한 실험쥐들을 이용한 실험이 있다. 우리는 잘 만들어진 주사위나 동전을 동일한 조건하에서 원하는 만큼 반복하여 던질 수 있다. 따라서 이들은 통제하에서 반복이 가능한 사건들이다. 반면, 통제와 반복이 불가능한 사건이 실제로는 우리 주위에 더 많다. 주가의 움직임, 일자리 찾기, 한 개인의 생애소득 또는 결혼 등과 같은 사건은 동일한 조건하에서 반복 실험이 불가능하다.

만약 어떤 임의사건이 동일한 조건하에서 반복될 수 있다면, 우리는 이것을 **임의실험(random experiment)**이라고도 부른다. 모든 임의실험은 결과(outcome)를 가지며, 모든 가능한 결과들의 집합을 표본공간(sample space)이라고 부른다.

임의실험(random experiment)	동일한 조건하에 반복 가능한 실험
결과(outcome, ω)	임의실험의 결과
표본공간(sample space, Ω)	임의실험의 모든 결과들을 원소로 갖는 집합

흔히, 표본공간을 일반적으로 전체집합을 뜻하는 Ω로 표기하고, 각 결과는 표본공간의 원소로서 소문자 ω로 표기한다. 아래의 예에서 임의실험, 결과, 표본공간을 위의 정의에 따라 구분해보자.

예시 1.1 동전 던지기

(a) 임의실험: 동전 던지기
(b) 결과: 앞면(Head, H) 또는 뒷면(Tail, T)
(c) 표본공간 $\Omega = \{앞면(H), 뒷면(T)\}$

만약 앞면을 ω_1 그리고 뒷면을 ω_2로 표시하면, 표본공간은 $\Omega = \{\omega_1, \omega_2\}$이 된다.

예시 1.2 주사위 던지기

(a) 임의실험: 주사위 던지기
(b) 결과: 모두 6가지의 결과가 있으며, 눈금이 하나인 경우 ⚀, 두 개인 경우 ⚁, 세 개인 경우 ⚂, 네 개인 경우 ⚃, 다섯 개인 경우 ⚄, 그리고 여섯 개인 경우 ⚅가 있다.

> (c) 표본공간
>
> $$\Omega = \{⚀,\ ⚁,\ ⚂,\ ⚃,\ ⚄,\ ⚅\}$$
>
> 만약 ⚀를 ω_1으로 표시하고, ⚁를 ω_2으로 표시하고, 비슷한 방식으로 ⚅를 ω_6으로 표시하면, 표본공간은 $\Omega = \{\omega_1, \omega_2, \omega_3, \cdots, \omega_6\}$로 표현할 수도 있다.

1.3 집합(set)과 사건(event)

이하에서는 집합의 주요 개념들을 살펴본다. 집합(set)이란 서로 구분되는 원소(element)들의 묶음(collection)이다. a가 집합 A에 속하면 $a \in A$로 표시하며, a가 집합 A에 속하지 않으면 $a \notin A$로 표시한다. 예컨대, 동전 던지기의 표본공간은 앞면이 나오는 결과 H와 뒷면이 나오는 결과 T의 집합이다. $\Omega = \{T, H\}$.

이번에는 두 집합 B_1과 B_2를 생각해보자. 집합 B_1의 모든 원소가 B_2의 원소일 경우, 우리는 집합 B_1은 집합 B_2의 **부분집합(subset)**이라 부르며, $B_1 \subset B_2$로 표기한다. 이를 다른 방식으로 정의하면, "B_1에 속하는 모든 원소는 B_2에 속한다"라고 말할 수 있다.

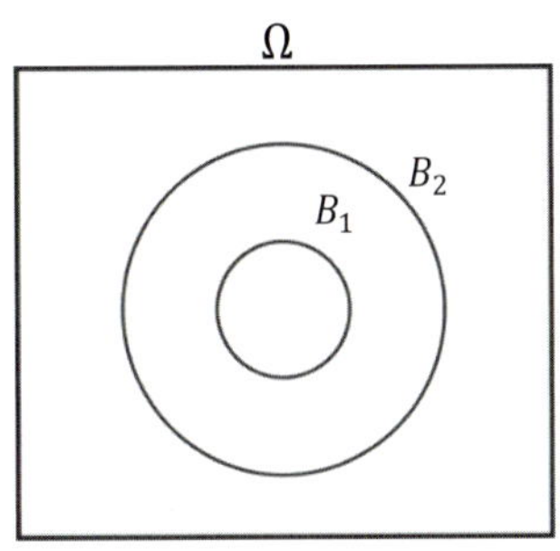

만약 $B_1 \subset B_2$이고 $B_2 \subset B_1$일 경우에는 $B_1 = B_2$이다.

집합의 원소가 없는 경우, 그러한 집합을 우리는 **공집합(empty set)**이라고 부르며, ϕ 또는 $\{\}$라고 표시한다. 정의상 공집합은 모든 집합의 부분집합이며, 다음과 같은 성질을 지닌다.

임의의 어떤 집합 A에 대하여,

$$\phi \subset A,$$
$$\phi \cup A = A,$$
$$\phi \cap A = \phi.$$

전체집합 Ω에 대해서도 비슷한 성질을 얻을 수 있다.

임의의 집합 $A \subset \Omega$에 대하여,

$$A \cup \Omega = \Omega,$$
$$A \cap \Omega = A.$$

우리가 집합이론을 소개한 이유는 집합 개념을 이용하여 표본공간과 사건(events)을 설명할 수 있기 때문이다. 정확하게 말하자면, **사건(event)**은 표본공간의 부분집합으로 정의된다. 주사위 던지기의 예를 생각해보자. 주사위 던지기의 경우 표본공간은 Ω ={⚀,⚁,⚂,⚃,⚄,⚅}이다. 표본공간의 부분집합은 모두 $2^6 = 64$가지가 있을 것이다. 이 중 몇 가지를 예로 생각해보자. 먼저, 집합 B_1 ={⚀, ⚁, ⚂}을 생각해보자. B_1은 전체집합인 표본공간의 부분집합 중 하나로서 하나의 사건이다. 그렇다면 사건 B_1은 어떻게 해석하는가? 여러분이 주사위를 던질 때 그 결과가 눈금이 하나이거나 두 개 또는 세 개가 나오는 사건이 바로 B_1인 것이다. 이러한 방식으로 표본공간의 모든 부분집합인 사건을 해석할 수 있다. {⚀}은 주사위를 던졌을 때 눈금이 하나인 면이 나오는 결과를 얻는 사건이다.

그렇다면 두 개의 독특한 경우의 사건 ϕ과 Ω는 어떻게 해석해야 하는가? Ω ={⚀, ⚁,⚂,⚃,⚄,⚅}는 주사위를 던졌을 때 나오는 점이 한 개 또는 두 개 또는 세 개 또는 네 개 또는 다섯 개 또는 여섯 개인 사건이다. 즉, 나오는 면의 점이 1부터 6까지 중 하나인 경우를 나타내는 사건인데, 이러한 사건은 주사위를 던질 때 항상 일어나는 사건이다. 반대로 ϕ는 주사위를 던졌을 때 나오는 면의 점이 1부터 6까지 중 어느 것도 아닌 사건을 의미한다. 이러한 사건은 일어날 수 없는 불가능한 사건인 것이다. 따라서, Ω를 **항상 일어나는 사건**(universal event), 그리고 ϕ를 **불가능한 사건**(impossible event)이라고 부른다.

이번에는 상대적으로 간단한 동전 던지기의 예를 살펴보자.

예시 1.3

동전 던지기의 경우 표본공간과 사건은 다음과 같다.

1. 표본공간 $\Omega = \{H, T\}$
2. 사건 : $\phi, \{T\}, \{H\}, \{H, T\}$

동전을 던졌을 때 가능한 결과는 앞면$\{H\}$과 뒷면$\{T\}$이다. 따라서 모든 결과들의 집합 $\{H, T\}$가 표본공간 Ω이다. 표본공간의 부분집합으로서 사건의 의미는 다음과 같다. ϕ은 동전을 던졌을 때 앞면도 뒷면도 나오지 않는 사건을 의미하며, $\{H, T\}$은 동전을 던졌을 때 앞면이 나오거나 뒷면이 나오는 사건이다. $\{T\}$는 뒷면이 나오는 사건, 그리고 $\{H\}$는 앞면이 나오는 사건이다. 확률(Probability)은 모든 사건들을 0과 1 사이에 있는 실수에 연결시키는 함수이다. 확률에 관한 엄밀한 정의는 1.4절에서 다룰 것이다.

임의의 집합 B의 원소들을 자연수 집합에 일대일 대응시킬 수 있을 때, 집합 B를 **가산집합(countable set)**이라고 한다. 가산집합은 기본적으로 원소의 개수가 유한한 유한집합(infinite set)과 원소의 개수는 무한하지만 셀 수 있는 무한집합(countably infinite set)을 포함한다. 무한 가산집합의 대표적인 예는 자연수집합($\mathbb{N}$), 정수집합($\mathbb{Z}$), 유리수집합($\mathbb{Q}$)이다. 한편, 가산집합이 아닌 집합은 **비가산집합(uncountable set)**이라고 한다. 실수집합($\mathbb{R}$) 및 무리수집합이 대표적인 비가산집합이다. 다음의 예에서 각 집합이 가산집합인지 확인하여라.

예시 1.4

B_1과 B_2가 각각 가산집합인가?

1. $B_1 = \{2,4,6,8,10\}$
2. $B_2 = \{-2, -1,0,1,2,3,4,5,6,7, \cdots\}$

B_1은 원소가 5개인 유한집합이므로 가산집합이다. B_2는 자연수집합과 다음과 같

은 일대일 대응관계가 있기 때문에 가산집합이다.

$$
\begin{array}{lcccccc}
B_1: & -2, & -1, & 0, & 1, & 2, & 3, \cdots\cdots \\
 & \downarrow & \downarrow & \downarrow & \downarrow & \downarrow & \downarrow \\
\text{자연수}: & 1, & 2, & 3, & 4, & 5, & 6 \cdots\cdots
\end{array}
$$

B_1과 B_2가 집합일 때, 집합 B_1과 B_2 중 적어도 하나에 속하는 모든 원소들의 집합을 B_1과 B_2의 **합집합(union)**이라 하고 $B_1 \cup B_2$로 나타낸다.

$$B_1 \cup B_2 = \{x | (x \in B_1) \vee (x \in B_2)\}.$$

여기에서 $\vee$는 논리적 연산자로서 "또는 (or)"을 의미한다.

여러 집합들 $B_1, B_2, B_3, \cdots$의 합집합은 이 집합들 중 적어도 하나에 속하는 모든 원소들의 집합이다. 집합의 개수가 무한 또는 유한인가에 따라 집합들의 합집합을 나타내는 방식이 다르다. 각각의 방식은 아래와 같이 나타낼 수 있다.

집합들의 개수가 유한인 경우, $B_1 \cup B_2 \cup \cdots \cup B_k = \bigcup_{j=1}^{k} B_j$로 표현할 수 있으며, 집합들의 개수가 무한인 경우에는 $B_1 \cup B_2 \cup B_3 \cup \cdots = \bigcup_{j=1}^{\infty} B_j$ 로 표현할 수 있다. $\bigcup_{j=1}^{\infty} B_j$의 형태의 합집합을 **가산합집합(countable union)**이라고 한다.

합집합의 개념을 더 확실히 이해하기 위하여, 다음의 예시를 풀어보자.

예시 1.5

B_1과 B_2가 다음과 같이 주어졌다고 하자. $B_1 = \{(x, y): 0 \leq x = y \leq 1\}$, $B_2 = \{(x, y): 0 \leq x \leq 1, 0 \leq y \leq 1\}$일 때, $B_1 \cup B_2$은 무엇인가?

예시 1.6

B_1과 B_2가 다음과 같이 주어졌다고 하자. $B_1 = \{x: 0 \leq x < 1\}$, $B_2 = \{x: 1 \leq x \leq 3\}$일 때, $B_1 \cup B_2$은 무엇인가?

예시 1.7

$B_k = \left\{x: \frac{1}{2^k} < x \le 1\right\}, k = 1,2,3,\cdots$이다. 이때 $\bigcup_{k=1}^{\infty} B_k$은 무엇인가?

이번엔 교집합의 개념에 대해서 살펴보자. 집합 B_1과 B_2에 모두 속하는 모든 원소들의 집합을 B_1과 B_2의 **교집합(intersection)**이라 하고 $B_1 \cap B_2$로 나타낸다.

$$B_1 \cap B_2 = \{x | (x \in B_1) \wedge (x \in B_2)\}.$$

여기에서 $\wedge$는 논리적 연산자로서 "그리고 (and)"를 의미한다.

여러 집합들 $B_1, B_2, B_3, \cdots$의 교집합은 집합들 $B_1, B_2, B_3, \cdots$에 모두 속하는 모든 원소들의 집합이다. 집합들의 교집합을 나타내는 방식은 합집합과 마찬가지로 집합들의 개수가 유한인지 무한인지에 따라 다르다.

집합의 개수가 유한인 경우: $B_1 \cap B_2 \cap \cdots \cap B_k = \bigcap_{j=1}^{k} B_j$

집합의 개수가 무한인 경우: $B_1 \cap B_2 \cap B_3 \cap \cdots = \bigcap_{j=1}^{\infty} B_j$

$\bigcap_{j=1}^{\infty} B_j$의 형태의 교집합을 **가산교집합(countable intersection)**이라고 한다.
교집합의 개념을 더 확실히 알기 위해, 다음의 예시를 풀어보자.

예시 1.8

$B_1 = \{x: 0 \le x \le 2\}$ 그리고 $B_2 = \{x: 1 < x \le 3\}$일 때, $B_1 \cap B_2$은 무엇인가?

예시 1.9

$B_k = \left\{x: 0 < x \le \frac{1}{k}\right\}, k = 1,2,3,\cdots$이라면, $\bigcap_{k=1}^{\infty} B_k$는 무엇인가?

교집합과 합집합이 모두 사용되는 것과 관련하여 다음의 두 가지 배분법칙이 있다.

- $B_1 \cup (B_2 \cap B_3) = (B_1 \cup B_2) \cap (B_1 \cup B_3)$.
- $B_1 \cap (B_2 \cup B_3) = (B_1 \cap B_2) \cup (B_1 \cap B_3)$.

배분법칙은 여러 개의 사건들에도 적용된다. 예를 들어, 다음이 성립한다.

$$\begin{aligned}&(B_1 \cup B_2) \cap (B_3 \cup B_4)\\&\quad = \big((B_1 \cup B_2) \cap B_3\big) \cup \big((B_1 \cup B_2) \cap B_4\big)\\&\quad = \big(B_3 \cap (B_1 \cup B_2)\big) \cup \big(B_4 \cap (B_1 \cup B_2)\big)\\&\quad = \big((B_3 \cap B_1) \cup (B_3 \cap B_2)\big) \cup \big((B_4 \cap B_1) \cup (B_4 \cap B_2)\big)\\&\quad = (B_3 \cap B_1) \cup (B_3 \cap B_2) \cup (B_4 \cap B_1) \cup (B_4 \cap B_2).\end{aligned}$$

다음으로 여집합의 정의에 대해 알아보자. 전체집합 Ω를 표본공간이라고 할 때, **집합 B의 여집합(complementary set)**은 B에 속하지 않는 Ω의 모든 원소들의 집합이다. 이는 $\boldsymbol{B^c}$로 나타내며, 다음과 같이 정의할 수 있다.

$$\Omega \backslash B = B^c = \{x \in \Omega | x \notin B\}.$$

다음은 여집합과 관련하여 잘 알려진 사실들이다.

- $B \cup B^c = \Omega$.

이는 어떤 원소이든 특정한 집합 B에 속하거나, 집합 B에 속하지 않는 두 가지 경우 중 하나임을 고려하면 자명함을 알 수 있다. 이로부터 $\phi^c = \Omega$임도 알 수 있다.

- 드모르간의 법칙(DeMorgan's Law)

  (a) $(B_1 \cap B_2)^c = B_1^c \cup B_2^c$
  (b) $(B_1 \cup B_2)^c = B_1^c \cap B_2^c$

드모르간의 법칙은 벤다이어그램(Van Diagram)을 이용하여 확인할 수 있다.
(a)를 예로 보자.

$$(B_1 \cap B_2)^c$$

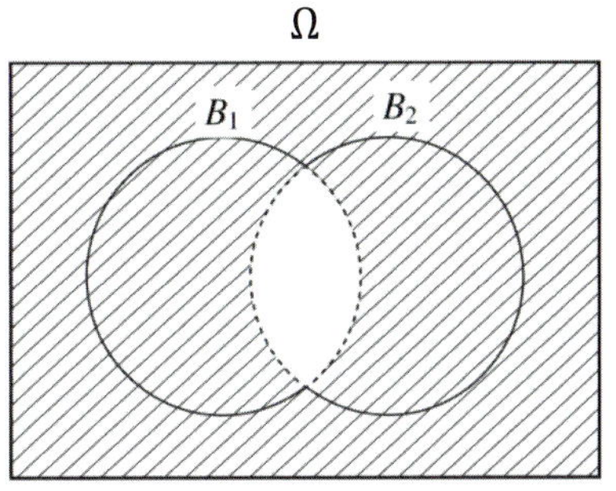

이제 B_1^c과 B_2^c은 각각 다음과 같다.

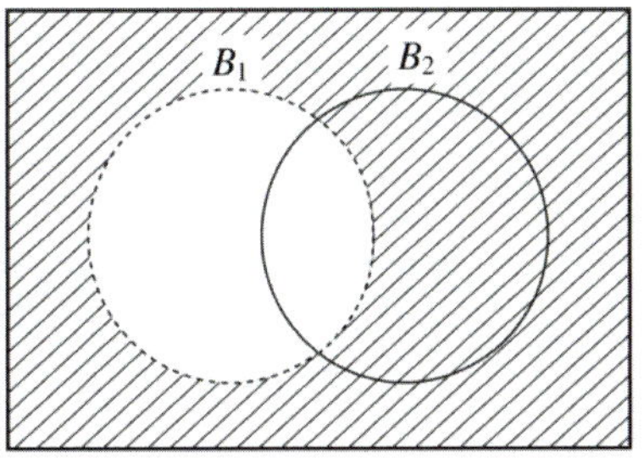

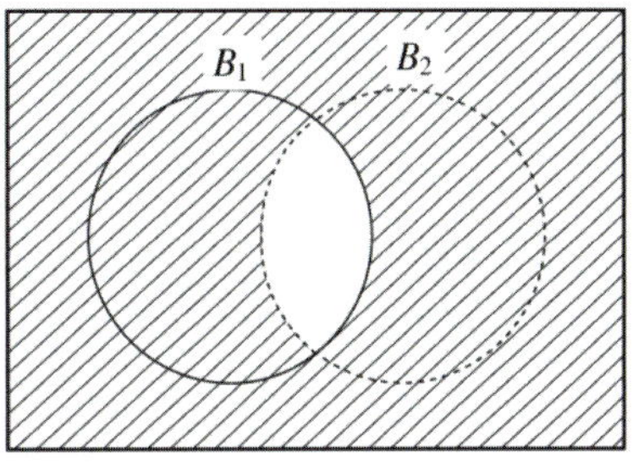

따라서 B_1^c과 B_2^c의 합집합은 $(B_1 \cap B_2)^c$과 같음을 알 수 있다.
(b)의 경우는 독자들이 각자 확인해보기를 권한다.

다음의 예시를 생각해보자.

예시 1.10

$\Omega = \{H, T\}$라고 하자.
(a) $B_1 = \{H\}$일 때, B_1의 여집합, B_1^c는 무엇인가?
(b) $B_2 = \phi$일 때, B_2^c는 무엇인가?

예시 1.11

$\Omega = \{x: 0 \le x \le 1\}$이고 $B = \{x: 0 \le x \le 0.5\}$이라 하자. 이때 B^c는 무엇인가?

이번에는 차집합의 개념에 대하여 알아보자. B_1과 B_2가 표본공간 Ω에 속하는 집합일 때, B_1에 속하지만, B_2에는 속하지 않는 모든 원소들의 집합을 **B_1에 대한 B_2의 차집합(difference)**이라 하고 $B_1 \backslash B_2 = B_1 \cap B_2^c$로 나타낸다. 즉, B_2의 B_1에 대한 여집합(complement set)이다.

$$B_1 \backslash B_2 = \{x \in B_1 | x \notin B_2\}.$$

차집합과 관련하여 다음의 예시를 생각해보자.

예시 1.12

$A = \{x: 0 \leq x \leq 0.6\}$, 그리고 $B = \{x: 0 \leq x \leq 0.5\}$일 때, $A \backslash B$는 무엇인가?

이제 집합 간의 상호 배타적(mutually disjoint or exclusive) 관계와 상호 완전적(mutually exhaustive) 관계에 대해 알아보자. 집합 B_1과 B_2가 공통인 원소가 없다면, 즉 $B_1 \cap B_2 = \phi$이면, 집합 B_1과 B_2는 **상호 배타적(disjoint)** 또는 **서로소**라고 한다. 예를 들어 표본공간이 $\Omega = \{1,2,3,4\}$일 때, 집합 B_1과 B_2가 각각 $B_1 = \{1,4\}$과 $B_2 = \{3\}$으로 주어져 있다면, $B_1 \cap B_2 = \phi$이므로, 두 집합 B_1과 B_2는 **상호 배타적(disjoint)** 또는 **서로소**이다. 또한 표본공간의 부분집합이 사건(event)을 나타내므로, 우리는 사건 B_1과 B_2가 상호 배타적(disjoint)이라고 말할 수도 있다. 한편, 두 사건의 합집합이 표본공간이 된다면 두 사건은 **상호 완전적(mutually exhaustive)**이라고 부른다. 수식으로 표현한다면, $B_1 \cup B_2 = \Omega$이면, 두 사건 B_1과 B_2는 **상호 완전적(mutually exhaustive)**이다. 상호 완전성은 가산합집합(countable union)까지 확장될 수 있다. 즉, $\bigcup_{j=1}^{\infty} B_j = \Omega$이 성립한다면, $B_1, B_2, B_3, \cdots$는 **상호 완전적**이다. 다음은 상호 배타성과 상호 완전성의 예시이다.

예시 1.13

표본공간 $\Omega = \{1,2,3,4\}$과 두 사건 $B_1 = \{1,4\}$과 $B_2 = \{2,3\}$을 생각해보자.
이 경우, B_1과 B_2는 **상호 배타적(mutually exclusive)**이며 **상호 완전적(mutually exhaustive)**이다.

1.4 확률의 정의 및 성질

이 절에서는 확률을 정의하고 확률과 관련된 다양한 성질들을 소개한다. 확률을 정의하기 전에 먼저 필요한 개념인 표본공간(sample space, Ω), 사건(events) 그리고 시그마 필드($\boldsymbol{\mathcal{B}}$)를 소개하고자 한다.

표본공간(Ω)은 가능한 모든 결과들의 집합이다. 사건(events)은 표본공간의 부분집합이다. 시그마 필드(또는 시그마 대수, sigma-algebra, $\boldsymbol{\mathcal{B}}$)는 모든 사건들의 집합으로서 다음의 두 가지 성질을 만족한다.

1. 어떤 사건이 시그마 필드의 원소이면 그 여집합 사건도 시그마 필드의 원소이다. 이를 간단히 표현하면 다음과 같다.

   $B \in \boldsymbol{\mathcal{B}}$이면, $B^c \in \boldsymbol{\mathcal{B}}$이다.

2. 사건들 $B_1, B_2, B_3, \cdots$가 시그마 필드의 원소이면 그들의 합집합도 시그마 필드의 원소이다. 이를 간단히 표현하면 다음과 같다.

   $B_1, B_2, B_3, \cdots \in \boldsymbol{\mathcal{B}}$이면, $\cup_{j=1}^{\infty} B_j \in \boldsymbol{\mathcal{B}}$.

참고로, 시그마 필드가 아닌 필드(혹은 대수(algebra), $\boldsymbol{\mathcal{A}}$)란 시그마 필드의 두 번째 조건이 유한한 합집합에 한정되는 경우이다. 즉,

1. $A \in \boldsymbol{\mathcal{A}}$이면 $A^c \in \boldsymbol{\mathcal{A}}$.
2. $A_1, \cdots, A_k \in \boldsymbol{\mathcal{A}}$이면 $\cup_{j=1}^{k} A_j \in \boldsymbol{\mathcal{A}}$.

앞에서 정의하였듯이 시그마 필드는 여집합과 (가산)합집합에 대하여 닫혀 있다. 표본공간에서 생성된 시그마 필드에 대한 명확한 이해를 위하여 동전 던지기 실험을 생각해보자. 이 경우 표본공간은 $\Omega = \{H, T\}$이다. 앞면이 나오는 사건 $\{H\}$가 시그마 필드에 속하면, 여집합인 $\{H\}^c = \Omega \backslash \{H\} = \{T\}$도 시그마 필드에 속해야 한다. 또한 두 사건의 합집합 $\{T\} \cup \{H\} = \Omega$도 시그마 필드에 속하게 된다. 이와 같은 방식으로 생각

하면, 동전 던지기의 경우 시그마 필드는 $\boldsymbol{\mathcal{B}} = \{\phi, \{T\}, \{H\}, \Omega\}$임을 알 수 있다.

1.4.1 확률의 정의

이제 확률을 함수라는 측면에서 엄밀하게 정의하자.

Ω를 표본공간이라고 하고 $\boldsymbol{\mathcal{B}}$를 표본공간에서 생성된 시그마 필드라 하고, P를 $\boldsymbol{\mathcal{B}}$에서 실수로 가는 함수(set function)라고 하자. 즉, $P: \boldsymbol{\mathcal{B}} \rightarrow \mathbb{R}$이다. 만약 함수 P가 아래의 세 조건을 모두 만족한다면, P를 **확률(Probability)**이라고 한다.

1. 모든 사건 $B \in \boldsymbol{\mathcal{B}}$에 대하여 $P(B) \geq 0$이다.
2. $P(\Omega) = 1$이다.
3. 임의의 상호 배타적인 B_m과 B_n에 대하여, (즉 $B_m \cap B_n = \phi$이면), $P(B_m \cup B_n) = P(B_m) + P(B_n)$이다.

엄밀하게 말하면, P의 정의역이 가산합집합에 닫혀 있는 시그마 필드이기 때문에 3번째 조건은 모든 상호 배타적인 무한히 많은 사건들에 대하여 성립한다. 따라서 $P(\cup_{j=1}^{\infty} B_j) = \sum_{j=1}^{\infty} P(B_j)$이 성립한다.

위의 정의에서 보았듯이 확률은 시그마 필드에 속한 임의의 사건(event)에 0과 1 사이의 실수를 부여해주는 함수이다. 앞의 정의에서 함수인 P가 확률이 되기 위한 세 조건들을 확률의 "**공리(axioms)**"라고 부른다.

1.4.2 확률의 성질

이하에서는 확률에 관한 몇 가지 주요 정리들을 소개한다. 각 정리들은 앞에서 말한 확률의 공리들에 기초하여 논리적으로 도출된 결과들이다. 독자들은 각 정리를 직접 증명해보아라.

정리 1.1 모든 사건 $B \in \mathcal{B}$에 대하여, $P(B^c) = 1 - P(B)$이다.

정리 1.1은 어떤 사건이 일어날 확률이 p이면, 그 사건이 일어나지 않을 확률은 $1-p$라는 의미이다. 또한 $P(B) + P(B^c) = 1$가 의미하는 것은 어떤 사건이 일어날 확률과 일어나지 않을 확률의 합은 1이라는 것이다. $\Omega = B \cup B^c$라는 사실을 이용하면 쉽게 증명할 수 있다.

증명

임의의 $B \in \mathcal{B}$에 대하여, $B \cup B^c = \Omega$이 성립한다.
$B \cup B^c$와 Ω는 같은 사건이므로 같은 확률을 갖는다. 따라서 $P(B \cup B^c) = P(\Omega)$이다. B와 B^c은 상호 배타적인 사건이므로, 세 번째 공리에 의하여 좌변은 $P(B) + P(B^c)$이 되고, 우변은 1이 된다. 따라서 $P(B) + P(B^c) = 1$이고 정리 1.1은 성립한다. ▨

정리 1.2 공집합의 확률은 0이다. 즉, $P(\phi) = 0$.

정리 1.2는 일어날 수 없는 사건(ϕ)의 확률은 0이라는 의미이다. 증명을 위해서는 $\phi = \Omega^c$와 정리 1.1의 $P(B^c) = 1 - P(B)$을 이용하면 된다.

증명

$\phi = \Omega^c$이므로 두 사건의 확률은 같다. 따라서 $P(\phi) = P(\Omega^c)$이다. 정리 1.1을 우변에 적용하면 $P(\Omega^c) = 1 - P(\Omega)$이다. 두 번째 공리 $P(\Omega) = 1$을 대입하면, $P(\Omega^c) = 0$을 얻을 수 있다. 따라서 $P(\phi) = 0$이다. ▨

정리 1.3 만약 B_1과 B_2가 $B_1 \subset B_2$라면, $P(B_1) \le P(B_2)$이 성립한다.

정리 1.3은 사건 B_2가 B_1을 포함할 때, B_2가 일어날 확률이 B_1이 일어날 확률보다 크거나 같다는 것을 의미한다. 다음의 벤다이어그램에서 보여지듯이, $B_2 = B_1 \cup (B_2 \backslash B_1)$

라는 사실을 이용하여 정리 1.3을 증명해보자.

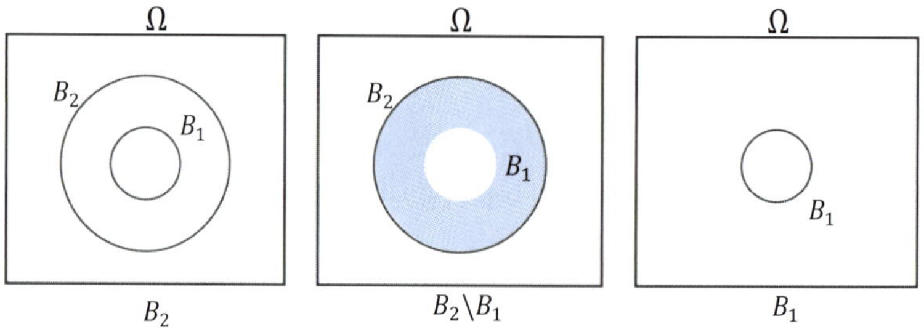

증명

$B_2 = B_1 \cup (B_2\backslash B_1)$에서 두 사건 B_1과 $B_2\backslash B_1$은 서로 배타적이다. 따라서 $P(B_2) = P\big(B_1 \cup (B_2\backslash B_1)\big) = P(B_1) + P(B_2\backslash B_1)$이다.

한편, 공리1에 의하여 $P(B_2\backslash B_1) \geq 0$이다. 따라서, $P(B_2) \geq P(B_1)$이다. ▨

정리 1.4 모든 $B \in \mathcal{B}$에 대해, $0 \leq P(B) \leq 1$이다.

정리 1.4는 모든 사건의 확률은 0과 1 사이의 값을 갖는다는 것을 의미한다. 이는 $\phi \subset B \subset \Omega$라는 사실을 생각하면 자명한 결과이다.

증명

$\phi \subset B \subset \Omega$. 정리 1.3에 의하여, $P(\phi) \leq P(B)$ 그리고 $P(B) \leq P(\Omega)$이다.
정리 1.2에 의하여, $0 \leq P(B)$, 그리고 공리2에 의하여 $P(B) \leq 1$이다.
따라서, $0 \leq P(B) \leq 1$이다. ▨

정리 1.5 모든 $B_1, B_2 \subset \mathcal{B}$에 대하여, $P(B_1 \cup B_2) = P(B_1) + P(B_2) - P(B_1 \cap B_2)$이다.

정리 1.5는 사건 B_1 또는 B_2가 일어나는 확률을 사건 B_1이 일어나는 확률, 사건 B_2가 일어나는 확률 그리고 사건 $B_1 \cap B_2$가 일어날 확률로 구할 수 있음을 의미한다. 증명을 위해서는 $B_1 \cup B_2 = B_1 \cup (B_2 \backslash B_1) = B_1 \cup (B_2 \cap B_1^c)$이고, $B_2 = (B_2 \cap B_1) \cup (B_2 \cap B_1^c)$로 정의될 수 있다는 사실을 이용하여 증명해보자.

증명

$B_1 \cup B_2 = B_1 \cup (B_2 \backslash B_1) = B_1 \cup (B_2 \cap B_1^c)$이다. 여기에서 B_1과 $B_2 \backslash B_1$은 상호 배타적임을 알 수 있다. 따라서,

$$\begin{aligned} P(B_1 \cup B_2) &= P\big(B_1 \cup (B_2 \backslash B_1)\big) \\ &= P(B_1) + P(B_2 \backslash B_1) \\ &= P(B_1) + P(B_2 \cap B_1^c). \quad \cdots\cdots\cdots\cdots\text{(a)} \end{aligned}$$

위에서 마지막 등식은 $B_2 \backslash B_1 = B_2 \cap B_1^c$을 이용한 것이다.

한편, $B_2 = B_2 \cap \Omega = B_2 \cap (B_1 \cup B_1^c)$
$= (B_2 \cap B_1) \cup (B_2 \cap B_1^c)$이다.

따라서 $P(B_2) = P\big((B_2 \cap B_1) \cup (B_2 \cap B_1^c)\big)$
$= P(B_2 \cap B_1) + P(B_2 \cap B_1^c).$ $\cdots\cdots\cdots\cdots$(b)

마지막 등식은 $(B_2 \cap B_1)$과 $(B_2 \cap B_1^c)$이 상호 배타적이라는 사실을 이용한 것이다.

이제 식(b)로부터 $P(B_2 \cap B_1^c) = P(B_2) - P(B_2 \cap B_1)$을 얻을 수 있으며, 이를 식(a)에 대입하면 다음을 얻는다.

$$P(B_1 \cup B_2) = P(B_1) + P(B_2) - P(B_1 \cap B_2). \ \square$$

정리 1.5는 세 개 이상의 사건에도 적용가능하다. 세 개의 사건 B_1, B_2, B_3의 합집합의 확률은 다음과 같다.

$$\begin{aligned} P(B_1 \cup B_2 \cup B_3) = & P(B_1) + P(B_2) + P(B_3) \\ & -[P(B_1 \cap B_2) + P(B_1 \cap B_3) + P(B_2 \cap B_3)] \\ & +P(B_1 \cap B_2 \cap B_3). \end{aligned}$$

이번에는 점점 커지는 사건(집합)들을 생각해보자. 즉, $B_1 \subset B_2 \subset B_3 \cdots \subset B_n$인 경우를 생각해보자. 이러한 경우 사건 B_j는 점점 증가한다고 한다. 반대로 $B_n \subset B_{n-1} \cdots \subset B_2 \subset B_1$이면, 사건 B_j는 점점 감소한다고 한다.

만약, 무한히 계속 증가하는 사건들이 있다면 $\lim_{n\to\infty} B_n$은 무엇이 될 것인지 생각해보자. 먼저 $B_1 \cup B_2 = B_2$가 됨을 쉽게 알 수 있다. 그리고 $B_1 \cup B_2 \cup B_3 = B_3$이다. 같은 이유로 $B_1 \cup B_2 \cup \cdots \cup B_n = B_n$이 된다. 이를 기초로 생각해보면, $\cup_{j=1}^{\infty} B_j = \lim_{j\to\infty} B_j$가 됨을 알 수 있다. 결국, B_j가 증가하는 사건인 경우, 사건 $\cup_{j=1}^{\infty} B_j$와 사건 $\lim_{j\to\infty} B_j$은 동일한 사건임을 알 수 있다. 따라서 이 두 사건에 대한 확률은 같다. 이를 구체적으로 표현하면,

$$P\left(\lim_{j\to\infty} B_j\right) = P\left(\cup_{j=1}^{\infty} B_j\right). \quad (1)$$

비슷한 원리로 점점 감소하는 사건의 경우에는 다음의 관계가 성립한다.

$$P\left(\lim_{j\to\infty} B_j\right) = P\left(\cap_{j=1}^{\infty} B_j\right). \quad (2)$$

이러한 사실을 염두해두고, 다음 정리를 보자.

정리 1.6
(ⅰ) B_j가 증가하는 사건이다. 그러면, $\lim_{n\to\infty} P(B_n) = P(\lim_{n\to\infty} B_n)$
(ⅱ) B_j가 감소하는 사건이다. 그러면, $\lim_{n\to\infty} P(B_n) = P(\lim_{n\to\infty} B_n)$

먼저 식 (1)과 정리 1.6의 (ⅰ)을 비교해 보면, 식 (1)로부터 $P\left(\cup_{j=1}^{\infty} B_j\right)$이 $\lim_{n\to\infty} P(B_n)$이 되는 것을 직접 알 수는 없다. 두 값이 같다는 것이 정리 1.6 (ⅰ)의 결과이므로, 우리는 어떻게 양자가 같아지는가를 확인하는 것이 필요하다. 이를 위해서는 먼저 다음을 확인하자. B_j가 증가하고 있으므로, 다음을 알 수 있다.

$$B_2 = B_1 \cup (B_2 \cap B_1^c),$$

$$
\begin{aligned}
B_3 &= B_1 \cup (B_2 \cap B_1^c) \cup (B_3 \cap B_2^c),\\
&\vdots\\
B_n &= B_1 \cup (B_2 \cap B_1^c) \cup (B_3 \cap B_2^c) \cup \cdots \cup (B_n \cap B_{n-1}^c).
\end{aligned}
$$

또한 우리는 다음을 알 수 있다.

$$B_j \cap B_{j-1}^c = B_j \backslash B_{j-1}, \quad j = 2, 3, \cdots.$$

위의 두 관계를 이용하면 다음과 같은 식을 얻는다.

$$
\begin{aligned}
B_2 &= B_1 \cup (B_2 \backslash B_1),\\
B_3 &= B_1 \cup (B_2 \backslash B_1) \cup (B_3 \backslash B_2),\\
&\vdots\\
B_n &= B_1 \cup (B_2 \backslash B_1) \cup (B_3 \backslash B_2) \cup \cdots \cup (B_n \backslash B_{n-1}).
\end{aligned}
$$

우리는 결국 다음과 같은 식을 얻을 수 있다.

$$B_n = B_1 \cup (B_2 \backslash B_1) \cup \cdots \cup (B_n \backslash B_{n-1}) = \bigcup_{j=1}^{n} B_j.$$

등호를 중심으로 좌우 사건들은 동일한 사건이므로 그 확률도 같을 수밖에 없다. 따라서

$$P(B_n) = P\big(B_1 \cup (B_2 \backslash B_1) \cup \cdots \cup (B_n \backslash B_{n-1})\big) = P\left(\bigcup_{j=1}^{n} B_j\right).$$

이때 $B_1, (B_2 \backslash B_1), \cdots, (B_n \backslash B_{n-1})$은 상호 배타적이므로, 다음의 관계를 얻는다.

$$
\begin{aligned}
&P\big(B_1 \cup (B_2 \backslash B_1) \cup \cdots \cup (B_n \backslash B_{n-1})\big)\\
&= P(B_1) + P(B_2 \backslash B_1) + \cdots + P(B_n \backslash B_{n-1})\\
&= P(B_1) + [P(B_2) - P(B_1)] + \cdots + [P(B_n) - P(B_{n-1})]\\
&= P(B_n).
\end{aligned}
$$

두 번째 등식은 사건 B_j가 증가하는 사건인 경우 $P(B_j \backslash B_{j-1}) = P(B_j) - P(B_{j-1})$이 성립하기 때문이다.

세 번째 등식은 같은 항을 소거함으로써 얻어진다. 따라서 우리는 다음 식을 얻을 수 있다.

$$P(B_n) = P\left(\bigcup_{j=1}^{n} B_j\right).$$

이제 n을 무한대로 보내보자. 그러면 다음의 관계를 얻게 된다.

$$\lim_{n\to\infty} P(B_n) = P\left(\bigcup_{j=1}^{\infty} B_j\right).$$

우리는 이미 식 (1)에 의해서 $P\left(\lim_{j\to\infty} B_j\right) = P\left(\bigcup_{j=1}^{\infty} B_j\right)$를 알고 있다. 따라서,

$$\lim_{n\to\infty} P(B_n) = P\left(\lim_{j\to\infty} B_j\right). \quad ▨$$

이상으로 우리는 정리 1.6의 (ⅰ)을 증명하였다. 독자들은 증명의 과정에서 활용된 논리에 집중하기를 바란다. 해당 정리는 사건이 증가하는 경우 확률의 극한 $\lim_{n\to\infty} P(B_n)$과 사건의 극한이 발생하는 확률 $P\left(\lim_{j\to\infty} B_j\right)$이 동일하다는 점에서 흥미로운 것이다. 감소하는 사건의 경우는, 그 여집합의 사건이 증가하는 사건이 된다는 사실을 이용하면 쉽게 증명할 수 있다. 이는 독자들에게 맡긴다.

정리 1.7 Boole의 부등식

사건 $B_1, B_2, B_3 \cdots$이 있을 때, 다음의 부등식이 성립한다.

$$P\left(\bigcup_{n=1}^{\infty} B_n\right) \leq \sum_{n=1}^{\infty} P(B_n).$$

증명

Boole의 부등식을 증명해보자. 먼저, $C_n = \bigcup_{j=1}^{n} B_j$라 정의하자. C_n의 정의에 의해서 그 자체가 증가하는 사건임을 알 수 있다. 그러면 각각의 C_j에 대하여 다음과 같이 표현할 수 있다.

$$
\begin{aligned}
C_1 &= B_1, \\
C_2 &= C_1 \cup B_2, \\
C_3 &= C_2 \cup B_3, \\
&\vdots \qquad\qquad .
\end{aligned}
$$

C_n의 정의와 증가하는 사건이라는 성질을 이용하면 다음의 식을 얻을 수 있다.

$$\bigcup_{j=1}^{n} B_j = \bigcup_{j=1}^{n} C_j \equiv C_1 \cup \left(\bigcup_{j=2}^{n} (C_j \backslash C_{j-1}) \right).$$

n을 무한대로 보내면 다음의 관계를 얻는다.

$$\bigcup_{n=1}^{\infty} B_n = \bigcup_{n=1}^{\infty} C_n \equiv C_1 \cup \left(\bigcup_{n=2}^{\infty} (C_n \backslash C_{n-1}) \right). \tag{3}$$

(3)의 좌항과 우항에 있는 사건은 같은 사건이므로, 동일한 확률을 갖는다. 즉,

$$P\left(\bigcup_{n=1}^{\infty} B_n \right) = P\left(\bigcup_{n=1}^{\infty} C_n \right).$$

한편, C_1과 $C_2 \backslash C_1$은 상호 배타적이고, $j \geq 2$인 경우 $C_j \backslash C_{j-1}$과 $C_{j+1} \backslash C_j$도 상호 배타적이기 때문에 다음 식을 얻을 수 있다.

$$
\begin{aligned}
P\left(\bigcup_{n=1}^{\infty} C_n \right) &= P\left(C_1 \cup \left(\bigcup_{n=2}^{\infty} (C_n \backslash C_{n-1}) \right) \right) \\
&= P(C_1) + P(C_2 \backslash C_1) + \cdots + P(C_n \backslash C_{n-1}) + \cdots \\
&= P(C_1) + [P(C_2) - P(C_1)] + \cdots + [P(C_n) - P(C_{n-1})] + \cdots \\
&= \lim_{n \to \infty} \left(P(C_1) + \sum_{j=2}^{n} \left(P(C_j) - P(C_{j-1}) \right) \right).
\end{aligned} \tag{4}
$$

위의 세 번째 등식은 증가하는 사건인 C_j의 경우, $P(C_j \backslash C_{j-1}) = P(C_j) - P(C_{j-1})$, $j = 2, 3, \cdots$, 이 성립하는 것을 이용한 것이다.

$C_n = \bigcup_{j=1}^{n} B_j$로 정의됨을 생각하면, $j \geq 2$에 대해서 우리는 다음을 알 수 있다.

$$C_j \backslash C_{j-1} \subset B_j.$$

따라서,

$$P(C_j) - P(C_{j-1}) \leq P(B_j)$$

이고, 이를 (4)에 적용하면,

$$\begin{aligned} \lim_{n\to\infty}\left(P(C_1) + \sum_{j=2}^{n}\left(P(C_j) - P(C_{j-1})\right)\right) &\leq \lim_{n\to\infty}\left(P(B_1) + \sum_{j=2}^{n} P(B_j)\right) \\ &= \lim_{n\to\infty}\sum_{j=1}^{n} P(B_j). \end{aligned}$$

따라서

$$P\left(\bigcup_{n=1}^{\infty} B_n\right) = P\left(\bigcup_{n=1}^{\infty} C_n\right) \leq \lim_{n\to\infty}\sum_{j=1}^{n} P(B_j) = \sum_{j=1}^{\infty} P(B_j). \quad ▨$$

1.5 조건부 확률과 사건의 독립성

1.5.1 조건부 확률(Conditional Probability)

사건 B_1이 일어나는 조건하에서 사건 B_2가 일어나는 확률인 조건부 확률(conditional probability) $P(B_2|B_1)$은 다음과 같이 정의된다.

$$P(B_2|B_1) = \frac{P(B_1 \cap B_2)}{P(B_1)}.$$

여기에서 $P(B_1) > 0$이다. 조건부 확률의 정의로부터 다음의 관계가 성립함을 알 수 있다.

$$P(B_1 \cap B_2) = P(B_2|B_1)P(B_1).$$

다음은 조건부 확률의 성질들이다.

1. $P(B_2|B_1) \geq 0.$
2. $P(B_1|B_1) = 1.$
3. 만약 $B_2, B_3, \cdots$이 상호 배타적이라면, $P(\cup_{j=2}^{\infty} B_j|B_1) = \sum_{j=2}^{\infty} P(B_j|B_1).$

조건부 확률도 확률이기 때문에 확률의 성질이 그대로 적용된다. 단, 주어진 사건 B_1이 있을 뿐이다. 조건부 확률에 관한 다음 예시를 풀어보자.

예시 1.14

한 개의 주사위를 연속해서 두 번 던질 때 처음 결과가 홀수인 사건을 A라고 하고, 두 눈의 합이 홀수일 사건을 B라고 하자. 이때 $P(B|A)$를 구하라.

이하에서는 전체확률의 법칙과 베이즈 정리를 소개한다. **전체확률의 법칙(total probability rule)**은 다음과 같다.

정리 1.8 전체확률의 법칙

$B_1, B_2, \cdots, B_k$가 상호 배타적이고 상호 완전적인 사건이라고 하자. 즉, $i \neq j$일 때 $B_i \cap B_j = \phi$며 $\cup_{i=1}^{k} B_i = \Omega$다. 사건 B는 $P(B) > 0$을 만족하는 사건이다. 전체확률의 법칙은 다음의 식이 성립하는 것을 의미한다.

$$P(B) = \sum_{i=1}^{k} P(B_i)P(B|B_i).$$

전체확률의 법칙을 증명해보자.

증명

$$
\begin{aligned}
B &= B \cap \Omega \\
&= B \cap \left(\bigcup_{i=1}^{k} B_i \right) \\
&= (B \cap B_1) \cup (B \cap B_2) \cup \cdots \cup (B \cap B_k).
\end{aligned}
$$

여기에서 두 번째 등식은 $B_1, \cdots, B_k$가 상호 완전적이기 때문이고, 세 번째 식은 배분법칙을 적용한 결과이다.

따라서 두 사건 B와 $(B \cap B_1) \cup (B \cap B_2) \cup \cdots (B \cap B_k)$는 같은 사건이며, 그에 따라 동일한 확률을 가지게 된다.

$$
\begin{aligned}
P(B) &= P\big((B \cap B_1) \cup (B \cap B_2) \cup \cdots \cup (B \cap B_k)\big) \\
&= P(B \cap B_1) + P(B \cap B_2) + \cdots + P(B \cap B_k) \\
&= P(B_1)P(B|B_1) + P(B_2)P(B|B_2) + \cdots + P(B_k)P(B|B_k) \\
&= \sum_{j=1}^{k} P(B_j)P(B|B_j).
\end{aligned}
$$

위에서 두 번째 등식은 $i \neq j$인 경우, $(B \cap B_i)$와 $(B \cap B_j)$가 상호 배타적이기 때문이다. 또한 세 번째 등식은 조건부 확률의 정의를 이용하여 얻은 결과이다. ▨

이번에는 **베이즈 정리(Bayes Theroem)**를 소개한다.

정리 1.9 베이즈 정리

$B_1, B_2, \cdots, B_k$를 상호 배타적이고 상호 완전적인 사건들이라고 하자. 즉, $B_1, B_2, \cdots, B_k$는 $i \neq j$일 때 $B_i \cap B_j = \phi$이며, $\cup_{j=1}^{k} B_j = \Omega$를 만족시키는 사건들이다. B를 $P(B) > 0$을 만족하는 또 다른 임의의 사건이라고 하자. 베이즈 정리는 다음의 식이 성립한다는 것이다.

$$P(B_j|B) = \frac{P(B \cap B_j)}{P(B)} = \frac{P(B_j)P(B|B_j)}{\sum_{i=1}^{k} P(B_i)P(B|B_i)}.$$

증명은 매우 간단하다. $P(B_j|B) = P(B \cap B_j)/P(B)$에서 분자는 조건부 확률의 정의를 이용하여 $P(B \cap B_j) = P(B_j)P(B|B_j)$가 됨을 알 수 있으며, 분모는 전체확률의 법칙에 의하여 $P(B) = \sum_{i=1}^{k} P(B_i)P(B|B_i)$가 됨을 알 수 있다.

예시 1.15

한 개의 주사위를 던지는 임의실험을 생각하자. 눈금이 한 개 또는 두 개가 나오는 사건을 B_1이라 하자. 눈금이 세 개 또는 네 개가 나오는 사건을 B_2, 그리고 다섯 개 또는 여섯 개가 나오는 사건을 B_3라고 하자. 눈금의 개수가 홀수인 사건을 B라고 하자.

1. 사건 B_1, B_2, B_3는 상호 배타적인가?
2. 사건 B_1, B_2, B_3는 상호 완전적인가?
3. $P(B_1|B), P(B_2|B), P(B_3|B)$를 각각 구하라.
4. $P(B_1)P(B_1|B), P(B_2)P(B_2|B), P(B_3)P(B_3|B)$를 각각 구하라.
5. $\frac{P(B_1)P(B_1|B)}{P(B_1)P(B_1|B)+P(B_2)P(B_2|B)+P(B_3)P(B_3|B)} = P(B_1|B)$임을 확인하라.

1.5.2 독립성(Independence)

B_1과 B_2이라는 두 사건이 존재할 때, 아래의 조건을 만족하면 B_1과 B_2는 **상호 독립적** 또는 **독립적**이라고 한다.

$$P(B_1 \cap B_2) = P(B_1)P(B_2).$$

주사위를 한 번 던지는 임의실험을 생각해보자. 만약 B_1이 눈금이 짝수가 나오는 사건이고, B_2가 눈금의 3의 배수가 나오는 사건이라고 하자. 그렇다면, 사건 B_1과 B_2를 각각 B_1 ={⚁, ⚃, ⚅}과 B_2 ={⚂, ⚅}로 표현할 수 있다. 이 경우 B_1과 B_2는 상호 독립인가를 생각해보자. 먼저, 사건 $B_1 \cap B_2$ ={⚅}으로 짝수이면서 3의 배수의 눈금이 나오는 사건이다. 표본공간이 $\Omega =${⚀, ⚁, ⚂, ⚃, ⚄, ⚅}이고 각 결과가 동일한 가능성으로 일어나기 때문에, 우리는 다음을 알 수 있다.

$$P(B_1) = \frac{3}{6} = \frac{1}{2},\ P(B_2) = \frac{2}{6} = \frac{1}{3},$$

$$P(B_1) \times P(B_2) = \frac{1}{2} \times \frac{1}{3} = \frac{1}{6},$$

$$P(B_1 \cap B_2) = \frac{1}{6}.$$

따라서, $P(B_1 \cap B_2) = P(B_1) \times P(B_2)$이기 때문에, 사건 B_1과 B_2는 독립이다.

1.6 연습문제

1. "주사위 2개 던지기"라는 임의실험(random experiment)을 생각해보자. 이 임의실험의 표본공간(sample space)을 구하여라.

2. 동전 1개와 주사위 1개를 동시에 같이 던지는 임의실험(random experiment)을 생각해보자. 이 임의실험의 표본공간(sample space)을 구하여라.

3. $B_k = \{x: \frac{1}{k+1} \le x \le 1\}, k = 1,2,3,\cdots$일 때, $\cup_{k=1}^{\infty} B_k$를 구하여라.

4. 확률의 세 가지 조건을 포함하여, 확률을 정의하라.

5. 다음 명제가 참인지 거짓인지 말하고, 그 이유를 설명하여라.

   사건 A^c와 B^c가 상호 독립적이라면, 사건 A와 B는 상호 독립적이다.

6. 사건 A와 B가 서로 상호 독립이라 가정하자.
   (a) 사건 A^c와 B는 상호 독립인가?
   (b) 사건 A^c와 B^c는 상호 독립인가?
   (c) 사건 A와 B가 상호 독립일 뿐만 아니라, B와 C도 상호 독립이라고 가정하자. 이 경우 사건 A와 C도 상호 독립인가?

02 확률변수(Random Variable)

확률변수에는 이산확률변수(discrete random variable)와 연속확률변수(continuous random variable)가 있다. 이번 장에서는 먼저 확률변수의 개념을 소개하고, 그와 연관지어 이산확률변수와 연속확률변수를 소개한다.

2.1 확률변수(Random Variable)

엄밀하게 정의하면, **확률변수** X는 표본공간 Ω에서 실수로 가는 함수이다.

$$X: \Omega \to \mathbb{R}.$$

정의에서 알 수 있듯이, 표본공간 Ω를 정의역으로 공변역을 실수($\mathbb{R}$)로 가지는 함수 X가 바로 **확률변수**이다. 즉, 표본공간의 각 원소인 결과 ω에 하나의 실수값 x를 부여하는 함수가 확률변수인 것이다. 각 $\omega \in \Omega$에 대하여, 확률변수는 실수 $X(\omega) = x$를 부여한다. 이를 다르게 말한다면, x는 결과 ω가 발생할 때 확률변수 X가 실현된 값이라고 할 수 있다. 이때 확률변수의 실현값들의 집합을 **X의 치역**이라고 부르며, $\mathcal{D}_X$로 표기한다.

$$\mathcal{D}_X = \{x \in \mathbb{R}: X(\omega) = x, \omega \in \Omega\}.$$

만약 확률변수의 치역이 가산집합이라면 확률변수는 **이산적(discrete)**이며, 치역이 비가산집합이라면 확률변수는 **연속적(continuous)**이라고 할 수 있다. 조금 더 쉽게 생각한다면, 확률변수의 실현값이 연속적인 값이 아니라면 해당 확률변수는 **이산적**이며, 치역이 연속적인 값으로 이루어져 있다면, 확률변수는 **연속적**이다.

정보의 측면에서 확률변수 X의 치역 $\mathcal{D}_X$는 표본공간의 모든 결과(outcome)들을 반영한다고 할 수 있다. 이는 $\mathcal{D}_X$에 관한 아래의 예시를 통하여 쉽게 이해할 수 있다.

예시 2.1

동전 던지기라는 임의실험에서 확률변수 X를 다음과 같이 정의하자.

$$X(\omega) = \begin{cases} 1 & \text{if} \quad \omega = H, \\ 0 & \text{if} \quad \omega = T. \end{cases}$$

이 경우 치역은 $\mathcal{D}_X = \{0,1\}$이 되는데, 이는 확률변수의 치역의 정의가 $\mathcal{D}_X = \{x \in \mathbb{R}: X(\omega) = x, \omega \in \Omega = \{H,T\}\}$임을 떠올리면 당연하다. $\mathcal{D}_X = \{0,1\}$에 해당되는 결과(outcome)들의 집합이 표본공간 $\Omega = \{H,T\}$이 됨은 쉽게 이해될 수 있다. 즉, $X = 1$이면 이는 곧 사건 $\{H\}$(또는 결과 H)이 일어난 것이며, $X = 0$이면 이는 곧 사건 $\{T\}$(또는 결과 T)가 일어난 것임을 알 수 있다. 이러한 의미에서 확률변수의 치역과 표본공간이 정보 측면에서 동일하다고 할 수 있다. 다만, 결과(outcome)를 각 원소로 갖는 Ω 대신에 결과가 실수로 정량화(quantified)된 확률변수의 치역 $\mathcal{D}_X$에 관심을 두는 것이 상대적으로 분석의 편의성을 갖는 경우가 많다. 우리가 실제로 데이터(data)라고 부르는 숫자들은 0 또는 1과 같이 확률변수들이 실현된 값들에 해당되는 것이다.

이산확률변수의 예시와 연속확률변수의 예시를 각각 살펴보자.

예시 2.2 이산확률변수(discrete random variable)의 예

동전 던지기라는 임의실험을 가정하고, $\omega_1 = H$, $\omega_2 = T$라 하자. 이 경우 표본공간은 $\Omega = \{\omega_1, \omega_2\}$이다. 이와 같은 임의실험에서 확률변수 X를 다음과 같이 정의하자.

$$X(\omega) = \begin{cases} 1 & \text{if} \ \omega = \omega_1, \\ 3 & \text{if} \ \omega = \omega_2. \end{cases}$$

그렇다면, X의 치역은 $\mathcal{D}_X = \{1,3\}$이다.
동전이 정상(fair)인 것이라고 가정하면 두 결과가 일어나는 가능성(likelihood)

은 같다. 따라서 두 사건이 $\{H\}$와 $\{T\}$이 일어나는 확률도 같을 것이다. 즉, $P(\{H\}) = P(\{T\})$. 두 사건이 배반적이고, $P(\Omega) = P(\{H\}) + P(\{T\}) = 1$임을 고려하면 우리는 다음과 같은 결론을 쉽게 얻을 수 있다.

$$P(X = 1) = P(\{H\}) = 0.5\,,\ \text{그리고}\ P(X = 3) = P(\{T\}) = 0.5.$$

확률을 사건(events)의 관점에서 정의하는 대신 확률변수의 값을 이용하여 정의할 수 있게 되었다는 점에 유의하자.

예시 2.3 연속확률변수(continuous random variable)의 예

X는 0과 1 사이에서 무작위로 고른 하나의 실수를 나타낸다고 하자. X의 치역은 다음과 같이 정의된다. $\mathcal{D}_X = \{x: 0 \le x \le 1\} = [0,1]$. 확률변수가 연속이면, x라는 한 점에서 양의 확률을 가질 수 없다. 따라서, $P(X = x) = 0$이다. 예를 들어, $P(X = 0.3) = 0$이다. 즉, X가 0.3이라는 한 점으로 구현되는 확률은 0인 것이다. 대신에 우리는 한 점에서 확률밀도함수(pdf) $f_X(x)$가 존재한다고 가정하고 이를 이용하여 확률을 표현할 수 있다.

확률밀도함수 $f_X(x)$는 연속확률변수 X가 x로 실현되는 가능성(likelihood)을 나타낸다. 따라서 연속확률변수의 경우 양의 확률을 가지기 위해서는 확률변수가 양의 길이를 가지는 어떤 구간에서 실현되는 경우에만 가능하다. 예를 들어, 만약 확률변수 X의 확률밀도함수 f_X가 구간 $[0.2, 0.3]$에서 양의 값을 갖는다면, $P(0.2 \le X \le 0.3)$은 확률변수 X의 실현값이 0.2와 0.3 사이에 위치하는 사건의 확률을 의미하며, 이는 구간 $[0.2, 0.3]$에서의 확률밀도함수 $f_X(x)$의 면적으로 정의된다. 이 경우 확률변수 X의 실현값이 구간 $[0.2, 0.3]$의 값이 될 사건은 양의 확률을 가지게 된다. 연속확률변수의 경우 치역은 확률밀도함수 $f_X(x)$가 양의 값을 갖는 x의 집합으로 정의된다.

위의 예시와 같이, 확률변수 X의 치역은 이산이냐 연속이냐에 따라 가산(countable) 집합이거나 비가산(uncountable)집합이 된다. 이하에서는 먼저 분포함수를 소개한

후에 이산확률변수와 연속확률변수를 상세히 설명할 것이다.

2.2 누적분포함수(Cumulative Distribution Function)

누적분포함수는 확률변수가 이산적이냐 연속적이냐에 관계없이 동일하게 정의된다. 모든 확률변수 X는 자신만의 고유한 누적분포함수 F_X를 갖는다. F_X는 확률변수 X의 **누적분포함수(cumulative distribution function, CDF)** 또는 **분포함수(distribution function)** 라고 부른다. 분포함수는 다음과 같이 정의된다.

X를 확률변수라 하고, x를 어떤 특정 값이라 하자. 확률변수 X의 누적분포함수(CDF, cumulative distribution function) F_X가 x에서 가지는 값인 $F_X(x)$는 다음과 같이 정의된다

$$\begin{aligned} F_X(x) &= P(X \in (-\infty, x]) \\ &= P(\{\omega \in \Omega : X(\omega) \leq x\}) \\ &= P(X \leq x). \end{aligned} \tag{1}$$

간단하게 표현하자면, $F_X(x) = P(X \leq x)$이다. 누적분포함수 대신 분포함수(distribution function)라고도 많이 부른다. 여기에서 대문자 X는 확률변수(random variable)를 나타내며, 소문자 x는 특정값(specific value)을 나타내는 것으로 독자들은 양자의 차이를 구분하면서 이해해야 한다.

$F_X(x)$는 "$X \leq x$"라는 사건이 일어나는 확률이다. 그렇다면 사건 "$X \leq x$"는 무슨 의미인가? 그것은 확률변수 X가 실현되는 값이 x보다 작거나 같게 되는 사건을 의미하는 것이다.

제1장에서 확률을 정의할 때 소개되었던 확률공간 $\{\Omega, \mathcal{B}, P\}$을, 확률변수와 분포함수가 중심이 되는 새로운 확률공간 $\{\mathbb{R}, \mathcal{B}_X, F_X\}$로 생각할 수 있다. 조금 더 자세히 설명한다면, 일반적으로 확률공간은 표본공간(Ω), 표본공간에서 정의되는 시그마 필드($\mathcal{B}$), 시그마 필드($\mathcal{B}$)의 각 원소를 재는 측도(measure)인 확률 P로 이루어진다. 확률변수 X는 표본공간을 실수($\mathbb{R}$)로 보내는 함수이므로 확률공간의 표본공간(Ω)은 $\mathbb{R}$로 옮

겨지고 이에 따라 시그마 필드($\mathcal{B}$)가 확률변수 X에 의해 발생하는 시그마 필드($\mathcal{B}_X$)가 된다. 이렇게 확률변수에 의하여 새롭게 정의되는 확률공간에서 $\mathcal{B}_X$의 원소를 재는 측도는 분포함수(F_X)가 된다. 즉, $X: \Omega \to \mathbb{R}$에 의하여 우리는 $\{\Omega, \mathcal{B}, P\}$ 대신 확률변수에 의하여 생성된 새로운 확률공간 $\{\mathbb{R}, \mathcal{B}_X, F_X\}$를 이용할 수 있게 되는 것이다.

누적분포함수의 정의 (1)을 이용하면 모든 x에서 누적분포함수의 값 $F_X(x)$를 구할 수 있다. 확률변수 X가 이산확률변수인 경우와 연속확률변수인 경우에 대하여 예시를 통하여 각각 알아보자.

예시 2.4

앞의 [예시 2.2]의 경우, $F_X(1.5) = P(X \leq 1.5)$의 값은 무엇인가?
이산확률변수의 예시인 동전 던지기에서 $P(X = 1)$과 $P(X = 3)$은 다음과 같이 나타낼 수 있다.

$$P(X = 1) = P(\{H\}) = 0.5.$$
$$P(X = 3) = P(\{T\}) = 0.5.$$

우리는 $F_X(1.5) = P(X \leq 1.5)$를 구하고자 한다. 먼저 사건 $\{X \leq 1.5\}$의 의미를 생각해보자. $\{X \leq 1.5\}$는 확률변수 X의 실현값이 1.5보다 작거나 같은 값을 가지게 되는 사건을 의미한다. 사건 $\{X \leq 1.5\}$는 다음과 같이 표현될 수 있다.

$$\{X \leq 1.5\} = \{X < 1\} \cup \{X = 1\} \cup \{1 < X \leq 1.5\}.$$

즉, 사건 $\{X \leq 1.5\}$는 세 사건 $\{X < 1\}$, $\{X = 1\}$, $\{1 < X \leq 1.5\}$ 중 적어도 하나의 사건이 일어나는 것과 같다. 여기에서 $\{X < 1\}$는 확률변수 X의 실현값이 1보다 작은 사건이고, $\{X = 1\}$는 확률변수 X의 실현값이 1인 사건, 그리고 $\{1 < X \leq 1.5\}$는 확률변수 X의 실현값이 1보다 크고 1.5보다 작거나 같은 사건이다. 세 사건을 유심히 보면 우리는 다음 두 가지를 발견할 수 있다.

첫째, 세 사건 $\{X < 1\}$, $\{X = 1\}$, $\{1 < X \leq 1.5\}$은 상호 배타적인(disjoint)인 사건들이다. 따라서 확률의 세 번째 공리를 적용하면 다음의 관계가 성립한다.

$$P(X \leq 1.5) = P(\{X < 1\}) + P(\{X = 1\}) + P(\{1 < X \leq 1.5\}).$$

둘째, 확률변수 X의 가능한 실현값이 1과 3뿐이므로 두 사건 $\{X < 1\}$와 $\{1 < X \le 1.5\}$는 일어날 수 없는 불가능한 사건임을 알 수 있다. 따라서 그 두 사건은 불가능한 사건인 ϕ와 같다. 이를 앞에서 얻은 결과에 추가 적용하면 다음과 같은 관계를 얻는다.

$$\begin{aligned} P(X \le 1.5) &= P(\{X < 1\}) + P(\{X = 1\}) + P(\{1 < X \le 1.5\}) \\ &= P(\phi) + P(\{X = 1\}) + P(\phi) \\ &= 0 + P(\{X = 1\}) + 0 \\ &= 0.5. \end{aligned}$$

따라서 $F_X(1.5) = 0.5$이다.

앞의 동전 던지기 예시에서와 같이 이산확률변수는 한 점에서 양의 확률을 가질 수 있기 때문에 누적분포함수의 정의를 이용하여 모든 점에서 쉽게 누적분포함수의 값을 구할 수 있다. 그러나 연속확률변수의 경우에는 사정이 다르다. 구체적으로 연속확률변수의 경우 확률변수가 어떤 한 점으로 실현될 확률은 0이다.[1] 즉, 연속확률변수 X의 경우 어떠한 실현값 x에 대해서도 $P[X = x] = 0$이다. 대신 연속확률변수 X는 어떤 특정한 점으로 실현되는 가능성을 반영하는 확률밀도함수 $f_X(x)$를 가지며, 확률은 실수 위의 구간에 대해서만 정의된다. 즉, 확률변수 X가 실현되는 값이 a와 $b(a < b)$ 사이라고 할 때, 해당 확률 $P[a \le X \le b]$는 구간 $[a, b]$에서 확률밀도함수 아래의 면적으로 정의가 된다. 이를 수학적으로 표현하면, 다음과 같다.

$$P[a \le X \le b] = \int_a^b f_X(t)dt.$$

따라서, 누적분포함수도 확률밀도함수를 이용하여 정의될 수 있으며, 양자의 관계는 다음과 같다.

1 이에 대하여 의문을 품는 독자도 있을 것이다. 그러나 연속확률변수의 확률은 한 점이 아닌 구간에서 정의되기 때문이라고 받아들이기 바란다.

$$F_X(x) = \int_{-\infty}^{x} f_X(t)dt.$$

위의 식은 연속확률변수 X가 실현되는 값이 x보다 작거나 같은 확률 $P[X \le x]$을 의미한다. 이를 이용하여 모든 점 x에서 연속확률변수의 누적분포함수의 값 $F_X(x)$를 구할 수 있다.

예시 2.5

이전의 연속확률변수 [예시 2.3]에서 확률변수 X의 확률밀도함수 f_X는 다음과 같다.

$$f_X(x) = \begin{cases} 1, & x \in [0,1], \\ 0, & \text{그 밖의 값에서.} \end{cases}$$

x가 0과 1 사이의 실수일 때는 확률밀도함수가 1의 값을 가지고, x가 0과 1 사이의 실수가 아닌 경우에는 0의 값을 갖는다. 이러한 조건에서 $F_X(0.8) = P(X \le 0.8)$는 어떤 값을 갖는가?

$$\begin{aligned} F_X(0.8) = P[X \le 0.8] &= \int_{-\infty}^{0.8} f_X(t)dt = \int_{-\infty}^{0} f_X(t)dt + \int_{0}^{0.8} f_X(t)dt \\ &= \int_{-\infty}^{0} 0dt + \int_{0}^{0.8} 1dt = 0.8. \end{aligned}$$

세 번째 등식은 위에서 주어진 확률밀도함수 정의를 이용한 것이다.

확률밀도함수에 대해서는 연속확률변수를 다룬 2.4절에서 다시 자세히 다룬다. 다음의 정리는 누적분포함수의 성질에 관한 것이다.

정리 2.1 누적분포함수의 성질

X를 누적분포함수 $F_X(x)$를 가지는 확률변수라고 하자. 누적분포함수는 다음과 같은 성질을 갖는다.

1. F_X는 감소하지 않는 함수다. 즉, $a < b$를 만족하는 모든 a와 b에 대하여 $F_X(a) \leq F_X(b)$가 성립한다.
2. $\lim_{x \to -\infty} F_X(x) = 0$. 즉, 좌극한값은 0이다.
3. $\lim_{x \to \infty} F_X(x) = 1$. 즉, 우극한값은 1이다.
4. $\lim_{x \downarrow x_0} F_X(x) = F_X(x_0)$. 즉, x_0의 우측으로부터 오는 극한값과 함수값 $F_X(x_0)$이 같다.

위에서 네 번째 성질은 누적분포함수의 우측연속성(right continuity)이라고 한다.
다음은 **정리 2.1**의 증명이다.

1. F_X는 감소하지 않는 함수다. 즉, $a < b$를 만족하는 모든 a와 b에 대하여 $F_X(a) \leq F_X(b)$가 성립한다.

증명

$$F_X(a) = P(X \leq a) = P(X \in (-\infty, a]),$$
$$F_X(b) = P(X \leq b) = P(X \in (-\infty, b]).$$

$a < b$ 의 경우, $(-\infty, a] \subset (-\infty, b]$ 이므로 정리 1.3에 의하여 $P(X \in (-\infty, a]) \leq P(X \in (-\infty, b])$가 성립한다. 따라서, 누적분포함수의 정의를 이용하면 $F_X(a) \leq F_X(b)$이다. ▨

2. $\lim_{x \to -\infty} F_X(x) = 0$.

증명

$B_n = \{X \leq -n\}$라 하자.

$B_{n+1} \subset B_n$이므로 n이 증가할수록 B_n은 점점 작아지는 사건이다.
따라서, $P(X \leq -n) = P(B_n) \geq P(B_{n+1}) = P(X \leq -n-1)$.

따라서 n이 무한대로 커지면, 사건 $\{X \leq -n\}$은 실현불가능한 사건이 된다. 이는 X가 실현되는 값이 $-\infty$보다 작거나 같게 되는 것이 불가능하기 때문이다.

$\lim_{n\to\infty} B_n = \phi$. 따라서, $\lim_{n\to\infty} P(B_n) = \lim_{x\to-\infty} F_X(x) = P(\phi) = 0$. ▨

3. $\lim_{x\to\infty} F_X(x) = 1$.

증명

$B_n = \{X \leq n\}$라 하자. $B_n \subset B_{n+1}$이므로

$$P(X \leq n) = P(B_n) \leq P(B_{n+1}) = P(X \leq n+1).$$

$\{B_n\}$은 n이 증가할수록 증가하는 사건이므로 n이 무한대로 커지면 사건 $\{X \leq n\}$은 항상 일어나는 사건이 된다. 이는 X의 실현값이 무한보다는 작기 때문이다. 즉, $\lim_{n\to\infty} B_n = \Omega$. 따라서, $\lim_{x\to-\infty} F_X(x) = \lim_{n\to\infty} P(B_n) = 1$. ▨

4. $\lim_{x\downarrow x_0} F_X(x) = F_X(x_0)$.

증명

(아래의 증명이 어려운 독자는 증명을 건너뛰어도 괜찮다. 대신 그 다음에 나오는 그림의 예를 이해하도록 하여라.)
임의의 한 점 x_0을 생각해보자. x_0의 우측에서 x_0으로 수렴하는 수열 $\{x_n\}$을 생각해보자. 이를 수학적 기호로는 $x_n \downarrow x_0$로 표현한다(예: $x_n = x_0 + \frac{1}{n}$). x_n을 이용하여 사건 B_n을 다음과 같이 정의하자.

$$B_n = \{X \leq x_n\} \equiv \{X \in (-\infty, x_n]\}.$$

위와 같이 정의된 B_n은 감소하는 사건으로 $B_{n+1} \subset B_n$가 성립한다. 따라서 다음과 같은 성질도 만족한다.

$$\bigcap_{n=1}^{\infty} B_n = \{X \leq x_0\}.$$

두 사건이 동등한 사건이므로, 이는 다음을 의미한다.

$$P\left(\bigcap_{n=1}^{\infty} B_n\right) = P(\{X \leq x_0\}).$$

정리 1.6의 (ii)에 의하여, 좌변의 $P(\bigcap_{n=1}^{\infty} B_n)$는 $\lim_{n\to\infty} P(B_n)$이 되며, 이는 누적분포함수의 정의에 의하여 $\lim_{n\to\infty} F_X(x_n)$과 같다. 또한, $\bigcap_{n=1}^{\infty} B_n$을 보면, $\lim_{n\to\infty} F_X(x_n) = \lim_{x\downarrow x_0} F_X(x)$이다. 한편, 우변의 $P(\{X \leq x_0\})$은 $F_X(x_0)$와 같다. 따라서 주어진 명제 $\lim_{x\downarrow x_0} F_X(x) = F_X(x_0)$는 성립한다. ▨

다음의 세 가지 형태 중에 4번째 성질 $\lim_{x\downarrow x_0} F_X(x) = F_X(x_0)$을 만족하지 않는 그래프를 생각해보자.

(i)

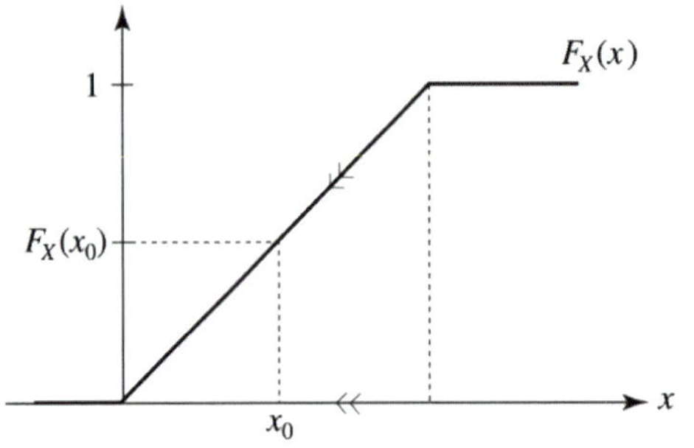

$\lim_{x\downarrow x_0} F_X(x) = F_X(x_0)$

(ii)

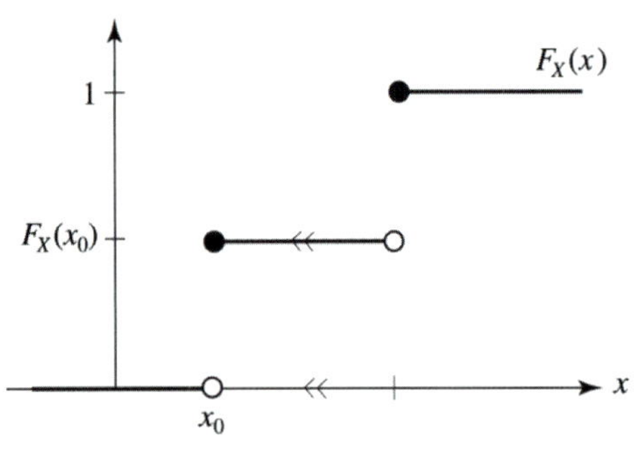

$\lim_{x\downarrow x_0} F_X(x) = F_X(x_0)$

(iii)

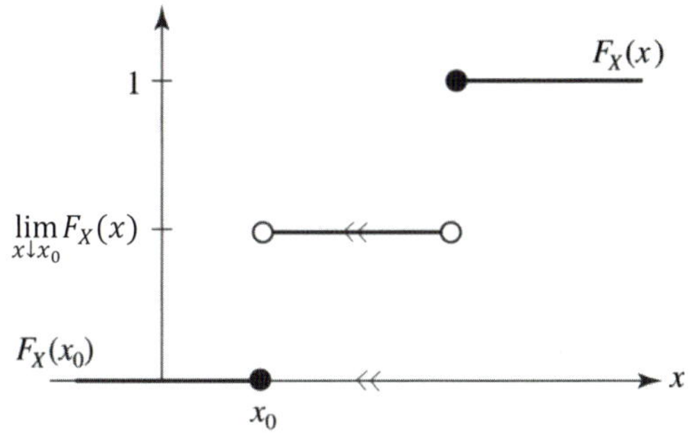

$$\lim_{x \downarrow x_0} F_X(x) \neq F_X(x_0)$$

따라서 (iii)의 경우는 $F_X(x)$가 네 번째 성질은 만족시키지 못하므로 누적확률분포함수가 될 수 없다.

정리 2.2 X의 누적분포함수를 F_X라 하자. 임의의 $a < b$에 대해서, $P[a < X \leq b] = F_X(b) - F_X(a)$이다.

증명

다음의 두 식이 성립함을 알 수 있다.

$$\{X \leq b\} = \{X \leq a\} \cup \{a < X \leq b\}. \tag{2}$$

이는 확률변수 X의 실현값이 b보다 작거나 같게 될 사건은 X의 실현값이 a보다 작거나 같게 되는 사건과 X의 실현값이 a보다 크고 b보다 작거나 같게 되는 사건의 합집합이라는 의미이다.

그리고, 식 (2)의 우변에 있는 두 사건은 상호 배타적이다. 즉,

$$\{-\infty < X \leq a\} \cap \{a < X \leq b\} = \phi.$$

따라서,

$$P(\{X \leq b\}) = P(\{X \leq a\}) + P(\{a < X \leq b\}). \tag{3}$$

누적분포함수의 정의를 이용하면, 우리는 다음을 알 수 있다.

$$P(\{X \leq b\}) = F_X(b), \text{그리고} \ \ P(\{X \leq a\}) = F_X(a).$$

이를 식 (3)에 대입하면, 다음을 얻을 수 있다.

$$P[a < X \leq b] = F_X(b) - F_X(a). \ \boxtimes$$

2.3 이산확률변수(Discrete Random Variable)

2.3절과 2.4절은 각각 이산확률변수와 연속확률변수에 대해 자세히 소개한다. 먼저, 확률변수의 치역 $\mathcal{D}_X$이 가산집합이라면, 확률변수 X는 **이산확률변수**이다. 또는, 누적확률분포함수가 연속이 아닌 경우, 해당 확률변수는 이산확률변수라고 하기도 한다. 이산확률변수 X에 대해서는 **확률질량함수(probability mass function, pmf)** $p_X(x)$를 정의할 수 있는데, 확률질량함수는 다음의 성질을 만족하도록 $\mathcal{D}_X$의 각 원소 x에 확률 $P(X = x)$를 부여하는 함수이다. 단순히, 확률이라고 생각해도 무방하다.

1. $p_X(x) = P(X = x) \geq 0.$
2. $\displaystyle\sum_{\forall x \in \mathcal{D}_X} p_X(x) = 1.$

여기에서 $\forall$은 "모든 (all)"을 의미하는 기호이다. 두 번째 조건은 $\sum_{\forall x} p_X(x) = 1$로 나타내기도 한다. 한편, $p_X(x) > 0$이 되는 x를 확률질량점(mass point)이라고 한다.

이산확률변수 X의 누적분포함수(CDF)는 다음과 같다.

$$\begin{aligned} F_X(x) &\equiv P(X \leq x) \\ &= \sum_{\forall t \leq x} P(X = t). \end{aligned}$$

여기에서 세 번째 표현은 두 번째 식을 확률질량함수를 이용하여 구하는 방법을 표현한 것이다. 즉, $\sum_{\forall t \leq x} P(X = t)$은 x보다 작은 값을 가지는 확률변수 X의 모든 실현값 t에 대한 해당 확률 $P(X = t)$의 합산(summation)을 의미한다. 이산확률변수의 특징은 누적분포함수 $F_X(x)$가 연속적이지 않다는 것이다. 아래의 이산확률변수의 예를 통하여 누적 분포함수를 구해보자.

예시 2.6 주사위 던지기

ω_i를 눈금 숫자가 i개 나오는 결과라고 할 때, $X(\omega_i) = 2i$라 하자. 이 경우 확률변수 X의 치역은 $\mathcal{D}_X = \{2,4,6,8,10,12\}$이 된다. 확률질량함수는 다음과 같다.

결과(ω_i)	ω_1	ω_2	ω_3	ω_4	ω_5	ω_6
실현값(x)	2	4	6	8	10	12
$P(X = x)$	1/6	1/6	1/6	1/6	1/6	1/6

위의 확률질량함수를 통해 X의 누적분포함수(CDF) $F_X(x)$를 아래와 같이 구할 수 있다.

$$X\text{의 누적분포함수(CDF)}: F_X(x) \equiv \Pr(X \le x) = \begin{cases} 0 \;, & x < 2\,, \\ 1/6\,, & 2 \le x < 4\,, \\ 2/6\,, & 4 \le x < 6\,, \\ 3/6\,, & 6 \le x < 8\,, \\ 4/6\,, & 8 \le x < 10\,, \\ 5/6\,, & 10 \le x < 12\,, \\ 1 \;, & x \ge 12\,. \end{cases}$$

한 가지 주목할 것은 확률은 사건(events)뿐만 아니라 확률변수의 관점에서 생각할 수 있다는 것이다. 이러한 이유로 사건과 확률변수는 똑같은 정보를 지닌다고 할 수 있다. 즉, 사건 $\{\omega_i\}$와 확률변수 $X = 2i$가 되는 것은 같은 사건이고, 그에 따라 동일한 확률을 갖게 된다. 다음과 같은 예를 보면 쉽게 이해할 수 있을 것이다.

- $P(\{$⚂, ⚃$\}) = 2/6 \Leftrightarrow P[X = 6$ 또는 $X = 8] = 2/6$.
  ⚂ 또는 ⚃가 나타나는 사건은 $\{X = 6$ 또는 $X = 8\}$인 사건과 동일한 사건이며, 해당 확률은 1/3이다.
- $P(\{\omega \in \Omega: \omega \in \{\omega_4, \omega_5, \omega_6\}\}) = 3/6 \Leftrightarrow P(X \in \{8,10,12\}) = 3/6$.
  ⚃, ⚄, ⚅ 가운데 하나가 나타나는 사건은 $\{X \in \{8,10,12\}\}$인 사건과 동일한 사건이며, 해당 확률은 1/2이다.

- $P(\{\omega \in \Omega\}) = 1 \Leftrightarrow P(X \in \{2,4,6,8,10,12\}) = 1.$
  ⚀, ⚁, ⚂, ⚃, ⚄, ⚅ 가운데 하나가 나타나는 사건은 $\{X \in \{2,4,6,8,10,12\}\}$인 사건과 동일한 사건이며, 해당 확률은 1이다.

앞에서 확률변수의 치역 $\mathcal{D}_x$를 소개하였는데, 이제는 비슷한 개념인 **확률변수의 서포트**(support, $\mathbb{S}_X$)를 소개하고자 한다.[2] 이산확률변수의 서포트(support, $\mathbb{S}_X$)는 다음과 같이 정의한다.

$$\mathbb{S}_X = \{x \in \mathbb{R}: P(X = x) > 0\}.$$

즉, 양의 확률로 이산확률변수가 실현될 수 있는 값들의 집합이다. 이전에 언급하였던 확률변수의 치역과 굳이 구분하자면, 서포트(support, $\mathbb{S}_X$)는 양의 실현가능성을 명확하게 고려하였다는 점이라 할 수 있다.[3] 한편, 연속확률변수의 경우에는 확률 대신에 확률밀도함수의 개념을 이용하여 정의한다. 이에 관하여는 다음 절에서 자세히 설명한다.

2.4 연속확률변수(Continuous Random Variable)

앞절에서는 이산확률변수에 대해서 배웠다. 하지만 어떤 경우에는 확률변수가 실현되는 결과가 셀 수 없을 정도로 무수히 많은 경우가 있다. 예를 들어 고등학생의 키를 생각해보자. 키라는 확률변수는 그 실현값이 연속적인 값이라는 데 이의가 없을 것이다. 이렇게 실현값이 연속이라는 특징은 누적분포함수를 연속으로 만든다. 따라서, 누적분포함수 측면에서 연속확률변수를 정의할 수도 있다. 즉, 확률변수 X의 누적분포함수 $F_X(x)$가 모든 실수 $x \in \mathbb{R}$에서 연속일 때, 확률변수 X는 **연속확률변수**라고 말할 수 있는 것이다. 연속확률변수는 다음과 같은 특징을 가진다.

1. 연속확률변수는 **질량점(mass point)을 가지지 않는다**. 만약 확률변수 X가 연속이라면, 한 점으로 실현될 확률은 0이다. 따라서 모든 실수 $x \in \mathbb{R}$에 대하여 $P(X =$

---

2 서포트를 지지집합으로 번역하는 경우도 있으나, 여기에서는 서포트라는 용어를 사용하고자 한다.
3 사실상 동일하다고 보아도 무방하다.

$x) = 0$이다.

2. 연속확률변수 X는 확률밀도함수 $f_X(x)$를 가지며, 누적분포함수와 확률밀도함수는 다음과 같은 관계를 갖는다.

$$F_X(x) = \int_{-\infty}^{x} f_X(t)dt.$$

이를 그림으로 보면 다음과 같다.

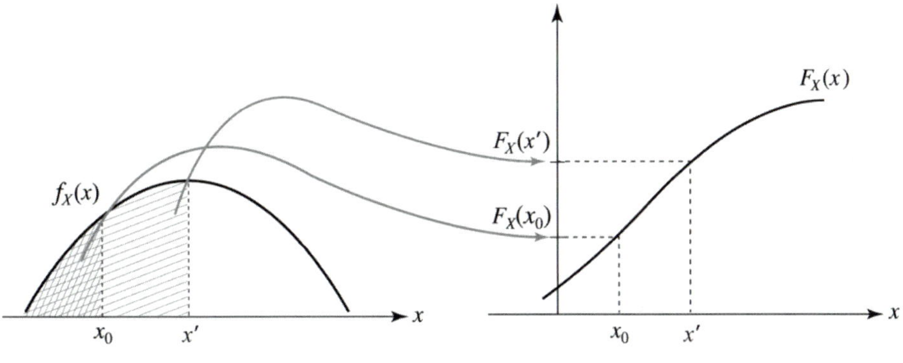

- x_0까지의 확률밀도함수 아래의 면적 $\int_{-\infty}^{x_0} f_X(t)dt$은 x_0에서의 누적분포함수의 높이 $F_X(x_0)$이 된다.
- x'까지의 확률밀도함수 아래의 면적 $\int_{-\infty}^{x'} f_X(t)dt$은 x'에서의 누적분포함수의 높이 $F_X(x')$이 된다.

위에서 언급한 연속확률변수 X의 확률밀도함수(probability density function) $f_X(x)$은 다음과 같은 특징이 있다.

1. $f_X(x) \geq 0 \quad \forall x \in \mathbb{R}.$

이는 확률밀도함수는 어떤 점에서도 음수가 될 수 없다는 것이다. 한편, 모든 점에서 반드시 1보다 작을 필요는 없음에 유의하여라.

2. $\int_{-\infty}^{\infty} f_X(x)dx = 1.$

이는 확률밀도함수 아래의 전체 면적은 항상 1이라는 것을 의미한다.

x에서 확률밀도함수의 값 $f_X(x)$는 확률(probability)은 아니지만 $X = x$가 나타날 가능성(likelihood)을 반영하는 값으로 이를 확률밀도(probability density)라고 한다. 연속적인 확률변수의 경우, 확률은 한 점에서 정의되지 않으며, 구간에 대해서만 정의된다. 즉, $X = x$일 가능성은 0이지만, 연속확률변수 X가 a와 b 사이의 어느 한 값으로 실현될 사건의 확률은 정의될 수 있으며, 이는 다음과 같다. 편의상 $a < b$라고 하자.

$$P(a < X \leq b) = F_X(b) - F_X(a) = \int_{\boldsymbol{a}}^{\boldsymbol{b}} \boldsymbol{f_X(t)dt}.$$

여기에서 $f_X(t)$는 확률밀도함수이다. 연속확률변수의 경우 $P(a < X \leq b) = P(a \leq X < b) = P(a \leq X \leq b) = P(a < X < b)$인데, 이는 한 점에서의 확률은 0이기 때문이다.

한편, 누적확률분포함수의 미분을 통하여 확률밀도함수를 구할 수 있다.

$$\frac{d}{dx} F_X(x) = f_X(x).$$

위의 성질은 도함수의 정의를 이용하면 쉽게 이해할 수 있다. 도함수의 정의를 이용하면, 다음과 같다.

$$\frac{d}{dx} F_X(x) = \lim_{h \to 0} \frac{F_X(x+h) - F_X(x)}{h}.$$

이제 연속확률변수 X의 누적분포함수가 $F_X(x) = \int_{-\infty}^{x} f_X(t)dt$임을 이용하면 위의 식은 다음과 같이 표현된다.

$$\frac{d}{dx} F_X(x) = \lim_{h \to 0} \frac{\int_x^{x+h} f_X(t)dt}{h}. \tag{4}$$

매우 작은 h에 대하여, $\int_x^{x+h} f_X(t)dt \simeq hf(x+h)$가 됨을 알 수 있다. 여기에서 $\simeq$은 근사값을 의미한다. 따라서 식 (4)는 다음과 같이 표현될 수 있다.

$$\frac{d}{dx}F_X(x) = \lim_{h\to 0}\frac{hf(x+h)}{h} = \lim_{h\to 0}f(x+h) = f_X(x). \qquad (5)$$

연속확률변수 X의 **서포트(support)** $\mathbb{S}_X$는 $f_X(x) > 0$을 만족하는 x의 집합으로 정의한다. 아래의 예를 통하여 이를 확인해보자.

예시 2.7

표본공간이 $\Omega = [0,1]$일 때, 이 구간에서 무작위로 하나의 실수를 뽑아 X의 값으로 부여한다고 하자. 즉, 확률변수 X는 구간 $[0,1]$에서 무작위로 추출된 값 x를 실현값으로 갖는 확률변수이다. 구간 $[0,1]$에 포함된 어떤 실수도 뽑힐 가능성(likelihood)이 같다고 가정한다. 전 구간에서의 확률밀도함수 아래의 면적, 즉 적분이 1인 것을 고려하면 확률밀도함수 $f_X(x)$는 $[0,1]$구간에서 균일하게 값을 가질 수밖에 없다. 편의상 균일한 값을 c라고 하자. $[0,1]$구간 외의 값이 실현될 가능성(likelihood)은 없으므로 확률밀도는 0이다. 확률밀도함수는 두 가지 조건을 만족해야만 한다.

(i) $f_X(x) = \begin{cases} c > 0, & x \in [0,1], \\ 0, & x \notin [0,1]. \end{cases}$

(ii) $\int_0^1 f_X(t)dt = 1.$

위의 두 조건을 만족하기 위해서 $c = 1$이 되어야 한다. 따라서, 확률밀도함수는 다음과 같다.

$$f_X(x) = \begin{cases} 1, & x \in [0,1], \\ 0, & x \notin [0,1]. \end{cases}$$

따라서, 확률변수 X의 서포트(support)는 $[0,1]$이다.

$$\mathbb{S}_X = [0,1] = \{x \in \mathbb{R}: 0 \le x \le 1\}.$$

특히, 이러한 확률밀도함수를 가지고 있는 연속확률변수를 가리켜서 단위구간 $[0,1]$에서의 균일분포(uniform distribution)를 따른다고 한다. $[0,1]$은 단위구간(unit interval)이라고 한다.

예시 2.8 단위구간에서의 균일분포(uniform distribution)

[예시 2.7]의 균일분포를 따르는 확률변수 X가 특정 구간에서 실현값을 가지게 될 확률은 다음과 같이 구할 수 있다. 다음 네 가지 예를 보자.

(a) $P(0.3 < X < 0.6) = \int_{0.3}^{0.6} 1dx = 0.3.$

(b) $P(0 < X < 0.8) = \int_{0}^{0.8} 1dx = 0.8.$

(c) $P(1.2 < X < 1.5) = \int_{1.2}^{1.5} 0dx = 0.$

(d) $0 < a < b < 1$에 대하여, $P[a < X < b] = \int_a^b f_X(x)dx = \int_a^b 1dx = b - a.$

정리 2.3 $F_X(x^-) = \lim_{z \uparrow x} F_X(z) = \lim_{h \to 0} F_X(x-h)$라고 하자. 모든 $x \in \mathbb{R}$에서 확률변수 X에 대하여 다음의 관계가 성립한다.

$$P[X = x] = F_X(x) - F_X(x^-).$$

정리 2.3은 한 점에서의 확률과 관련된 논의로, 우리는 앞에서 이미 이 정리를 이용하였다. 다음 두 사실은 정리 2.3의 결과이다.

1. 이산확률변수의 경우 어떤 점들은 양의 확률을 가진다. $P[X = x_0] > 0$인 경우 x_0는 누적분포함수의 점프가 나타나는 불연속 점이다. 이러한 점들을 "확률 질량점(probability mass points)"이라고 부르는데, 이는 정리 2.3의 결과로 나타나는 것이다.

2. 연속확률변수의 경우 누적분포함수(CDF)는 연속이다. 따라서 좌극한값 $F_X(x^-)$와 $F_X(x)$는 항상 같게 된다. 따라서 모든 x_0에서 $P[X = x_0] = 0$이다. 이러한 성질도 정리 2.3의 결과이다.

2.5 확률변수의 변환(Transformation of Random Variables)

예시 2.9 이산확률변수의 변환

동전 던지기를 생각해보자. ω_1을 앞면("H")와 ω_2를 뒷면("T")이라 하자. 확률변수 X를 다음과 같이 정의하자.

$$X(\omega) = \begin{cases} 1, & \omega = \omega_1, \\ 2, & \omega = \omega_2. \end{cases}$$

이제 확률변수 $Y = 2X - 1$을 생각해보자. 확률변수 Y는 X의 선형변환이다. Y의 서포트 $\mathbb{S}_Y$와 확률질량함수 $P(Y = y)$는 무엇인가?

$X = 1$은 $Y = 1$과 동일한 사건이고, $X = 2$는 $Y = 3$과 같은 사건임을 쉽게 알 수 있다. 따라서, $P(X = 1) = P(Y = 1) = 0.5$ 그리고 $P(X = 2) = P(Y = 3) = 0.5$임을 알 수 있다. 따라서 Y의 서포트는 $\mathbb{S}_Y = \{1,3\}$이 된다. 이 경우 이산확률변수 X의 변환인 확률변수 Y도 이산확률변수가 되며, 그 확률은 쉽게 구할 수 있다. 그러나 연속확률변수의 경우는 다소 다르다.

예시 2.10 연속확률변수의 변환

단위구간 $[0,1]$로부터 하나의 실수를 임의로 선택하고 X의 실현값으로 부여하는 임의실험을 생각하자. 모든 $x \in [0,1]$에 대해서 $X = x$이다. 확률변수 X 변환의 예로 새로운 확률변수 Y를 $Y = 5X$로 정의하자. 이 경우, Y의 확률밀도함수를 생각해보자.

먼저, Y의 서포트 $\mathbb{S}_Y$를 생각해보자. X의 실현값이 0과 1 사이의 임의의 실수값이 되므로 Y의 실현값은 0과 5 사이의 임의의 실수값이 될 것임을 알 수 있다. 따라서 $\mathbb{S}_Y = [0,5]$가 된다. 또한 0과 1 사이의 임의의 값이 뽑힐 가능성이 같으므로, 0과 5 사이의 어떤 값도 뽑힐 가능성이 같아진다. 따라서 Y의 확률밀도함수는 서포트 위에서 일정한 값이 되고, 서포트 위에서 확률밀도함수를 적분하면 1이 되므로 Y확률밀도함수 $f_Y(y)$는 다음과 같이 된다.

$$f_Y(y) = \begin{cases} 1/5, & 0 \le y \le 5, \\ 0\ \ , & y\text{가 여타값을 가질 때.} \end{cases}$$

정리 2.4 (변환된 연속확률변수의 확률밀도함수에 관한 정리)

먼저 X를 확률밀도함수 $f_X(x)$와 서포트 $\mathbb{S}_X$를 가진 연속확률변수라 하자. 이때 새로운 확률변수 Y가 X와 다음의 관계가 있다고 가정하자.

$$Y = g(X)$$

여기서 $g(x)$는 X의 서포트 $\mathbb{S}_X$에서 단조 증가 또는 감소하는 함수로 가정한다. 이러한 조건에서 새로운 확률변수 Y의 확률밀도함수는 다음과 같게 된다.

$$f_Y(y) = f_X[g^{-1}(y)]\left|\frac{dx}{dy}\right|,\ \text{여기에서 }|\ |\text{는 절대값 기호이다.}$$

증명

(**증명의 아이디어**: 확률변수 X의 변환인 새로운 확률변수 Y의 누적분포함수 $F_Y(y)$를 구하고, 이를 이용하여 확률밀도함수 $f_Y(y)$를 구할 수 있다.)

$g(x)$는 단조(strictly)증가하거나 단조감소한다. 각각의 경우를 가정하고 증명해보자.

1. 먼저 $g(x)$는 단조증가한다고 가정하자. $g(x)$가 일대일 함수이기 때문에 역함수 $x = g^{-1}(y)$를 정의할 수 있다.

새로운 확률변수 Y의 분포함수를 구해보면

$$\begin{aligned} F_Y(y) &= P(Y \le y) \\ &= P[g(X) \le y] \\ &= P[X \le g^{-1}(y)] \\ &= F_X[g^{-1}(y)]. \end{aligned} \tag{6}$$

두 번째 등식은 $Y = g(X)$를 이용한 것이고, 세 번째 등식은 g의 역함수를 이용한 것이며, 네 번째 등식은 누적분포함수의 정의를 이용한 것이다.

이제, Y의 확률밀도함수 $f_Y(y)$를 구하기 위해서는 $y \in \mathbb{S}_Y$에 대해 $F_Y(y)$를 y로 미분하면 된다.

$$\begin{aligned} f_Y(y) &= \frac{dF_Y(y)}{dy} \\ &= \frac{dF_X\big(g^{-1}(y)\big)}{dy} \\ &= f_X\big(g^{-1}(y)\big)\,\frac{d\,g^{-1}(y)}{dy} \\ &= f_X\big(g^{-1}(y)\big)\frac{dx}{dy}. \end{aligned}$$

두 번째 등식은 위의 식 (6)을 이용한 결과이다. 세 번째 등식은 합성함수의 미분을 이용한 것이다.[4] 마지막 등식은 $x = g^{-1}(y)$를 이용한 것이다. g가 단조증가하므로, $\frac{dx}{dy} > 0$이며, 절대값을 붙여 $\left|\frac{dx}{dy}\right|$로 표현해도 무방하다. 여기에서, Y의 서포트는 $\mathbb{S}_Y = \{y = g(x): x \in \mathbb{S}_X\}$이다.

2. 이제 $g(x)$가 단조감소라고 가정하자.

$$\begin{aligned} F_Y(y) &= P(Y \le y) \\ &= P[g(X) \le y] \\ &= P[X \ge g^{-1}(y)] \\ &= 1 - P[X \le g^{-1}(y)] \\ &= 1 - F_X\big(g^{-1}(y)\big). \end{aligned} \tag{7}$$

세 번째 등식은 $g(x)$가 단조감소함수이기 때문에 얻어지는 결과이다.
따라서,

---

4 합성함수의 미분을 모르는 독자는 먼저 제3장 뒤에 있는 부록 A의 (도함수 규칙3)을 보아라.

$$\begin{aligned} f_Y(y) &= \frac{dF_Y(y)}{dy} \\ &= \frac{d\left[1 - F_X\left(g^{-1}(y)\right)\right]}{dy} \\ &= -f_X\left(g^{-1}(y)\right)\frac{d\,g^{-1}(y)}{dy} \\ &= f_X\left(g^{-1}(y)\right)\left(-\frac{dx}{dy}\right) \end{aligned}$$

두 번째 등식은 위의 식 (7)을 이용한 결과이다.

위의 1, 2를 고려한 확률밀도함수 $f_Y(y)$를 표현하기 위해서 절대값 기호를 이용하여 다음과 같이 표현할 수 있다.

$$f_Y(y) = f_X\left(g^{-1}(y)\right)\left|\frac{d\,g^{-1}(y)}{dy}\right|.$$

이는 단순히 $f_Y(y) = f_X(x)\left|\frac{dx}{dy}\right|$로 표현해도 된다. 왜냐하면 우리는 이미 $x = g^{-1}(y)$를 알고 있기 때문이다. ▨

예시 2.11

임의의 실수 $x \in [0,1]$에 대해 $F_X(x) = x^2$라 가정하자.
X의 확률밀도함수 f_X는 다음과 같다.

$$f_X(x) = \begin{cases} 2x, & 0 \le x \le 1, \\ 0\ , & \text{이외의 경우.} \end{cases}$$

이때 X의 서포트 $\mathbb{S}_X$는 $\mathbb{S}_X = [0,1]$이다.
확률변수 $Y = -10X$라 할 때, Y의 확률밀도함수 $f_Y(y)$를 구하여라.

[예시 2.11]을 정리 2.4의 결과를 적용하여 풀면 다음과 같다.

$y = g(x) = -10x$가 x의 구간 $[0,1]$에서 x의 감소함수임을 알 수 있다.

주어진 조건에서 $\left|\frac{dx}{dy}\right|$는 $\left|-\frac{1}{10}\right| = 1/10$이다. 또한 새로운 확률변수 Y의 서포트 $\mathbb{S}_Y$는 $\{y = g(x) | x \in [0,1]\}$이므로 구간 $[-10,0]$이다. 따라서 Y의 확률밀도함수 $f_Y(y)$를 구하기 위해서는 $\mathbb{S}_Y$가 고려되어야 한다. 즉, $\mathbb{S}_Y$에서 Y는 양의 확률밀도함수를 갖게 되며, 그 이외의 값에서는 확률밀도가 0이 될 것이다. $\mathbb{S}_Y$에서의 확률밀도함수는 다음과 같이 얻어진다.

$$f_X(g^{-1}(y))\left|\frac{dx}{dy}\right| = 2x \cdot \left|\frac{dx}{dy}\right| = 2\left(-\frac{y}{10}\right) \cdot \left|-\frac{1}{10}\right| = -\frac{2y}{100}.$$

$$f_Y(y) = \begin{cases} -\dfrac{2}{100}y, & -10 \le y \le 0, \\ 0 \quad\quad\;\; , & \text{여타 값에서.} \end{cases}$$

아래는 [예시 2.11]의 다른 풀이방법으로 정리 2.4의 증명방법을 따른 것이다. 즉, $F_Y(y)$를 구하고 $f_Y(y)$를 구하는 접근방법이다.

$$\begin{aligned} F_Y(y) &= P[Y \le y] = P[-10X \le y] = P[X \ge -y/10] \\ &= 1 - P[X \le -y/10] = 1 - F_X(-y/10) = 1 - y^2/100. \end{aligned}$$

여기에서 네 번째 등식은 사건 A의 여집합 A^c의 확률은 $P(A^c) = 1 - P(A)$라는 정리를 이용한 것이다.

따라서, $y \in [-10,0]$에 대해 $f_Y(y) = \frac{dF_Y(y)}{dy} = -\frac{2y}{100}$이고, $y \notin [-10,0]$에 대해서는 $f_Y(y) = 0$이다. 즉,

$$f_Y(y) = \begin{cases} -\dfrac{2y}{100}, & -10 \le y \le 0, \\ 0 \quad\quad , & \text{이외의 경우.} \end{cases}$$

2.6 연습문제

1. 어느 의류공장에서는 5개의 옷을 만든다. 이 5개의 완제품 중에서 생산과정의 이상으로 2개가 불량품이 되었다. 이 5개의 옷 중에서 2개를 임의로 뽑는다고 하자. 이때 나오는 불량품의 개수를 X라고 하고 X의 분포함수를 구하여라.

2. X를 연속확률변수라 하고, $f_X(x)$는 X의 확률밀도함수이다. 다음의 명제가 각각 참인지 거짓인지 확인하고, 그에 대한 이유를 제시하라.
   (a) 모든 $x_0 \in \mathbb{R}$에 대해, $f_X(x_0)$는 항상 0과 1 사이의 값을 갖는다. 즉, $0 \le f_X(x_0) \le 1$이다.
   (b) $-\infty < a < b < \infty$일 때, $\int_a^b f_X(x)dx$가 1보다 커질 수 있다.

3. 확률변수 X가 연속확률변수라 하자. $-\infty < x < \infty$일 때, X의 확률밀도함수는 다음과 같다:

$$f_X(x) = \frac{1}{\sqrt{2\pi\sigma^2}} \exp\left\{-\frac{1}{2}\left(\frac{x-\mu}{\sigma}\right)^2\right\}.$$

   $Z = \frac{X-\mu}{\sigma}$라는 확률변수를 생각해보자. 이 확률변수 Z의 확률밀도함수를 구하여라.

03 기댓값(Expectation)

3.1 기댓값의 정의

이번 장에서는 기댓값을 소개한다. 기댓값은 “수학적 기댓값” 또는 “평균(mean)”이라고 칭하기도 한다. 확률변수 X가 이산이냐 연속이냐에 따라 기댓값을 다음과 같이 정의한다.

먼저 X가 이산확률변수인 경우를 생각하자. 이 경우 확률변수는 확률질량함수(probability mass function) $p_X(x) = P[X = x]$를 가진다. 이때 기댓값 $E(X)$는 다음과 같이 정의된다.

$$E(X) = \sum_{\forall x} x p_X(x).$$

기댓값이 존재하기 위해서는 $\sum_{\forall x} |x| p_X(x) dx < \infty$이 충족되어야 한다. 기댓값이 무한(∞)이면, 우리는 기댓값이 정의되지 않는다고 말한다.

이산확률변수의 기댓값을 구하는 예를 들어보자. 임의실험인 동전 던지기의 예에서 확률변수를 다음과 같이 정의하자.

$$X = \begin{cases} 1, & "H"(\text{앞면})\text{이 나온 경우}, \\ 3, & "T"(\text{뒷면})\text{이 나온 경우}. \end{cases}$$

동전이 잘 만들어진 동전이라고 가정하는 경우, $P[X = 1] = P[X = 3] = 1/2$이다. 따라서, 확률변수 X의 기댓값은 다음과 같이 구할 수 있다.

$$E(X) = \sum_{\forall x} x p_X(x) = 1 \times P[X = 1] + 3 \times P[X = 3] = 1/2 + 3/2 = 2.$$

한편, X가 연속확률변수인 경우에는 확률밀도함수(probability density function, pdf) $f_X(x)$를 가지며, 기댓값은 다음과 같이 정의된다.

$$E(X) = \int_{-\infty}^{\infty} x f_X(x) dx.$$

이 경우에도 기댓값이 잘 정의되기 위해서는, 즉 유한한 실수가 되기 위한 충분조건은 $\int_{-\infty}^{\infty} |x| f_X(x) dx < \infty$이다.

이번에는 연속확률변수의 기댓값의 예로 다음과 같은 확률밀도함수 $f_X(x)$를 갖는 확률변수 X의 기댓값을 구해보자.

$$f_X(x) = \begin{cases} 1, & x \in [0,1], \\ 0, & x \notin [0,1]. \end{cases}$$

연속확률변수 X의 기댓값은 다음과 같이 구할 수 있다.

$$\begin{aligned} E(X) &= \int_{-\infty}^{\infty} x f_X(x) dx \\ &= \int_{-\infty}^{0} x f_X(x) dx + \int_{0}^{1} x f_X(x) dx + \int_{1}^{\infty} x f_X(x) dx \\ &= \int_{-\infty}^{0} (x \times 0) dx + \int_{0}^{1} (x \times 1) dx + \int_{1}^{\infty} (x \times 0) dx \\ &= \int_{0}^{1} x dx = \left[\frac{1}{2} x^2\right]_0^1 = 1/2. \end{aligned}$$

앞에서 언급한 기댓값이 존재하기 위한 충분조건 $\sum_{\forall x} |x| p_X(x) dx < \infty$ 혹은 $\int_{-\infty}^{\infty} |x| f_X(x) dx < \infty$에 대하여 자세히 살펴보자. 충분조건이 성립하지 않는 $\sum_{\forall x} |x| p_X(x) dx = \infty$ 혹은 $\int_{-\infty}^{\infty} |x| f_X(x) dx = \infty$인 경우에는 어떤 일이 발생할 수 있는가를 보자.

먼저, 다음과 같은 확률질량함수를 갖는 이산확률변수 X를 생각해보자.

$$\Pr[X = n] = \frac{1}{n}, \ \ n = 1,2,3,\cdots.$$

이 경우 기댓값은 다음과 같이 무한하게 됨을 알 수 있다.

$$E[X] = \sum_{\forall x} xp_X(x) = \sum_{\forall x} xP[X = x] = \sum_{\forall n} nP[X = n] = \sum_{n=1}^{\infty} n\frac{1}{n} = \infty.$$

따라서 기댓값이 유한한 값을 갖지 못한다. 이를 기댓값이 존재하지 않는다고 표현한다. 이 경우 충분조건이 성립하지 않음을 알 수 있다.

$$\sum\nolimits_{\forall x} |x|P(x) = \sum_{\forall n} nP[X = n] = \infty.$$

이러한 의미에서 기댓값이 존재하는 것을 보장하는 충분조건이 $\sum_{\forall x} |x|p_X(x)dx < \infty$인 것이다.

연속확률변수의 경우에도, 기댓값이 존재하지 않는 경우를 생각할 수 있다. 다음의 확률밀도함수(pdf)를 갖는 연속확률변수 X를 생각해보자.

$$f_X(x) = \begin{cases} \dfrac{1}{x^2}, & 1 < x < \infty, \\ 0\ , & \text{그 밖의 경우}. \end{cases}$$

이 경우 기댓값은 다음과 같이 구할 수 있다.

$$E(X) = \int_{-\infty}^{\infty} xf_X(x)dx = \int_{1}^{\infty} x\frac{1}{x^2}dx = \int_{1}^{\infty}\frac{1}{x}dx$$

$$= \lim_{z\to\infty}[\log x]_1^z = \lim_{z\to\infty}\log z - \log 1 = \infty.$$

따라서 기댓값이 존재하지 않게 된다. 이 경우 앞에서 언급한 충분조건이 성립하지 않음을 알 수 있는데, 이는 다음을 보면 쉽게 알 수 있다.

$$\int_{-\infty}^{\infty} |x| f_X(x) dx = \int_{1}^{\infty} |x| \frac{1}{x^2} dx = \int_{1}^{\infty} x \frac{1}{x^2} dx = \int_{1}^{\infty} \frac{1}{x} dx = \infty.$$ [1]

따라서, 연속확률변수의 경우, 다음과 같은 명제가 성립한다.

$$\int_{-\infty}^{\infty} |x| f_X(x) dx < \infty \text{이면, } \int_{-\infty}^{\infty} x f_X(x) dx \equiv E(X) < \infty \text{이다.}$$

이는 $|x| \geq x$이므로 자명하다. 논리적으로 다음 명제도 성립한다.

$$E(X) = \int_{-\infty}^{\infty} x f_X(x) dx = \infty \text{이면, } \int_{-\infty}^{\infty} |x| f_X(x) dx = \infty \text{이다.}$$ [2]

이산확률변수의 경우에도 동일한 명제가 성립한다. 우리가 만나는 대부분의 확률변수들은 유한한 기댓값을 갖는다.

3.2 기댓값의 성질

기댓값과 관련된 특징 가운데 상수와 관련된 것을 소개한다. 먼저, X는 확률변수, 그리고 c는 상수라고 하자. 상수 c는 항상 같은 결과 c로 실현되는 특별한 확률변수라고 해석할 수 있다. 상수와 관련하여 다음과 같은 두 가지 성질이 있다.

1. $E(c) = c$. 즉, 상수 c의 기댓값은 c 자신이다.

   이는 상수라는 것이 무작위성, 즉 임의성(randomness)이 없다는 것을 감안하면 분명하다. 즉, 결과가 항상 c로 일정하고, 다른 결과가 실현될 가능성이 전혀 없는 것이다. 즉, $P[X = c] = 1$ 그리고 $P[X \neq c] = 0$인 것이다. 편의상, 억지로 기댓값의 정의를 이용하여 보인다면 다음과 같을 것이다.

---

1 사실 실현값이 양수이므로 이 경우 충분조건인 $E[|X|]$와 기댓값인 $E[X]$가 같다.

2 이로부터 앞의 두 예시는 당연히 성립함을 알 수 있다.

$$E(c) = \sum_{\forall x} xp_X(x) = \sum_{\forall x: x \neq c} xp_X(x) + \sum_{x=c} xp_X(x) = 0 + c \times 1 = c.$$

여기에서 $\sum_{x=c}$ 는 $x = c$인 경우를, $\sum_{\forall x: x \neq c}$ 는 $x \neq c$인 모든 x인 경우의 합을 의미한다.

2. $E(cX) = cE(X)$. 즉, 확률변수 cX의 기댓값은 상수 c와 X의 기댓값의 곱인 $cE(X)$이다.

이는 기댓값의 정의를 이용하여 쉽게 확인할 수 있다. 이산확률변수와 연속확률변수로 나누어서 생각해보자.

(a) X가 이산확률변수인 경우, cX도 이산확률변수가 된다. 따라서, 기댓값은 다음과 같이 정의된다.

$$E(cX) = \sum_{\forall x} cx\, p_X(x) = c \sum_{\forall x} x\, p_X(x) = cE(X).$$

(b) X가 연속확률변수인 경우 cX도 연속확률변수가 된다. 따라서, 기댓값은 다음과 같이 정의된다.

$$E(cX) = \int_{-\infty}^{\infty} cx\, f_X(x)dx = c \int_{-\infty}^{\infty} x\, f_X(x)dx = cE(X).$$

정리 3.1 (X의 함수인 $g(X)$의 기댓값)

X를 확률변수라 하고, g는 어떤 함수이다. 새로운 확률변수 Y가 X의 함수로서 $Y = g(X)$라고 하자. 만약 X가 확률밀도함수 $f_X(x)$를 가지는 연속확률변수이면, Y의 기댓값은 다음과 같다.

$$E(Y) = \int_{-\infty}^{\infty} g(x)f_X(x)dx.$$

X가 확률질량함수 $p_X(x)$를 가지는 이산확률변수이면, Y의 기댓값은 다음과 같다.

$$E(Y) = \sum_{\forall x} g(x)p_X(x).$$

위 명제의 증명은 기댓값의 정의에 의하여 곧장 얻어지므로 생략한다.

한편, 앞에서 언급한 확률변수 X의 기댓값이 존재하기 위한 충분조건은 이제 새로운 확률변수인 $g(X)$의 기댓값이 존재하기 위한 충분조건으로 다음과 같다. 먼저 $g(X)$가 연속확률변수인 경우, 그 기댓값이 존재하기 위한 충분조건은 다음과 같다.

$$\int_{-\infty}^{\infty} |g(x)| f_X(x) dx < \infty.$$

그리고, 만약 $g(X)$가 이산확률변수인 경우, 그 기댓값이 존재하기 위한 충분조건은 다음과 같다.

$$\sum_{\forall x} |g(x)| p_X(x) < \infty.$$

정리 3.2 ($g_1(X)$와 $g_2(X)$의 합의 기댓값)

두 함수 $g_1(X)$와 $g_2(X)$가 확률변수 X의 함수이고, $g_1(X)$와 $g_2(X)$의 기댓값이 존재한다고 가정하자. 이때 어떤 상수 c_1와 c_2에 대해 다음의 명제가 성립한다.

$$E[c_1 g_1(X) + c_2 g_2(X)] = c_1 E[g_1(X)] + c_2 E[g_2(X)].$$

증명

편의상 X가 연속확률변수라고 가정하고 증명한다.

$c_1 g_1(X) + c_2 g_2(X)$는 확률변수 X의 함수이므로 정리 3.1을 적용할 수 있다.

$$\begin{aligned} E[c_1 g_1(X) + c_2 g_2(X)] &= \int_{-\infty}^{\infty} [c_1 g_1(x) + c_2 g_2(x)] f_X(x) dx \\ &= \int_{-\infty}^{\infty} c_1 g_1(x) f_X(x) dx + \int_{-\infty}^{\infty} c_2 g_2(x) f_X(x) dx \\ &= c_1 \int_{-\infty}^{\infty} g_1(x) f_X(x) dx + c_2 \int_{-\infty}^{\infty} g_2(x) f_X(x) dx \\ &= c_1 E[g_1(X)] + c_2 E[g_2(X)]. \end{aligned}$$

첫 번째 등식은 X가 x로 실현될 때, $c_1g_1(X)+c_2g_2(X)$는 $c_1g_1(x)+c_2g_2(x)$로 실현된다는 사실을 이용한 것이다. ▨

정리 3.2에 대한 예를 보자.

예시 3.1

X는 연속확률변수이며, 다음과 같은 누적확률분포함수를 갖는다.
이때 $E[2X+X^2]$을 구하여라.

$$F_X(x)=\begin{cases}0 &, \quad x\le 0,\\ 2x-x^2, & \quad 0<x<1,\\ 1 &, \quad x\ge 1.\end{cases}$$

풀이

누적확률분포로부터 다음과 같은 확률밀도함수를 구할 수 있다.

$$f_X(x)=\begin{cases}2(1-x), & \quad 0<x<1,\\ 0 &, \quad \text{이외의 경우}.\end{cases}$$

이제 정리 3.2를 이용하자.

$$E(X)=\int_0^1 xf_X(x)dx=\int_0^1 (2x-2x^2)dx=\left[x^2-\frac{2}{3}x^3\right]_0^1=1/3.$$

$$E(X^2)=\int_0^1 x^2f_X(x)dx=\int_0^1 (2x^2-2x^3)dx=\left[\frac{2}{3}x^3-\frac{1}{2}x^4\right]_0^1=1/6.$$

$$E(2X+X^2)=2E(X)+E(X^2)=2\times 1/3+1/6=5/6.$$

예시 3.2

X는 이산확률변수로서 누적확률분포함수는 다음과 같다.

$$F_X(x) = \begin{cases} 0 \quad , & x < 1, \\ 1/3\,, & 1 \leq x < 2, \\ 1 \quad , & x \geq 2. \end{cases}$$

이때 $E[3X + 2X^3]$을 구하여라.

풀이

누적확률분포함수로부터 다음의 확률질량함수를 구할 수 있다.

$$p_X(x) = \begin{cases} \dfrac{x}{3}, & x = 1,2, \\ 0\,, & \text{이외의 경우}. \end{cases}$$

이제 정리 3.2를 적용하면 된다.

$E(X) = \sum_{\forall x} x p_X(x) = \sum_{\forall x} x P(X = x) = 1 \times \frac{1}{3} + 2 \times \frac{2}{3} = \frac{5}{3}$.

$E(X^3) = \sum_{\forall x} x^3 p_X(x) = \sum_{\forall x} x^3 P(X = x) = 1^3 \times \frac{1}{3} + 2^3 \times \frac{2}{3} = \frac{17}{3}$.

$E(3X + 2X^3) = 3E(X) + 2E(X^3) = 3 \times \frac{5}{3} + 2 \times \frac{17}{3} = \frac{49}{3}$.

다음은 "기댓값"에 관하여 추가적으로 언급하고 싶은 몇 가지 사항들이다.

1. 확률변수 X의 기댓값은 단순하게 말하면 실현값들의 일종의 가중평균(weighted average)이라고 할 수 있다. 다만, 가중치가 확률(probability) 또는 확률밀도(probability density)라는 점이 특징이다.
2. 용어 "기댓값"이라는 용어의 기원은 도박과 관련이 있다. 예컨대, 동전의 "앞면"이 나오면 100만원을 받고, "뒷면"이 나오면 아무것도 받지 않는 도박이 있다고 하자. 도박에 참여하는데 당신은 얼마나 많은 돈을 기꺼이 낼 것인가? 개인의 위험에 대한 태도에 따라 다르겠지만 아마도 참가비가 50만원 미만이면 참가

할 것이고, 그보다 높으면 참가하지 않을 것이다. 이처럼 기댓값은 해당 도박의 기대이익을 반영하는 숫자이다.

3. 확률변수 X의 기댓값 $E(X)$는 μ_X로 표기하기도 한다.
4. 확률변수 X의 기댓값 $E(X)$는 어떤 하나의 상수로서 더 이상 확률변수가 아니다.

3.3 분산(Variance)의 정의 및 성질

분산은 확률변수가 실현된 값들이 얼마나 넓게 분포해 있는지를 반영하는 측도이다. X가 유한한 기댓값 $E[X] = \mu_X$를 가지는 확률변수라 할 때, 확률변수 X의 분산 $Var(X)$는 다음과 같이 정의된다.

$$Var(X) = E[(X - \mu_X)^2].$$

분산의 정의는 확률변수 X의 실현값들이 기댓값(μ_X)으로부터 얼마나 멀리 떨어져 있는가를 반영하는 거리의 제곱에 대한 기댓값을 말한다. 위의 분산의 정의에서 $|X - \mu_X|$는 확률변수 X와 기댓값 μ_X 간의 거리를 나타낸다. $(X - \mu_X)^2 = |X - \mu_X|^2$으로, 거리의 제곱을 반영하는 확률변수이며, 분산은 그러한 확률변수의 기댓값인 것이다. 따라서, X의 실현값들이 μ_X를 중심으로 폭넓게 분포하면 분산이 커질 것이고, 좁게 분포하면 분산은 상대적으로 작아질 것이다.

분산은 다음과 같이 정의될 수도 있다.

$$\begin{aligned} Var(X) &= E[(X - \mu_X)^2] \\ &= E[X^2 - 2\mu_X X + \mu_X^2] \\ &= E[X^2] - 2\mu_X E[X] + \mu_X^2 \\ &= E[X^2] - \mu_X^2. \end{aligned}$$

세 번째 등식은 정리 3.2와, 상수와 관련한 기댓값의 성질들을 이용한 것이다. 마지막 등식은 $E[X] = \mu_X$를 대입하여 얻은 결과이다. $E[X] = \mu_X$는 상수임에 유의하라.

확률변수 X의 분산 $Var(X)$는 σ_X^2으로 나타내기도 한다. 분산의 양의 제곱근을 표준편차라고 하며 σ_X로 표현한다.

$$\sigma_X = \sqrt{Var(X)}\ .$$

분산은 다음과 같은 성질을 가지고 있다.

(분산의 성질)
임의의 확률변수 X와 임의의 상수 a, b에 대해 다음이 성립한다.

$$Var(aX+b) = a^2 Var(X).$$

따라서

$$\sigma_{aX+b} = |a|\sigma_X.$$

증명

$$\begin{aligned} Var(aX+b) &= E\left[\left((aX+b)-E(aX+b)\right)^2\right] \\ &= E\left[\left((aX+b)-(aE(X)+b)\right)^2\right] \\ &= E\left[\left(aX-aE(X)\right)^2\right] \\ &= E\left[a^2\left(X-E(X)\right)^2\right] \\ &= a^2 E\left[\left(X-E(X)\right)^2\right] \\ &= a^2 Var(X). \end{aligned}$$

위 식의 양변에 양의 제곱근을 취하면,

$$\sqrt{Var(aX+b)} = \sqrt{a^2 Var(X)}\,.$$

즉,

$$\sigma_{aX+b} = |a|\sigma_X. \ ▨$$

위의 분산의 성질을 보면, 상수를 곱하는 것은 분산에 영향을 주지만, 상수를 더하는 것은 영향을 주지 않음을 알 수 있다.

다음의 [예시 3.3]과 [예시 3.4]는 X가 이산확률변수일 때와 연속확률변수일 때의 기댓값과 분산을 구하는 예시이다.

예시 3.3

X는 이산확률변수로서 다음의 확률질량함수를 갖는다.

$$p_X(x) = \begin{cases} \frac{1}{2}, & x = 0,1, \\ 0, & \text{이외의 경우}. \end{cases}$$

$p_X(x)$가 위와 같을 때 X의 기댓값, X^2의 기댓값, X의 분산 그리고 X의 표준편차를 구하여라.

(a) $E(X) = \sum_{\forall x} x \cdot p_X(x) = 0 \cdot 1/2 + 1 \cdot 1/2 = 1/2$.
(b) $E(X^2) = \sum_{\forall x} x^2 \cdot p_X(x) = 0^2 \cdot 1/2 + 1^2 \cdot 1/2 = 1/2$.
(c) $Var(X) = E[(X-\mu)^2] = E(X^2) - E(X)^2 = 1/2 - 1/4 = 1/4$.
(d) X의 표준편차는 $\sigma_X = \sqrt{Var(X)} = 1/2$.

예시 3.4

X는 연속확률변수로서 다음의 확률밀도함수를 갖는다.

$$f_X(x) = \begin{cases} 1, & x \in (0,1), \\ 0, & \text{이외의 경우}. \end{cases}$$

X의 $f_X(x)$가 위와 같을 때 X의 기댓값, X^2의 기댓값, X의 분산 그리고 X의 표준편차를 구하여라.

(a) $E(X) = \int_0^1 x \cdot f_X(x)dx = 1/2$.
(b) $E(X^2) = \int_0^1 x^2 \cdot f_X(x)dx = 1/3$.
(c) $Var(X) = E[(X-\mu)^2] = E(X^2) - E(X)^2 = 1/3 - 1/4 = 1/12$.
(d) X의 표준편차는 $\sigma_X = \sqrt{Var(X)} = 1/\sqrt{12}$.

3.4 적률생성함수(Moment Generating Function, MGF)

이번 절에서는 확률변수 X의 적률생성함수를 소개한다. X가 임의의 확률변수라 할 때, X의 **적률생성함수**는 다음과 같이 정의된다.

$$M_X(t) = E(e^{tX}).$$

여기에서 X는 확률변수이고 t는 상수이다. e는 지수(exponential)로서 exp로 표현하기도 한다. 즉, e^{tX}와 $\exp(tX)$는 같은 표현이다.

적률생성함수는 확률변수 X가 연속확률변수인지 이산확률변수인지에 따라 다음과 같이 구할 수 있다.

$$\begin{aligned} M_X(t) &= E(e^{tX}) \\ &= \begin{cases} \displaystyle\sum_{\forall x} e^{tx} p_X(x) \quad , & X\text{가 이산확률변수일 때,} \\ \displaystyle\int_{-\infty}^{\infty} e^{tx} f_X(x)dx, & X\text{가 연속확률변수일 때.} \end{cases} \end{aligned}$$

X의 적률생성함수 $M_X(t)$는 e^{tX}의 기댓값이기 때문에 확률변수 X의 확률질량함수 또는 확률밀도함수를 이용한다는 것에 유의하여라. 따라서 X의 적률생성함수는 결국 t의 함수가 된다는 사실에 유의하여라.

정리 3.3 (적률생성함수의 유일성(uniqueness))
확률변수 X와 Y가 각각 적률생성함수 M_X와 M_Y를 가지고 있으며, 각각의 누적분포함수를 각각 F_X와 F_Y라 하자. h가 임의의 양의 상수일 때, 모든 $t \in (-h, h)$에 대하여 $M_X(t)$와 $M_Y(t)$이 같다면, 모든 $z \in \mathbb{R}$에 대해 $F_X(z) = F_Y(z)$이다.

이는 0을 포함한 임의의 구간의 모든 점에 대하여 두 적률생성함수가 같다면, 적률생성함수에 각각 대응하는 분포함수(CDF)가 동일하다는 것을 의미한다. 역으로 두 확률변수가 동일한 누적분포함수를 가지면 동일한 적률생성함수를 갖는다.

(적률생성함수의 성질)

임의의 확률변수 X와 임의의 상수 a, b가 주어져 있을 때, 적률생성함수는 다음과 같은 특징을 가진다.

1. $M_{aX+b}(t) = e^{bt}M_X(aX)$.
2. 만약 X와 Y가 상호 독립인 확률변수라면, $M_{X+Y}(t) = M_X(t)M_Y(t)$.

증명1

X의 자리에 선형 변환인 $aX+b$를 대입하여 적률생성함수의 정의를 사용하면,

$$\begin{aligned} M_{aX+b}(t) &= E(e^{t(aX+b)}) \\ &= E(e^{taX}e^{bt}) \\ &= e^{bt}E(e^{t(aX)}) \\ &= e^{bt}M_X(aX). \end{aligned}$$

세 번째 등식은 e^{bt}가 상수라는 사실을 이용한 것이며, 네 번째 등식은 적률생성함수의 정의를 이용한 것이다. ▨

증명2

5장의 두 확률변수의 독립성을 공부한 후에 독자들 스스로 쉽게 증명할 수 있을 것이다. ▨

예시 3.5

X는 이산확률변수로서 다음의 확률질량함수를 갖는다.

$$p_X(x) = \begin{cases} \dfrac{x}{3}, & x = 1,2, \\ 0, & \text{이외의 경우}. \end{cases}$$

X의 적률생성함수를 구하여라.

$$M_X(t) = E[e^{tX}] = \sum_{x=1,2} e^{tx}p_X(x) = e^t\frac{1}{3} + e^{2t}\frac{2}{3}.$$

예시 3.6

X는 연속확률변수로서 확률밀도함수는 $f_X(x)=\frac{1}{\sqrt{2\pi}}\exp(-\frac{1}{2}x^2)$이다. 이때 X의 적률생성함수 $M_X(t)$를 구하여라.

$$\begin{aligned} M_X(t) &= \frac{1}{\sqrt{2\pi}}\int_{-\infty}^{\infty} e^{tx}e^{-\frac{1}{2}x^2}dx \\ &= \frac{1}{\sqrt{2\pi}}\int_{-\infty}^{\infty} e^{\left(-\frac{x^2-2tx}{2}\right)}dx \\ &= \frac{1}{\sqrt{2\pi}}\int_{-\infty}^{\infty} e^{\left(-\frac{(x-t)^2}{2}+\frac{t^2}{2}\right)}dx \\ &= e^{\frac{t^2}{2}}\frac{1}{\sqrt{2\pi}}\int_{-\infty}^{\infty} e^{\left(-\frac{(x-t)^2}{2}\right)}dx \\ &= e^{\frac{t^2}{2}}. \end{aligned}$$

다섯 번째 등식은 $\frac{1}{\sqrt{2\pi}}\int_{-\infty}^{\infty} e^{\left(-\frac{(x-t)^2}{2}\right)}dx=1$이 되기 때문인데, 이는 $\frac{1}{\sqrt{2\pi}}e^{-\frac{(x-t)^2}{2}}$이 확률밀도함수 $\frac{1}{\sqrt{2\pi}}e^{-\frac{1}{2}x^2}$을 우측으로 t만큼 평행이동한 또 다른 확률밀도함수라는 사실로부터 쉽게 얻어진다.

예시 3.7

X는 연속확률변수로서 확률밀도함수 $f_X(x)=\frac{1}{\sqrt{2\pi\sigma^2}}\exp\left(-\frac{1}{2}\left(\frac{x-\mu}{\sigma}\right)^2\right)$을 갖는다. 이때 X의 적률생성함수 $M_X(t)$를 구하여라.

$$\begin{aligned} M_X(t) &= E[e^{tX}] \\ &= \int_{-\infty}^{\infty} e^{tx}\frac{1}{\sqrt{2\pi\sigma^2}}e^{-\frac{1}{2}\frac{(x-\mu)^2}{\sigma^2}}dx \\ &= \int_{-\infty}^{\infty} \frac{1}{\sqrt{2\pi\sigma^2}}\, e^{-\frac{1}{2\sigma^2}((x-\mu)^2-2\sigma^2tx)}dx \end{aligned}$$

여기에서 $-\frac{1}{2\sigma^2}\,((x-\mu)^2-2\sigma^2tx)$

$$= -\frac{1}{2\sigma^2}\left(x^2 - 2(\mu + \sigma^2 t)x + \mu^2\right)$$
$$= -\frac{1}{2\sigma^2}\left(\left(x - (\mu + \sigma^2 t)\right)^2 - (\mu + \sigma^2 t)^2 + \mu^2\right)$$
$$= -\frac{1}{2\sigma^2}\left(\left(x - (\mu + \sigma^2 t)\right)^2 - (2\mu\sigma^2 t + \sigma^4 t^2)\right)$$
$$= -\frac{1}{2\sigma^2}\left(x - (\mu + \sigma^2 t)\right)^2 + \left(\mu t + \frac{1}{2}\sigma^2 t^2\right)$$ 이 된다.

이를 위의 식에 대입하면,

$$M_X(t) = \int_{-\infty}^{\infty} \frac{1}{\sqrt{2\pi\sigma^2}} e^{-\frac{1}{2}\left(\frac{x-(\mu+\sigma^2 t)}{\sigma}\right)^2} e^{\left(\mu t + \frac{1}{2}\sigma^2 t^2\right)} dx$$
$$= e^{\mu t + \frac{1}{2}\sigma^2 t^2}.$$

두 번째 등식은 $\int_{-\infty}^{\infty} \frac{1}{\sqrt{2\pi\sigma^2}} e^{-\frac{1}{2}\left(\frac{x-(\mu+\sigma^2 t)}{\sigma}\right)^2} dx = 1$을 이용한 것인데, $\frac{1}{\sqrt{2\pi\sigma^2}} e^{-\frac{1}{2}\left(\frac{x-(\mu+\sigma^2 t)}{\sigma}\right)^2}$이 평균이 $\mu + \sigma^2 t$ 그리고 분산이 σ^2인 정규분포 확률밀도함수이기 때문이다. 즉, 원래 확률밀도함수를 수평으로 $\sigma^2 t$만큼 평행하게 이동한 확률밀도함수이기 때문이다.

다음으로 적률생성함수를 이용하여 임의의 $r > 0$에 대하여 $E[X^r]$을 구할 수 있다. X가 연속확률변수일 때와 이산확률변수일 때 각각 적률생성함수를 구하고, 적률생성함수를 이용하여 r차 적률(r-th moment) $E[X^r]$를 구해보자.

확률변수 X의 적률생성함수 $M_X(t) = E[e^{tX}]$를 t에 대해 r번 미분하면 다음과 같은 r차 도함수를 얻을 수 있다.

$$\frac{d^r}{dt^r}[M_X(t)] = E(X^r e^{tX}).$$

위의 결과는 $\frac{d^r}{dt^r} M_X(t) = E\left[\frac{d^r}{dt^r}(e^{tX})\right]$를 이용한 것으로서 미분과 기댓값의 순서를 바꾸어도 무방하다는 사실을 이용한 것이다.

적률생성함수의 r차 도함수에 $t = 0$을 대입하면 X의 r차 적률 $E[X^r]$을 얻을 수 있다.

$$M^{(r)}(0) = \left.\frac{d^r M(t)}{dt^r}\right|_{t=0} = E[X^r].$$

이를 구체적으로 살펴보면 다음과 같다. 먼저, 확률변수 X가 연속확률변수인 경우를 생각해보자. 적률생성함수의 1차 도함수는 다음과 같이 된다. 참고로 적률생성함수의 일차도함수는 $M_X'(t)$ 또는 $M_X^{(1)}(t)$로 표현한다.

$$\begin{aligned} M_X'(t) = M_X^{(1)}(t) = \frac{dM_X(t)}{dt} &= \frac{d}{dt}\int_{-\infty}^{\infty} e^{tx} f_X(x)dx \\ &= \int_{-\infty}^{\infty} \frac{d}{dt} e^{tx} f_X(x)dx \\ &= \int_{-\infty}^{\infty} x e^{tx} f_X(x)dx. \end{aligned}$$

여기에서 유의할 사항은 적분과 미분의 순서를 바꾸어도 무방하다는 것이다. 4번째 등식이 그것을 이용한 것이다.

위의 $M_X'(t)$ 식에 $t = 0$을 대입하면,

$$M_X'(0) = \int_{-\infty}^{\infty} x f_X(x)dx = E(X) = \mu_X.$$

이번에는 적률생성함수의 1차 도함수를 t에 대하여 미분하여 2차 도함수를 구해보자.

$$M_X''(t) = M_X^{(2)}(t) = \frac{dM_X'(t)}{dt} = \int_{-\infty}^{\infty} \frac{d}{dt} x e^{tx} f(x)dx = \int_{-\infty}^{\infty} x^2 e^{tx} f(x)dx.$$

위의 $M_X''(t)$식에 $t = 0$을 대입하면 다음과 같은 결과를 얻는다.

$$M_X''(0) = \int_{-\infty}^{\infty} x^2 f(x)dx = E(X^2).$$

동일한 방식을 적용하면, $M^{(r)}(0) = E[X^r]$이 됨을 알 수 있다.

이번에는 이산확률변수인 경우를 생각해보자.

$$
\begin{aligned}
M_X'(t) = M_X^{(1)}(t) = \frac{dM_X(t)}{dt} &= \frac{d}{dt}\sum_{\forall x} e^{tx}p_X(x) \\
&= \sum_{\forall x} \frac{d}{dt}e^{tx}p_X(x) \\
&= \sum_{\forall x} xe^{tx}p_X(x).
\end{aligned}
$$

4번째 등식에서는 미분과 덧셈의 순서를 바꾸어도 무방하다는 사실을 이용하였다. $M_X'(t)$에 $t = 0$을 대입하면,

$$M_X'(0) = \sum_{x} xp_X(x) = E(X) = \mu_X.$$

적률생성함수의 2차 도함수를 구하면 다음과 같이 된다.

$$M_X''(t) = M_X^{(2)}(t) = \frac{dM_X'(t)}{dt} = \sum_{\forall} \frac{d}{dt}xe^{tx}p_X(x) = \sum_{\forall x} x^2e^{tx}p(x).$$

위의 식에 $t = 0$을 대입하면,

$$M_X''(0) = M_X^{(2)}(0) = \sum_{\forall x} x^2p_X(x) = E(X^2).$$

같은 방식을 적용하면, $M_X^{(r)}(0) = E[X^r]$이 됨을 알 수 있다.

물론 X의 r차 적률 $E[X^r]$은 다음과 같이 기댓값의 정의를 이용하여 구할 수도 있지만, 앞에서 보여준 것과 같이 적률생성함수를 이용하는 것이 편리할 때도 있다는 것에 유의할 필요가 있다.

$$E[X^r] = \begin{cases} \int_{-\infty}^{\infty} x^r f(x)dx, & \text{연속확률변수의 경우} \\ \sum_{\forall x} x^r p(x) \quad , & \text{이산확률변수의 경우} \end{cases}$$

한편, $E[(X-\mu_X)^r]$은 확률변수 X의 기댓값을 중심으로 한 r차 적률(r-th moment around its mean)이라고 한다. 만약 적률생성함수를 이용한다면, 분산은 다음과 같이 구할 수 있다.

$$\sigma_X^2 = E[(X-\mu_X)^2] = E(X^2) - E(X)^2 = M_X''(0) - M_X'(0)^2.$$

예시 3.8

> X가 $\mathcal{N}(\mu, \sigma^2)$일 때, 적률생성함수 $M_X(t)$는 $M_X(t) = e^{\mu t + \frac{1}{2}\sigma^2 t^2}$이다. 이를 이용하여 평균, 분산 그리고 왜도$\left(E((X-\mu_X)^3)\right)$를 구하여라.

주어진 적률생성함수를 이용하여 다음의 결과들을 얻을 수 있다.

$$M_X'(t) = (\mu + \sigma^2 t)e^{\mu t + \frac{\sigma^2 t^2}{2}}.$$

$$M_X''(t) = (\mu + \sigma^2 t)^2 e^{\mu t + \frac{\sigma^2 t^2}{2}} + \sigma^2 e^{\mu t + \frac{\sigma^2 t^2}{2}}.$$

$$\begin{aligned} M_X'''(t) &= 2\sigma^2(\mu + \sigma^2 t^2)e^{\mu t + \frac{\sigma^2 t^2}{2}} + (\mu + \sigma^2 t^2)^3 e^{\mu t + \frac{\sigma^2 t^2}{2}} + \sigma^2(\mu + \sigma^2 t^2)e^{\mu t + \frac{\sigma^2 t^2}{2}} \\ &= 3\sigma^2(\mu + \sigma^2 t^2)e^{\mu t + \frac{\sigma^2 t^2}{2}} + (\mu + \sigma^2 t^2)^3 e^{\mu t + \frac{\sigma^2 t^2}{2}}. \end{aligned}$$

따라서, 다음과 같은 결과들을 얻을 수 있다.

$$\begin{aligned} E(X) &= M_X'(0) = \mu, \\ E(X^2) &= M_X''(0) = \mu^2 + \sigma^2, \\ E(X^3) &= M_X'''(0) = 3\sigma^2\mu + \mu^3. \end{aligned}$$

따라서, 평균, 분산 및 왜도는 다음과 같다.

평균: $E(X) = \mu$.

분산: $Var(X) = E(X^2) - (E(X))^2 = M_X''(0) - M_X'(0) = \sigma^2$.

왜도: $\begin{aligned} E[(X-\mu)^3] &= E(X^3) - 3\mu E(X^2) + 3\mu^2 E(X) - \mu^3 \\ &= M_X'''(0) - 3\mu M_X''(0) + 3\mu^2 M_X'(0) - \mu^3 = 0. \end{aligned}$

3.5 중요한 부등식들

본 절에서는 몇 가지 중요한 부등식들을 소개한다. 구체적으로 마르코프 부등식, 체비쉐프 부등식 그리고 젠센 부등식을 소개하고자 한다. 젠센 부등식을 이해하기 위해서는 볼록함수와 오목함수의 개념이 필요하므로 그에 대한 개념도 소개한다.

3.5.1 마르코프 부등식(Markov's Inequality)

정리 3.4

$u(X)$가 확률변수 X의 함수로서 0보다 크거나 같다고 하자. 즉, $u(X) \geq 0$이다. 만약, $E(u(X))$가 존재한다면, 어떠한 상수 $c > 0$에 대해서도 다음의 식이 성립한다.

$$P[u(X) \geq c] \leq \frac{E[u(X)]}{c}.$$

증명

편의상 X를 연속확률변수라고 하고 확률밀도함수 $f_X(x)$를 갖는다고 하자.

$$\begin{aligned}
E\big(u(X)\big) &= \int_{\mathbb{R}} u(x) f_X(x) dx \\
&= \int_{\{x:u(x)\geq c\}} u(x) f_X(x) dx + \int_{\{x:u(x)<c\}} u(x) f_X(x) dx \\
&\geq \int_{\{x:u(x)\geq c\}} u(x) f_X(x) dx \\
&\geq c \int_{\{x:u(x)\geq c\}} f_X(x) dx \\
&= c \times P[u(X) \geq c].
\end{aligned}$$

그러므로,

$P[u(X) \geq c] \leq \frac{E(u(X))}{c}$. ▨

증명의 두 번째 등식은 적분구간인 실수 전체를 $u(x) \geq c$를 만족하는 x로 이루어진 구간과 $u(x) < c$를 만족시키는 x로 이루어진 구간으로 구분하여 적분을 한다는 의미이다. 첫 번째 부등식은 $\int_{\{x:u(x)<c\}} u(x)f_X(x)dx \geq 0$이기 때문인데, $u(x) \geq 0$이고 $f_X(x) \geq 0$임을 고려하면 자명하다. 두 번째 부등식은 적분구간 $\{x: u(x) \geq c\}$에서의 x는 $u(x) \geq c$이므로 $\int_{\{x:u(x)\geq c\}} u(x)f_X(x)dx \geq \int_{\{x:u(x)\geq c\}} c \cdot f_X(x)dx$이기 때문이다. 마지막 등식은 $\int_{\{x:u(x)\geq c\}} f_X(x)dx$가 $u(x) \geq c$를 만족하는 X의 실현값들의 확률밀도함수의 적분, 즉 $u(x) \geq c$를 만족하는 x의 구간에서의 확률밀도함수 아래의 면적이므로 $P(u(X) \geq c)$가 되기 때문이다.

3.5.2 체비쉐프 부등식(Chebyshev's Inequality)

정리 3.5

확률변수 X가 기댓값 μ와 분산 σ^2을 갖는다고 가정하자. 이때, 모든 $k > 0$에 대해 다음 부등식이 성립한다.

$$P[|X - \mu| \geq k\sigma] \leq \frac{1}{k^2}.$$

즉,

$$P[|X - \mu| < k\sigma] \geq 1 - \frac{1}{k^2}.$$

증명

$u(X) = (X - \mu)^2$와 $c = k^2\sigma^2$로 놓고 마르코프 부등식을 적용하자. 그러면 마르코프 부등식에 의하여 다음의 식이 성립한다.

$$P[u(X) \geq c] \leq \frac{E[u(X)]}{c}.$$

이를 $u(X)$와 c의 정의에 따라 다시 표현하면 다음과 같다.

$$P[(X - \mu)^2 \geq k^2\sigma^2] \leq \frac{E[(X - \mu)^2]}{k^2\sigma^2} = \frac{1}{k^2}.$$

여기에서 $(X-\mu)^2 \geq k^2\sigma^2 \Leftrightarrow |X-\mu| \geq k\sigma$ 임에 유의하라. 즉, 양자는 동일한 사건이다. 따라서 다음의 명제가 성립한다.

$$P[(X-\mu)^2 \geq k^2\sigma^2] \leq \frac{1}{k^2} \Leftrightarrow P[|X-\mu| \geq k\sigma] \leq \frac{1}{k^2}.$$

위의 우측에 있는 부등식에 $P[|X-\mu| \geq k\sigma] = 1 - P[|X-\mu| < k\sigma]$를 대입하면, 다음과 같은 동치 명제를 얻는다.

$$P[|X-\mu| < k\sigma] \geq 1 - \frac{1}{k^2} . ▨$$

3.5.3 젠센 부등식(Jensen's Inequality)

젠센 부등식의 소개에 앞서 볼록함수와 오목함수를 소개하고자 한다. 먼저 볼록함수(convex function)를 정의하면 다음과 같다.

구간 (a,b)에서 정의된 함수 ϕ가 모든 $x, y \in (a,b)$와 모든 $0 < \gamma < 1$에 대하여 아래 조건을 만족하는 함수 ϕ를 **볼록함수**라고 한다.

$$\phi(\gamma x + (1-\gamma)y) \leq \gamma\phi(x) + (1-\gamma)\phi(y).$$

만약, $\phi(\gamma x + (1-\gamma)y) < \gamma\phi(x) + (1-\gamma)\phi(y)$를 만족한다면 ϕ는 **강볼록**(strictly convex)**함수**라고 한다. 예를 들어, 실수 $\mathbb{R}$에서의 $\phi(x) = x^2$는 강볼록함수이다.

구간 (a,b)에서 정의된 함수 ϕ가 모든 $x, y \in (a,b)$와 모든 $0 < \gamma < 1$에 대하여 아래 조건을 만족하는 함수 ϕ를 **오목함수**라고 한다.

$$\phi(\gamma x + (1-\gamma)y) \geq \gamma\phi(x) + (1-\gamma)\phi(y).$$

만약, $\phi(\gamma x + (1-\gamma)y) > \gamma\phi(x) + (1-\gamma)\phi(y)$를 만족한다면, ϕ는 **강오목**(strictly concave)**함수**라고 한다. 예를 들면, 양의 실수 $\mathbb{R}^+$에서 $\phi(x) = \log(x)$는 강오목함수이다. 선형함수는 볼록함수이면서 동시에 오목함수이다. 예컨대, $\phi(x) = x$를 생각하면

쉽게 이해가 될 것이다.

다음은 미분가능한 오목함수 및 볼록함수에 관한 중요한 정리이다.

(정리: 오목함수) ϕ가 구간 (a,b)에서 미분가능하다고 하자. 구간 내 임의의 점 $x > y$에 대하여, $\phi'(x) \geq \phi'(y)$이면 오목함수이다.
ϕ가 구간 (a,b)에서 두 번 미분가능하다고 하자. 구간 내 모든 x에 대하여, ϕ는 $\phi''(x) \leq 0$이면 오목함수이다.

(정리: 볼록함수) ϕ가 구간 (a,b)에서 미분가능하다고 하자. 구간 내 임의의 점 $x > y$에 대하여, $\phi'(x) \leq \phi'(y)$이면 ϕ는 볼록함수이다.
ϕ가 구간 (a,b)에서 두 번 미분가능하다고 하자. 구간 내 모든 x에 대하여, $\phi''(x) \geq 0$이면, ϕ는 볼록함수이다.

ϕ'와 ϕ'' 관련한 부등식에서 등호를 제외하면, 강오목함수 및 강볼록함수와 관련된 정리가 된다.

정리 3.6 젠센 부등식(Jensen's Inequality)
$E[X]$가 존재하고, X가 $\mathbb{S}_X \subset I$라고 하자. 만약 ϕ가 열린 구간 $I = (a,b)$에서 볼록함수이면 다음 부등식이 성립한다.

$$\phi(E[X]) \leq E\big(\phi(X)\big).$$

만약 ϕ가 오목함수이면 다음 부등식이 성립한다.

$$\phi(E[X]) \geq E\big(\phi(X)\big).$$

증명

편의상 오목함수의 경우만 증명한다. 확률변수 X의 확률밀도함수를 $f_X(x)$라고 하자. 만약 $\phi(x)$가 오목함수이면, 임의의 점 $(x_0, \phi(x_0))$에 대하여 다음의 부등식이 성립한다.

$$\phi'(x_0) \cdot (x - x_0) + \phi(x_0) \geq \phi(x).$$

이는 x_0에서 접선이 오목함수 $\phi(x)$보다 같거나 크다는 것을 의미한다. 이에 따라 다음 부등식이 성립한다.

$$\int_{-\infty}^{\infty} \big(\phi'(x_0) \cdot (x - x_0) + \phi(x_0)\big) f_X(x) dx \geq \int_{-\infty}^{\infty} \phi(x) f_X(x) dx.$$

이는 비음수함수인 확률밀도함수를 곱하고 적분한 결과이다. 위 식을 다시 표현하면 다음과 같다.

$$\phi'(x_0) \cdot (E(X) - x_0) + \phi(x_0) \geq E[\phi(X)].$$

위의 부등식이 임의의 x_0에 대하여 성립하므로, 임의의 점 x_0을 확률변수 X의 기댓값으로 설정하자. 즉, $x_0 = E(X)$로 놓자. 그리하면, 다음의 결과를 얻는다.

$$\phi(E(X)) \geq E[\phi(X)]. \quad ▨$$

볼록함수의 경우에도 비슷한 방식으로 증명할 수 있다. 한편, 오목함수의 경우 접선이 오목함수보다 크거나 같다는 것은 다음 그림을 보면 이해할 수 있다.

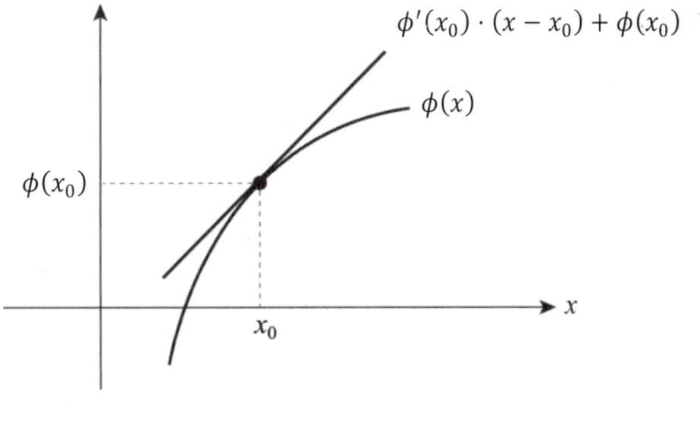

부록 A : 미분(Differentiation)

(정의: 미분 가능) 만약 함수 ψ의 도함수가 점 x에서 존재한다면, 함수 ψ는 점 x에서 미분가능하다라고 한다.

(정의: 도함수(derivative)) 함수 $\psi(x)$의 점 x에서의 도함수 $\psi'(x)$는 다음과 같이 정의된다.

$$\psi'(x) \equiv \frac{d\psi}{dx} = \lim_{h \to 0} \frac{\psi(x+h) - \psi(x)}{h}.$$

이는 x 근방에서 변수 x가 매우 조금 변하였을 때 $y = \psi(x)$가 변한 정도의 비율을 의미한다. 도함수가 존재하기 위해서는 함수 ψ는 점 x에서 연속적이어야 한다.

도함수와 관련하여 많은 공식들이 있는데, 이하에서는 대표적인 몇 가지를 소개한다. 먼저 어떤 함수가 두 개의 미분가능한 함수의 합인 경우의 도함수에 대하여 살펴보자.

(도함수 규칙 1) 두 함수의 합의 도함수: 함수 ψ는 두 함수 f와 g의 합이다. 즉, $\psi(x) = f(x) + g(x)$이다. 만약 f와 g가 점 x에서 미분가능하다면 x에서 ψ의 도함수값은 $\psi'(x) = f'(x) + g'(x)$이다.

증명

$$\begin{aligned}
\psi'(x) &= \lim_{h \to 0} \frac{\psi(x+h) - \psi(x)}{h} \\
&= \lim_{h \to 0} \frac{\big(f(x+h) + g(x+h)\big) - \big(f(x) + g(x)\big)}{h} \\
&= \lim_{h \to 0} \frac{f(x+h) - f(x)}{h} + \lim_{h \to 0} \frac{g(x+h) - g(x)}{h}
\end{aligned}$$

$$= f'(x) + g'(x). \ \boxtimes$$

비슷한 이유로 다음과 같은 규칙도 성립한다.

$$\psi(x) = f(x) - g(x)\text{라면, } \psi'(x) = f'(x) - g'(x).$$

규칙 1을 이용하면 다항식(polynomial)의 도함수를 쉽게 구할 수 있다.

> **(다항식의 도함수)** 다항식 $\psi(x) = a_0 + a_1x + a_2x^2 + \cdots + a_nx^n = \sum_{j=0}^{n} a_jx^j$를 생각해보자. 여기에서 $a_0, a_1, \cdots, a_n$은 상수이다. ψ의 도함수는 $\psi'(x) = a_1 + 2a_2x + \cdots + na_nx^{n-1} = \sum_{j=1}^{n} ja_jx^{j-1}$이다.

증명

먼저 가장 간단한 형태의 다항식인 일차 함수 $f_1(x) = a_0 + a_1x$의 도함수를 생각해보자. 도함수의 정의에 의하여 $f_1(x)$의 도함수 $f_1'(x)$은 다음과 같이 구할 수 있다.

$$f_1'(x) = \lim_{h\to 0}\frac{f_1(x+h) - f_1(x)}{h} = \lim_{h\to 0}\frac{\big(a_0 + a_1(x+h)\big) - \big(a_0 + a_1(x)\big)}{h} = a_1.$$

이번에는 $f_2(x) = a_2x^2$의 도함수 $f_2'(x)$를 구해보자.

$$\begin{aligned} f_2'(x) &= \lim_{h\to 0}\frac{f_2(x+h) - f_2(x)}{h} \\ &= \lim_{h\to 0}\frac{a_2(x+h)^2 - a_2(x)^2}{h} \\ &= \lim_{h\to 0}\frac{a_2(x^2 + 2hx + h^2) - a_2x^2}{h} \\ &= \lim_{h\to 0}\frac{a_22hx + a_2h^2}{h} \\ &= 2a_2x. \end{aligned}$$

이번에는 $f_3(x) = a_3x^3$의 도함수를 구하면 다음과 같다.

$$
\begin{aligned}
f_3'(x) &= \lim_{h\to 0}\frac{f_3(x+h)-f_3(x)}{h} \\
&= \lim_{h\to 0}\frac{a_3(x+h)^3-a_2(x)^3}{h} \\
&= \lim_{h\to 0}\frac{a_3(x^3+3x^2h+3xh^2+h^3)-a_2x^3}{h} \\
&= 3a_3x^2.
\end{aligned}
$$

$f_1(x)$, $f_2(x)$, $f_3(x)$의 도함수 결과로부터 $f_4(x)=a_4x^4$의 도함수 $f_4'(x)$를 유추하면 $f_4'(x)=4a_4x^3$이 됨을 쉽게 알 수 있다. 이를 일반화하여 유추하면 $f_n(x)=a_nx^n$의 도함수는 $f_n'(x)=na_nx^{n-1}$이 됨을 알 수 있다.

다항식 $\psi(x)$가 $\psi(x)=f_1(x)+f_2(x)+\cdots+f_n(x)$이고 각 $f_j(x), j=1,\cdots,n$가 미분가능하기 때문에 도함수 규칙 1을 적용하면 다음과 같다.

$$
\begin{aligned}
\psi'(x) &= f_1'(x)+f_2'(x)+\cdots+f_n'(x) \\
&= a_1+2a_2x+\cdots+na_nx^{n-1} \\
&= \sum_{j=1}^{n} ja_jx^{j-1}. \quad ▨
\end{aligned}
$$

(도함수 규칙 2) 두 함수의 곱의 도함수: 함수 ψ는 두 함수 f와 g의 곱이다. 즉, $\psi(x)=f(x)g(x)$이다. 만약 f와 g가 점 x에서 미분가능하다면 x에서 ψ의 도함수값은 $\psi'(x)=f'(x)g(x)+f(x)g'(x)$이다.

증명

도함수의 정의를 $\psi(x)=f(x)g(x)$에 적용하면 아래의 다음과 같다.

$$
\begin{aligned}
\psi'(x) &= \lim_{h\to 0}\frac{\psi(x+h)-\psi(x)}{h} \\
&= \lim_{h\to 0}\frac{f(x+h)g(x+h)-f(x)g(x)}{h}.
\end{aligned}
$$

위의 두 번째 식에 있는 분자의 첫 항에 $g(x)$를 더하고 빼주면 실제 변화는 없으면서 다음과 같은 식을 얻는다.

$$\begin{aligned}\psi'(x) &= \lim_{h\to 0}\frac{f(x+h)\big(g(x+h)-g(x)+g(x)\big)-f(x)g(x)}{h}\\ &= \lim_{h\to 0}\frac{f(x+h)\big(g(x+h)-g(x)\big)+f(x+h)g(x)-f(x)g(x)}{h}\\ &= \lim_{h\to 0}\frac{f(x+h)\big(g(x+h)-g(x)\big)+g(x)\big(f(x+h)-f(x)\big)}{h}\\ &= \lim_{h\to 0}\frac{f(x+h)\big(g(x+h)-g(x)\big)}{h}+\lim_{h\to 0}\frac{g(x)\big(f(x+h)-f(x)\big)}{h}\\ &= f(x)g'(x)+g(x)f'(x)\\ &= f'(x)g(x)+f(x)g'(x). \ ▨\end{aligned}$$

(도함수 규칙 3) 합성함수의 도함수: 함수 ψ는 두 함수 f와 g의 합성함수이다. 즉, $\psi(x)=f\big(g(x)\big)$이다. 만약 g가 점 x에서 미분가능하고, f는 $g(x)$에서 미분가능하다면, x에서 ψ의 도함수값은 $\psi'(x)=f'(g(x))g'(x)$이다.

증명

$$\begin{aligned}\psi'(x) &= \lim_{h\to 0}\frac{\psi(x+h)-\psi(x)}{h}\\ &= \lim_{h\to 0}\frac{f\big(g(x+h)\big)-f\big(g(x)\big)}{h}\\ &= \lim_{h\to 0}\left[\frac{f\big(g(x+h)\big)-f\big(g(x)\big)}{h}\times\frac{g(x+h)-g(x)}{g(x+h)-g(x)}\right]\\ &= \lim_{h\to 0}\frac{f\big(g(x+h)\big)-f\big(g(x)\big)}{g(x+h)-g(x)}\times\lim_{h\to 0}\frac{g(x+h)-g(x)}{h}\\ &= f'\big(g(x)\big)\times g'(x). \ ▨\end{aligned}$$

네 번째 식에서 h가 0으로 수렴하면서 첫 번째 항 $\lim_{h\to0}\frac{f(g(x+h))-f(g(x))}{g(x+h)-g(x)} = \frac{df(g(x))}{dg(x)} = f'(g(x))$이 되는 것을 이해하는 것이 중요하다.

(분수함수의 도함수) 함수 ψ는 두 함수 f와 g의 분수함수이다. 즉, $\psi(x) = \frac{f(x)}{g(x)}$이다. f와 g가 점 x에서 미분가능하다면, x에서 ψ의 도함수값은 다음과 같다.

$$\psi'(x) = \frac{f'(x)g(x) - f(x)g'(x)}{g^2(x)}.$$

$\psi(x) = \frac{f(x)}{g(x)} = f(x)g^{-1}(x)$로 이해할 수 있다. 따라서 도함수 규칙 2를 적용하면 다음과 같다.

$$\psi'(x) = f'(x)g^{-1}(x) + f(x)\left(g^{-1}(x)\right)'.$$

여기에 도함수 규칙 1과 3을 $\left(g^{-1}(x)\right)'$에 적용하면 다음을 얻을 수 있다.

$$\left(g^{-1}(x)\right)' = -1g^{-2}(x)g'(x) = -\frac{g'(x)}{g(x)^2}.$$

따라서, 다음과 같은 결과를 얻을 수 있다.

$$\begin{aligned}\psi'(x) &= f'(x)g^{-1}(x) + f(x)(g^{-1}(x))' \\ &= \frac{f'(x)}{g(x)} - \frac{f(x)g'(x)}{g(x)^2} \\ &= \frac{f'(x)g(x) - f(x)g'(x)}{g^2(x)}.\end{aligned}$$ ▨

다음은 몇몇 특별한 함수의 도함수이다. 이하에서 증명은 지수함수와 자연로그함수에 대하여서만 다룬다.

1. $(e^x)' = e^x.$

2. $(\ln x)' = \frac{1}{x}$.
3. $\sin(x)' = \cos(x)$.
4. $\cos(x)' = -\sin(x)$.

$\left[(e^x)' = e^x\right.$의 증명$\left.\right]$

먼저 지수함수 e^x 또는 $\exp(x)$의 정의는 다음과 같다.

$$\exp(x) = e^x = \sum_{n=0}^{\infty} \frac{x^n}{n!} = 1 + \frac{x}{1!} + \frac{x^2}{2!} + \frac{x^3}{3!} + \cdots + \frac{x^n}{n!} + \frac{x^{n+1}}{(n+1)!} + \cdots$$

여기에서 $n! = n \times (n-1) \times \cdots \times 2 \times 1$ 이다. 도함수 규칙 1을 이용하여 $\exp(x)$ 의 도함수를 구할 수 있다.

$$\begin{aligned}
\left(\exp(x)\right)' &= \sum_{n=0}^{\infty} \left(\frac{x^n}{n!}\right)' \\
&= \frac{1}{1!} + \frac{2x}{2!} + \frac{3x^2}{3!} + \cdots + \frac{nx^{n-1}}{n!} + \frac{(n+1)x^n}{(n+1)!} + \cdots \\
&= \frac{1}{1!} + \frac{x}{1!} + \frac{x^2}{2!} + \cdots + \frac{x^{n-1}}{(n-1)!} + \frac{x^n}{n!} + \cdots \\
&= \exp(x). \quad ▨
\end{aligned}$$

따라서, 지수함수 e^x의 x에 대한 도함수는 그 자신과 같음을 알 수 있다.

$\left[(\ln x)' = \frac{1}{x}\right.$의 증명$\left.\right]$

$y = \ln(x)$ 라고 하자. 여기서 ln 은 밑(base)을 e로 하는 로그로서 자연로그(natural logarithm)라고 부른다. 자연로그의 정의에 의하여 $x = \exp(y)$가 된다. 이를 이용하여 y에 대한 도함수를 구하면 다음과 같다.

$$\frac{dx}{dy} = \left(\exp(y)\right)' = \exp(y).$$

이제 자연로그의 도함수는 다음과 같다.

$$\begin{aligned}(\ln x)' &= \frac{dy}{dx} \\ &= \frac{1}{dx/dy} \\ &= \frac{1}{\exp(y)} \\ &= \frac{1}{x}. \quad ▨\end{aligned}$$

$\sin(x)$와 $\cos(x)$의 도함수도 다항식으로 정의될 수 있는데 이를 이용하면 도함수가 각각 $\cos(x)$와 $-\sin(x)$가 됨을 쉽게 확인할 수 있다. 증명은 생략한다.

다음은 위의 도함수 규칙들을 이용하는 예제들이다.

예시 3A.1

$\psi(x) = 1 + x^2 + x^3 + x^4$이면, 도함수 $\psi'(x)$는?

$\Rightarrow \psi'(x) = 2x + 3x^2 + 4x^3$.

예시 3A.2

$\psi(x) = (2x+1)^2$, $f(x) = x^2$고 $g(x) = 2x + 1$이면, $\psi'(x)$는?

$\Rightarrow \psi'(x) = f'\big(g(x)\big)g'(x) = 4(2x+1)^2$.

예시 3A.3

$\psi(x) = \frac{2x}{x+1}$면, $\psi'(x)$는?

$$\Rightarrow \psi'(x) = \frac{2(x+1) - 2x}{(x+1)^2} = \frac{2}{(x+1)^2}.$$

예시 3A.4

$\psi(x) = 3xe^{2x}$면, $\psi'(x)$는?
$\Rightarrow \psi'(x) = 3e^{2x} + 3xe^{2x}2 = 3e^{2x}(1 + 2x).$

예시 3A.5

$\psi(x) = ln(x)$이면, $\psi'(x)$는?
$\Rightarrow \psi'(x) = \frac{1}{x}.$

예시 3A.6

$\psi(x) = (x+1)^2 + (2x+3)^3$면, $\psi'(x)$는?
$\Rightarrow \psi'(x) = f'(x) + g'(x) = 2(x+1) + 3(2x+3)^2 2 = 6(2x+3)^2 + 2(x+1).$

예시 3A.7

$\psi(x) = (x+1)^2 - (2x+3)^3$면, $\psi'(x)$는?
$\Rightarrow \psi'(x) = 2(x+1) - 6(2x+3)^2.$

예시 3A.8

$\psi(x) = \exp(x^2)$면, $\psi'(x)$는?
$\Rightarrow \psi'(x) = 2x \cdot \exp(x^2).$

다음은 잘 알려진 미분 공식 중 **로피탈의 법칙**(L'Hospital's Rule)이다.

[로피탈의 법칙(L'Hospital's Rule)]

$\frac{f(x)}{g(x)}$이고, 우리는 $\lim_{x \to x_0} \psi(x) \equiv \lim_{x \to x_0} \frac{f(x)}{g(x)}$의 값에 관심을 가지고 있다고 하자. $\frac{f(x)}{g(x)}$가 다음과 같은 경우 중 하나일 때, $\lim\limits_{x \to x_0} \psi(x)$는 정의되지 않는다.

(i) $\lim_{x \to x_0} f(x) = \lim_{x \to x_0} g(x) = \pm\infty$.

(ii) $\lim_{x \to x_0} f(x) = \lim_{x \to x_0} g(x) = 0$.

(i) 또는 (ii)와 같은 경우, 만약 $\lim_{x \to x_0} \frac{f'(x)}{g'(x)} < \infty$라면, 다음이 성립한다.

$$\lim_{x \to x_0} \frac{f(x)}{g(x)} = \lim_{x \to x_0} \frac{f'(x)}{g'(x)} = \frac{f'(x_0)}{g'(x_0)}.$$

다음은 로피탈의 법칙을 이용한 예시이다.

예시 3A.9-1

$\psi(x) = \frac{\sin(x)}{x}$ 라 하자. 이때 $\lim_{x \to 0} \psi(x)$를 구하여라.
(이때 $\psi(x)$는 $x = 0$에서 정의되지 않음을 유의하자.)

풀이

$\lim_{x \to 0} \sin(x) = \sin(0) = 0$이고 $\lim_{x \to 0} x = 0$

그러나, $\lim_{x \to 0} \sin'(x) = \lim_{x \to 0} \cos(x) = \cos(0) = 1$

$\lim_{x \to 0} x' = \lim_{x \to 0} 1 = 1$

그러므로, 로피탈의 법칙을 이용하여,

$$\lim_{x \to 0} \psi(x) = \lim_{x \to 0} \frac{\sin(x)}{x} = \lim_{x \to 0} \frac{\cos(x)}{1} = \frac{\cos(0)}{1} = 1.$$

예시 3A.9-2

$\lim_{x\to\infty}\frac{\ln(x)}{x}$를 구하라.

풀이

로피탈 법칙을 이용하면 $\lim_{x\to\infty}\frac{\ln(x)}{x} = \lim_{x\to\infty}\frac{1/x}{1} = 0.$

이제까지 배운 잘 알려진 미분공식들을 이용하여 적률생성함수를 구해보자.

예시 3A.10

X는 이산확률변수로서 다음과 같은 확률질량함수를 갖는다.

$$p_X(x) = \begin{cases} \frac{1}{2}, & x = 0,1, \\ 0, & \text{그 밖의 경우}. \end{cases}$$

적률생성함수를 구하고, 그것을 이용하여 분산을 구하여라.

풀이

이때의 적률생성함수: $M_X(t) = E[e^{tX}] = \sum_{x\in\{0,1\}} e^{tx}p_X(x) = e^0\frac{1}{2} + e^t\frac{1}{2}$

$$= \frac{1}{2}(1 + e^t)$$

(a) $M_X'(t) = \frac{1}{2}e^t$

그러므로, $M_X'(0) = \frac{1}{2} = E(X)$.

(b) $M_X''(t) = \frac{1}{2}e^t$

그러므로, $M_X''(0) = \frac{1}{2} = E(X^2)$.

(c) $Var(X) = E(X^2) - E(X)^2 = M_X''(0) - [M_X'(0)]^2 = \frac{1}{4}$.

예시 3A.11

X는 연속확률변수로서 다음과 같은 확률밀도함수를 갖는다.

$$f_X(x) = \begin{cases} 1, & x \in (0,1), \\ 0, & x \notin (0,1). \end{cases}$$

적률생성함수를 구하고, 그것을 이용하여 분산을 구하여라.

풀이

적률생성함수: $M_X(t) = E[e^{tX}] = \int_0^1 e^{tx} f_X(x)dx = \int_0^1 e^{tx}dx = \left[\frac{1}{t}e^{tx}\right]_0^1 = \frac{e^t - 1}{t}$

(a) $M_X'(t) = \frac{(e^t-1)' t - (e^t - 1)}{t^2} = \frac{e^t(t-1)+1}{t^2}$

그러므로, 로피탈의 법칙에 의해,

$M_X'(0) \equiv \lim_{t\to 0} M_X'(t) = \lim_{t\to 0} \frac{e^t(t-1)+2\cdot e^t}{2} = \frac{1}{2} = E(X).$

(b) $M_X''(t) = \frac{(e^t(t-1)+1)' t^2 - (e^t(t-1)+1)2t}{t^4}$

$= \frac{e^t t^3 - (e^t(t-1)+1)2t}{t^4}$

$= \frac{e^t t^2 - 2(e^t(t-1)+1)}{t^3}$

$= \frac{e^t(t^2 - 2(t-1)) - 2}{t^3}.$

그러므로, 로피탈의 법칙에 의해,

$M_X''(0) \equiv \lim_{t\to 0} M_X''(t) = \lim_{t\to 0} \frac{e^t\cdot t + e^t \cdot 2}{6} = \frac{1}{3} = E(X^2).$

(c) $Var(X) = E(X^2) - E(X)^2 = M_X''(0) - [M_X'(0)]^2 = \frac{1}{12}.$

부록 B : 적분(Integration)

이번 부록에서는 일반적인 적분과 특이한 형태의 적분방법으로서 부분적분법을 소개하고자 한다. 적분에 대한 원론적인 설명보다는 주어진 적분을 구하는 방법에 대하여 초점을 두고자 한다.

먼저, $a < b$인 경우 적분 $\int_a^b f(x)dx$의 의미를 생각해보자. 이 식의 의미는 수평축의 값 x가 a에서 b까지 변할 때 함수 f와 수평축 사이의 면적을 의미한다. 함수가 수평축보다 위에 있으면 양의 값을 가지고, 아래에 있으면 음의 값을 가지게 될 것이다. 해당 적분의 값은 다음과 같은 방식으로 얻어질 수 있다.

$$\int_a^b f(x)dx = [F(t)]_{t=a}^{t=b} = F(b) - F(a).$$

여기에서 F는 원시함수(anti-derivative)라고 불리우는데, 이 원시함수와 적분대상함수(integrand) f는 다음과 같은 관계를 갖는다.

$$\frac{dF(x)}{dx} = F'(x) = f(x).$$

위의 적분 방법을 이용하여 다시 표현하면, 다음과 같은 관계식을 얻을 수 있다.

$$\int_{-\infty}^x f(t)dt = [F(t)]_{t=-\infty}^{t=x} = F(x) - \lim_{t\to-\infty} F(t).$$

만약 확률변수 X의 확률밀도함수 f_X를 f에 대입한다면, $\int_{-\infty}^x f_X(t)dt = F_X(x)$가 될 것이다. 이는 누적분포함수의 성질에 따라 $\lim_{t\to-\infty} F_X(t) = 0$이기 때문이다.

이것이 우리가 앞에서 보았던 연속확률변수의 확률밀도함수와 누적분포함수의 관계이다.

예시 3B.1

- x의 다항식(polynomial) cx^n을 적분하는 경우:

$$\int_a^b cx^n dx = \left[\frac{cx^{n+1}}{n+1}\right]_a^b = \frac{cb^{n+1}}{n+1} - \frac{ca^{n+1}}{n+1}.$$

- 만약 $F'(x) = f(x)$ 그리고 $G'(x) = g(x)$이면, 두 함수의 합의 적분은 각각의 적분의 합과 같다.

$$\int_a^b (f(x) + g(x))dx = \int_a^b f(x)dx + \int_a^b g(x)dx$$
$$= F(b) - F(a) + G(b) - G(a).$$

(예)

$$\int_a^b (2x^2 + 3x^3)dx = \left[\frac{2}{3}x^3 + \frac{3}{4}x^4\right]_a^b = \frac{2}{3}(b^3 - a^3) + \frac{3}{4}(b^4 - a^4).$$

- 지수함수(exponential function)를 적분하는 경우:

$$\int_a^b \exp(2x)dx = \left[\frac{\exp(2x)}{2}\right]_b^a = \frac{\exp(2b)}{2} - \frac{\exp(2a)}{2}.$$

적분대상함수(f)의 원시함수(F)를 $F' = f$의 관계를 이용하여 적절하게 찾아 주면 된다.

다음은 잘 알려진 적분 공식 중 하나인 **부분적분법(integration by parts)**이다. 먼저, 미분가능한 함수 f, g에 대하여, 함수의 곱의 미분은 $(f \cdot g)' = f' \cdot g + f \cdot g'$라는 사실을 떠올리자. 양변을 적분하고, 적절히 이항시키면 다음의 식을 얻을 수 있다.

$$\int f' \cdot g = f \cdot g - \int f \cdot g'.$$

함수 $f' \cdot g$를 x가 변하는 구간인 $[a, b]$에서 적분을 한다면 다음과 같다.

$$\int_a^b (f'(x) \cdot g(x))dx = [f(x) \cdot g(x)]_a^b - \int_a^b (f(x) \cdot g'(x))dx.$$

부분적분을 이해하기 위해 다음의 예시를 보자.

예시 3B.2

$\int_0^1 xe^x dx$을 구하여라.

$f' = e^x$그리고 $g = x$로 생각해보자. 그러면 부분적분법을 적용할 수 있다.

$$[xe^x]_0^1 - \int_0^1 e^x dx = e - [e^x]_0^1 = e - (e-1) = 1.$$

3.6 연습문제

1. 확률변수 X의 확률질량함수는 다음과 같다:

$$p_X(x) = \begin{cases} \dfrac{x}{3}, & x = 1, 2, \\ 0, & \text{그외}. \end{cases}$$

(a) $E(X)$를 구하여라.

(b) $E(X^2)$를 구하여라.

(c) $Var(X)$를 구하여라.

(d) $M_X(t) \equiv E(e^{tX})$를 구하여라.

(e) $M_X'(t)$와 $M_X'(0)$를 구하여라.

(f) $M_X''(t)$와 $M_X''(0)$를 구하여라.

(g) 기댓값의 정의를 이용하여 $E(X)$를 구하고, (e)에서 구한 $M_X'(0)$의 결과와 비교하여라.

(h) 기댓값의 정의를 이용하여 $E(X^2)$를 구하고, (f)에서 구한 $M_X''(0)$의 결과와 비교하여라.

2. 연속확률변수 X의 확률밀도함수는 다음과 같다:

$$f_X(x) = \begin{cases} (1 - x), & 0 < x < 1, \\ 0 \qquad , & \text{여타 값에서}. \end{cases}$$

(a) $E(X)$를 구하여라.

(b) $Var(X)$를 구하여라.

(c) $E[2X + 3X^2 - 4X^3 + 5]$를 구하여라.

3. 동전 한 개와 주사위 한 개를 동시에 던지는 임의실험을 생각해보자.

(a) 이 임의실험의 표본공간을 구하여라.

(b) 던진 동전의 앞이 보이면 10을 받고, 뒤가 보이면 0을 받는 확률변수 X를

생각해보자. 그리고 주사위를 던졌을 때 나온 눈금의 수만큼 실현값을 갖는 확률변수를 Y라고 하자. 이제 새로운 확률변수 $Z = X + Y$를 생각해보자. Z의 기댓값 $E(Z)$를 구하여라.

4. X라는 확률변수의 확률밀도함수는 $f_X(x) = \frac{1}{\sqrt{2\pi}} \exp\left(-\frac{1}{2}x^2\right)$이다.
   X의 적률생성함수는 $M_X(t) = \exp\left(\frac{t^2}{2}\right)$이다.
   (a) $E(X^3)$을 구하여라.
   (b) $E(X^4)$을 구하여라.

5. 주사위 한 개와 동전 한 개를 동시에 던지는 임의실험을 생각해보자. 주사위 각 눈금이 나올 확률과 동전의 각 면이 나올 확률은 일정하다고 가정한다.
   (a) 표본공간을 구하여라.
   (b) 사건 A와 B가 있다고 하자. 사건 A는 동전을 던졌을 때 "뒷면"이 나오고 주사위의 눈금수가 짝수가 나오는 사건이다. 사건 B는 동전의 면이 "앞면"이 나오고 주사위의 눈금수가 하나 또는 두 개가 나오는 사건이다. $P(A)$와 $P(B)$를 각각 구하여라.
   (c) 위의 문제에서 사건 A와 B는 상호 독립적인가?
   (d) 확률변수 $Z = X + Y$가 있다고 하자. X와 Y는 다음과 같이 정의된다:

$$X = \begin{cases} 1, & \text{앞면이 나올 때,} \\ 0, & \text{뒷면이 나올 때.} \end{cases}$$

그리고

$$Y = \begin{cases} 1, & \text{주사위 눈금수가 짝수일 때,} \\ 0, & \text{주사위 눈금수가 홀수일 때.} \end{cases}$$

   Z의 확률질량함수를 구하여라.

   (e) $E(Z)$와 $Var(Z)$를 구하여라.
   (f) $E((2Z+1)^2)$를 구하여라.
   (g) $E\left(\left(Z - E(Z)\right)^3\right)$를 구하여라.

6. 확률변수 X가 다음과 같은 누적분포함수를 가진다.

$$F_X(x) = \begin{cases} 1\ , & x > 1, \\ x^2, & 0 \le x \le 1, \\ 0\ , & \text{그 밖에.} \end{cases}$$

(a) $P[0.2 < X \le 0.6]$를 구하여라.

(b) X의 기댓값, $E(X)$를 구하여라.

(c) X의 분산, $Var(X)$를 구하여라.

(d) $Y = -3X + 1$이라고 하자. Y의 누적분포함수 $F_Y(y)$를 구하여라.

(e) 앞의 문제에서 정의된 $Y = -3X + 1$을 보자. Y의 확률밀도함수 $f_Y(y)$를 구하여라.

(f) $Y = -3X + 1$일 때, Y의 분산 $Var(Y)$를 구하여라.

04

여러 개의 확률변수 1(Multiple Random Variables 1)

4.1 결합분포(Joint Distribution)

지금까지 우리는 하나의 확률변수(univariate random variable)만을 고려하였다. 그러나 실제로 경제현상을 분석할 때에는 두 개 이상의 변수들 사이의 관계에 대하여 관심을 갖게 되는 경우가 많다.

예컨대, 거시경제 측면에서 국가의 투자(investment)와 경제성장(economic growth)의 관계에 대하여 관심을 가질 수 있다. 또한, 효과적인 학교교육을 위해서 학급의 크기와 학생들의 성적 간의 관계에 관심을 둘 수도 있다. 얼마나 교육을 받아야 적절한 것인가를 파악하기 위하여 개인이 교육을 받는 기간(years of education)과 생애소득(life-time income) 간의 관계에 관심을 가질 수도 있다.

앞서 언급한 예에서와 같이 우리의 관심사항이 두 변수 사이의 관계에 대한 것이라면, 두 확률변수의 관계를 반영하는 분포를 이해하는 것이 필요하다. 두 개 이상의 확률변수들의 분포를 **결합분포(joint distribution)**라고 하며, 가장 간단한 경우인 두 개의 확률변수들의 결합분포를 **이변량 분포(bivariate distribution)** 또는 **이변량 결합분포(bivariate joint distribution)**라고 한다.

이하에서는 확률변수가 두 개인 경우의 결합분포에 대하여 자세히 설명한다. 표본공간 Ω에서의 임의실험이 있을 때, 각 결과 $\omega \in \Omega$에 실수를 부여하는 두 확률변수 X와 Y를 생각해보자. 우리가 고려하는 두 개의 확률변수 X와 Y를 벡터 형식으로 표현하면 **확률벡터(random vector)** (X, Y)가 된다. 확률벡터 (X, Y)의 실현값인 (x, y) 들의 집합을 확률벡터의 치역(range)이라고 한다면, (X, Y)의 치역

$\mathcal{D}_{XY}$는 다음과 같이 정의할 수 있다.

$$\mathcal{D}_{XY} = \{(x, y) \in \mathbb{R}^2 : X(\omega) = x, Y(\omega) = y, \omega \in \Omega\}$$

여기에서 Ω는 표본공간이다. 이에 대한 이해를 돕기 위하여 다음의 예를 살펴보자.

예시 4.1 같은 동전을 두 번 던지는 임의실험

확률변수 X는 처음 던질 때 앞면이 나오는 횟수이며, 확률변수 Y는 두 번 모두 던졌을 때 총 앞면이 나오는 횟수라고 하자. 이 경우에 두 확률변수의 묶음인 확률벡터(random vector)는 (X, Y)이다. 이 예에서 표본공간과 확률벡터의 치역을 생각해보자.

1. 이 임의실험의 표본공간(sample space) Ω를 구하여라.
   가능한 결과는 모두 뒷면(TT), 첫 번째는 뒷면 그리고 두 번째는 앞면(TH), 첫 번째는 앞면 그리고 두 번째는 뒷면(HT), 모두 앞면(HH)이 나오는 경우이다. 이들의 집합이 표본공간이며 다음과 같이 표현할 수 있다.

$$\Omega = \{TT, TH, HT, HH\}.$$

2. (X, Y)의 치역 $\mathcal{D}_{XY}$를 구하여라.
   결과 TT의 경우, 첫 번째도 뒷면, 두 번째도 뒷면이 나왔으므로 $X = 0$이고 $Y = 0$이다. TH의 경우, 처음에는 뒷면이 나와 $X = 0$, 모두 앞면이 한 번 나와서 $Y = 1$이 된다. 비슷한 방식으로 생각하면, 확률벡터 (X, Y)의 치역은 다음과 같음을 알 수 있다.

$$\mathcal{D}_{XY} = \{(0,0), (0,1), (1,1), (1,2)\}.$$

두 개의 확률변수 X와 Y가 있을 때, 확률벡터 (X, Y)의 결합분포(joint cumulative distribution function, joint CDF)에 대하여 알아보자. (X, Y)의 **결합분포함수** 또는 **결합누적분포함수**는 다음과 같이 정의된다.

$$F_{XY}(x, y) = P[X \leq x \text{ 그리고 } Y \leq y]$$

$$= P[X \leq x, Y \leq y] \qquad \forall (x, y) \in \mathbb{R} \times \mathbb{R}.$$

$F_{XY}(x, y)$는 확률변수 X의 실현값이 x보다 작거나 같고, 확률변수 Y의 실현값이 y보다 작거나 같은 사건이 일어나는 확률 $P[X \leq x, Y \leq y]$이다. 하나의 확률변수의 분포함수와 마찬가지로, 두 개의 확률변수에 대한 결합분포함수의 정의도 확률 $P[\leq x$ 그리고 $Y \leq y]$ 임에 유의하여라. 사실 위의 정의에서 사용한 확률 $P[X \leq x$ 그리고 $Y \leq y]$은 아래의 확률을 간단하게 표현한 것이다.

$$P\big[\omega \in \Omega: X(\omega) \leq x \text{ 그리고 } Y(\omega) \leq y\big].$$

결합분포함수의 보다 명확한 이해를 위하여 다음 예시를 생각해보자.

예시 4.2

결합분포함수의 정의를 이용하여 다음을 보여라.

$$\begin{aligned} &P[a_1 < X \leq b_1, a_2 < Y \leq b_2] \\ &= F_{XY}(b_1, b_2) - F_{XY}(a_1, b_2) - F_{XY}(b_1, a_2) + F_{XY}(a_1, a_2) \end{aligned}$$

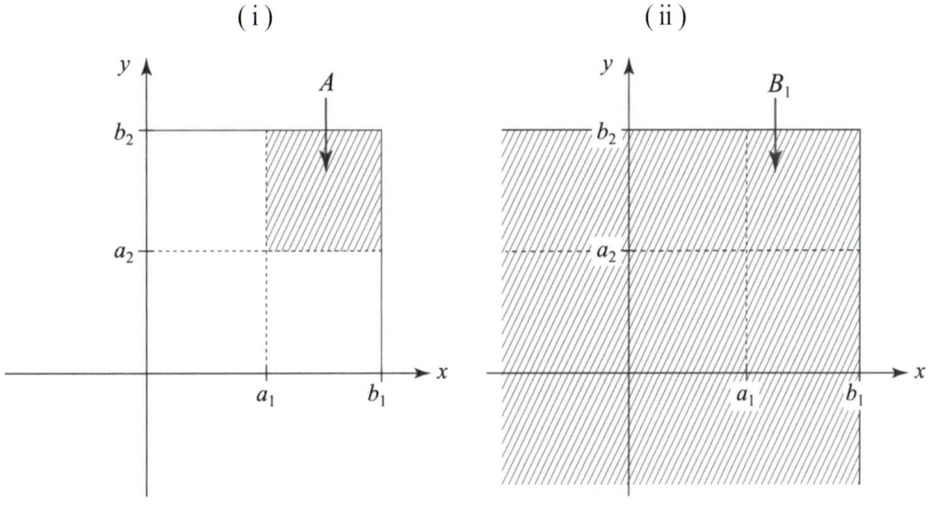

(iii)

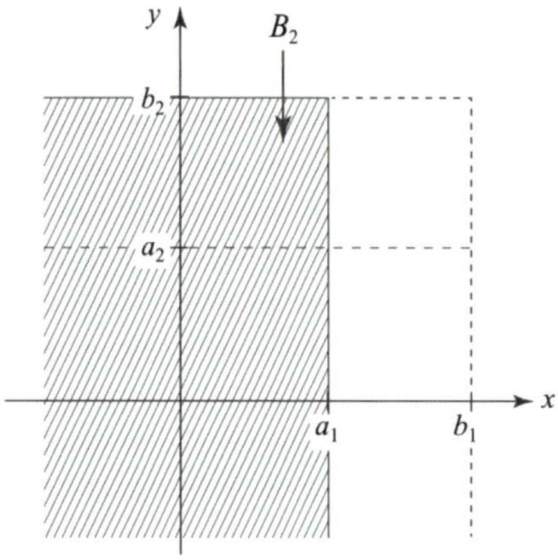

(iv)

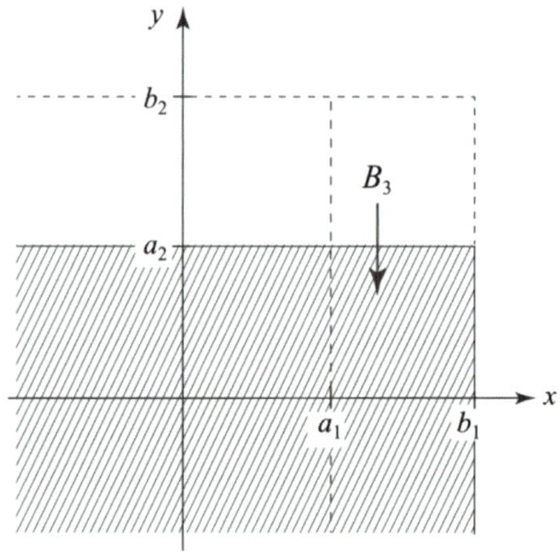

(v)

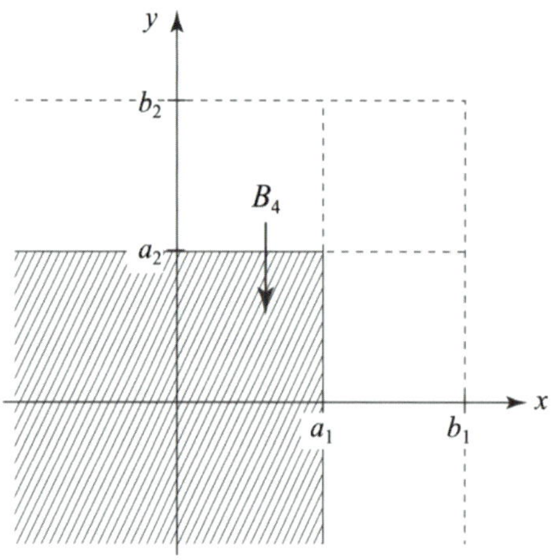

그림(i)에서와 같이 $P[a_1 < X \le b_1,\ a_2 < Y \le b_2] = P[(x,y)|(x,y) \in A]$이다. 즉, (x,y)의 실현값이 사건 A에 속할 확률인 것이다. 따라서 사건 A를 사건 B_1, B_2, B_3 그리고 B_4로 표현하면 A는 B_1의 영역(그림 ii)에서 B_2(그림 iii)와 B_3(그림 iv)의 영역을 뺀 것에 다시 B_4(그림 v)의 영역을 합한 것과 같음을 알 수 있다.

즉, $P[a_1 < X \le b_1,\ a_2 < Y \le b_2]$

$= P[X \le b_1, Y \le b_2] - P[X \le a_1, Y \le b_2] - P[X \le b_1, Y \le a_2] + P[X \le a_1, Y \le a_2]$

$= F_{XY}(b_1, b_2) - F_{XY}(a_1, b_2) - F_{XY}(b_1, a_2) + F_{XY}(a_1, a_2)$이다. ▨

결합분포함수의 정의에 있어서 연속확률변수냐 이산확률변수냐는 중요하지 않다. 그러나 모든 점 (x, y)에서 결합분포함수의 값을 구하고자 할 때 이산확률변수 또는 연속확률변수 여부에 따라 구체적으로 결합분포함수의 값을 구하는 방식은 달라진다.

이하에서는 두 확률변수가 모두 이산확률변수인 경우와 모두 연속확률변수인 경우로 구분하여 논의를 전개한다.[1] 두 확률변수가 모두 이산확률변수인 경우에는 결합확률질량함수를, 그리고 모두 연속확률변수인 경우에는 결합확률밀도함수를 이용하여 결합분포함수를 구할 수 있다. 결합확률질량함수(joint probability mass function, joint pmf)와 결합확률밀도함수(joint probability density function, joint pdf)가 결합분포함수와 어떻게 연관되어 있는가를 이해하는 것은 매우 중요하다.

4.2 두 확률변수가 모두 이산확률변수인 경우

X와 Y가 이산확률변수일 때 (X, Y)는 **이산확률벡터(discrete random vector)**이며 **결합확률질량함수(joint pmf)** $p_{XY}(x, y)$는 다음과 같이 정의된다.

$$p_{XY}(x, y) = P[X = x, Y = y].$$

따라서, (X, Y)의 결합분포함수 $F_{XY}(x, y)$는 다음과 같이 정의된다.

$$F_{XY}(x, y) = \sum_{\forall t: t \le x} \sum_{\forall s: s \le y} p_{XY}(t, s).$$

즉, $F_{XY}(x, y)$는 X와 Y의 실현값이 각각 x와 y보다 작거나 같게 되는 결과의 확률을 모두 더한 것이다.

---

1 물론 현실에서는 하나는 연속확률변수 다른 하나는 이산확률변수인 경우가 있으나 그러한 경우는 설명에서 배제하겠다. 독자들은 각각의 극단적인 두 경우를 응용하여 하나는 연속확률변수고 다른 하나는 이산확률변수인 경우를 고려할 수 있을 것이다.

결합확률질량함수(joint pmf)는 다음과 같은 두 가지 특징을 가진다.

1. 모든 (x, y)에 대해서, $0 \leq p_{XY}(x, y) \leq 1$이 성립한다.
2. $\sum_{\forall x} \sum_{\forall y} p_{XY}(x, y) = 1$.

모든 실수 a, b, c, d $(a < b, c < d)$에 대하여 다음이 성립한다.

$$P[a < X \leq b, c < Y \leq d] = \sum_{\forall x: a < x \leq b} \sum_{\forall y: c < y \leq d} p_{XY}(x, y).$$

아래의 예를 통해 결합확률질량함수의 특징을 확인해보자.

예시 4.3

앞에서 예를 든 동전을 두 번 던지는 임의실험에서 X는 처음 던질 때 앞면이 나오는 횟수, Y는 동전을 모두 던졌을 때 총 앞면이 나오는 횟수라고 하였다. 이때 표본공간과 확률벡터 (X, Y)의 치역을 다음과 같이 정의할 수 있다. 동전은 잘 만들어진 동전이라고 가정한다.

$$\Omega = \{TT, TH, HT, HH\}, \quad \mathcal{D}_{XY} = \{(0,0), (0,1), (1,1), (1,2)\}.$$

잘 만들어진 동전이기 때문에 네 가지 결과의 확률은 모두 같아 $\frac{1}{4}$이 된다.

$$P[\text{첫 번째} = T, \text{두 번째} = T] = P[X = 0, Y = 0] = 1/4 \Rightarrow p_{XY}(0,0) = 1/4.$$
$$P[\text{첫 번째} = T, \text{두 번째} = H] = P[X = 0, Y = 1] = 1/4 \Rightarrow p_{XY}(0,1) = 1/4.$$
$$P[\text{첫 번째} = H, \text{두 번째} = T] = P[X = 1, Y = 1] = 1/4 \Rightarrow p_{XY}(1,1) = 1/4.$$
$$P[\text{첫 번째} = H, \text{두 번째} = H] = P[X = 1, Y = 2] = 1/4 \Rightarrow p_{XY}(1,2) = 1/4.$$

1. 결합확률질량함수 $p_{XY}(x, y)$는 비음수로서 다음과 같다.

	$X = 0$	$X = 1$
$Y = 0$	1/4	0
$Y = 1$	1/4	1/4
$Y = 2$	0	1/4

따라서, 모든 (x, y)에 대하여 결합확률질량함수 $p_{XY}(x, y) \geq 0$을 만족함을 알 수 있다.

2. $\sum_{\forall x} \sum_{\forall y} p_{XY}(x,y) = \sum_{\forall y} p_{XY}(0,y) + \sum_{\forall y} p_{XY}(1,y) = [p_{XY}(0,0) + p_{XY}(0,1)$ $+ p_{XY}(0,2)] + [p_{XY}(1,0) + p_{XY}(1,1) + p_{XY}(1,2)] = 1$ 이 되어 두 번째 성질도 성립함을 알 수 있다. 즉, 위의 표에 있는 모든 결합확률의 합은 1이다.

위의 예를 이용하여 다음을 생각해보자.

1. $P[-1 \le X \le 0.5,\ 0.5 < Y < 2.1]$를 구해보자.

$$
\begin{aligned}
P[-1 \le X \le 0.5,\ 0.5 < Y < 1.8] &= P[X = 0, Y = 1] + P[X = 0, Y = 2] \\
&= p_{XY}(0,1) + p_{XY}(0,2) \\
&= 1/4 + 0 = 1/4.
\end{aligned}
$$

2. $F_{XY}(x,y)$와 $p_{XY}(x,y)$의 관계를 보자. 다음 네 가지 경우의 (x,y)를 생각해보자.
   (a) $F_{XY}(-0.5,-0.1) = P[X \le -0.5, Y \le -0.1] = 0$
   (b) $F_{XY}(0,0) = P[X \le 0, Y \le 0] = p_{XY}(0,0) = 1/4$
   (c) $F_{XY}(0.5,1) = P[X \le 0.5, Y \le 1.5] = p_{XY}(0,0) + p_{XY}(0,1) = 1/2$
   (d) $F_{XY}(1,2) = P[X \le 1, Y \le 2] = 1$

위의 관계를 보면, 우리는 모든 점 (x,y)에서 $F_{XY}(x,y) = \sum_{\forall t:t \le x} \sum_{\forall s:s \le y} p_{XY}(t,s)$가 성립함을 알 수 있으며, 그에 따라 어떠한 점(x,y)에 대해서도 $F_{XY}(x,y)$를 구할 수 있음을 알 수 있다.

한편, 결합확률질량함수를 이용하여 주변확률질량함수(marginal pmf)를 다음과 같이 구할 수 있다.

$$p_X(x) = P(X = x) = \sum_{\forall y} p_{XY}(x,y),$$

그리고

$$p_Y(y) = P(Y = y) = \sum_{\forall x} p_X(x,y).$$

[예시 4.3]의 결과를 이용하여 주변확률질량함수를 구하면 다음과 같다.

예시 4.4

$p_{XY}(x,y)$는 다음의 표와 같다.

	$X=0$	$X=1$
$Y=0$	1/4	0
$Y=1$	1/4	1/4
$Y=2$	0	1/4

이때 X와 Y의 주변확률질량함수(marginal pmf)는 다음과 같다.

	$X=0$	$X=1$	$p_Y(y)$
$Y=0$	1/4	0	1/4(=1/4+0)
$Y=1$	1/4	1/4	1/2 (=1/4+1/4)
$Y=2$	0	1/4	1/4 (=0+1/4)
$p_X(x)$	1/2(=1/4+1/4+0)	1/2(=0+1/4+1/4)	

따라서, $p_X(0)=P(X=0)=\frac{1}{2}$, $p_X(1)=P(X=1)=\frac{1}{2}$, 그리고 $p_Y(0)=P(Y=0)=\frac{1}{4}$, $p_Y(1)=P(Y=1)=\frac{1}{2}$, $p_Y(2)=P(Y=2)=\frac{1}{4}$.

4.3 두 확률변수가 모두 연속확률변수인 경우

X와 Y가 모두 연속확률변수인 경우, 결합분포함수(joint CDF) $F_{XY}(x,y)$는 결합확률밀도함수 $f_{XY}(x,y)$와 다음과 같은 관계를 갖는다.

모든 $(x,y)\in\mathbb{R}\times\mathbb{R}$에 대해,

$$F_{XY}(x,y)=\int_{-\infty}^{x}\int_{-\infty}^{y}f_{XY}(s,t)dtds$$

여기에서 $f_{XY}(s,t)$는 확률벡터 (X,Y)의 **결합확률밀도함수(joint pdf)**라고 한다.

X와 Y 모두 연속확률변수일 때, 결합분포함수와 결합확률밀도함수는 다음의 두 가지 성질을 만족시킨다.

1. $f_{XY}(x,y) \geq 0$ for all $(x,y) \in \mathbb{R} \times \mathbb{R}$.
2. $\int_{-\infty}^{\infty}\int_{-\infty}^{\infty} f_{XY}(x,y)dxdy = 1$.

이는 결합확률밀도함수도 확률밀도함수라는 사실을 생각하면 자연스러운 성질임을 알 수 있다.

한편, 결합분포함수와 결합확률밀도함수의 관계로부터 다음의 관계를 알 수 있다.

1. 결합분포함수를 각 변수에 대하여 각각 미분하면 결합확률밀도함수(joint pdf)를 구할 수 있다. 즉,

$$\frac{\partial^2 F_{XY}(x,y)}{\partial x \partial y} = f_{XY}(x,y).$$

참고로, $\frac{\partial^2 F_{XY}(x,y)}{\partial x \partial y}$와 $\frac{d^2 F_{XY}(x,y)}{dxdy}$는 같은 표현으로 한 변수에 대하여 먼저 미분하고, 다음 변수에 대하여 추가로 미분한다는 개념이다.

2. 확률변수 X가 x_1과 x_2 사이의 값을 갖고, 확률변수 Y가 y_1과 y_2 사이의 값을 갖게 되는 사건의 확률은 다음과 같이 구할 수 있다.

$$P[x_1 \leq X \leq x_2, y_1 \leq Y \leq y_2] = \int_{x_1}^{x_2}\int_{y_1}^{y_2} f_{XY}(s,t)dtds.$$

모두 연속확률변수이므로 다음 4가지 사건의 확률은 모두 같다.

$$P[x_1 \leq X \leq x_2, y_1 \leq Y \leq y_2] = P[x_1 < X \leq x_2, y_1 < Y \leq y_2]$$
$$= P[x_1 \leq X < x_2, y_1 \leq Y < y_2] = P[x_1 < X < x_2, y_1 < Y < y_2].$$

이제 다음의 예시를 통해 결합확률밀도함수의 특징들을 확인해보자.

예시 4.5

다음과 같은 결합확률밀도함수를 생각해보자.

$$f_{XY}(x,y) = \begin{cases} 1, & 0 < x < 1,\ 0 < y < 1, \\ 0, & \text{그 밖의 경우.} \end{cases}$$

1. $f_{XY}(x,y) \geq 0$을 만족하는가?
   위의 f_{XY} 정의를 보면 모든 (x,y)에 대하여 $f_{XY}(x,y) \geq 0$임을 알 수 있다.

2. $\int_{-\infty}^{\infty}\int_{-\infty}^{\infty} f_{X,Y}(s,t)dtds = 1$을 만족하는가?
   $$\int_{-\infty}^{\infty}\int_{-\infty}^{\infty} f_{XY}(s,t)dtds = \int_0^1\int_0^1 1\,dtds = \int_0^1 [t]_0^1 ds = \int_0^1 1ds$$
   $= [s]_0^1 = 1$. 따라서 이 조건도 만족함을 알 수 있다.

3. $P[0.1 \leq X \leq 0.3,\ 0.2 \leq Y \leq 0.7]$을 구하라.

$$\begin{aligned} P[0.1 \leq X \leq 0.3,\ 0.2 \leq Y \leq 0.7] &= \int_{0.2}^{0.7}\int_{0.1}^{0.3} f_X(s,t)dsdt \\ &= \int_{0.2}^{0.7}\int_{0.1}^{0.3} 1dsdt \\ &= \int_{0.1}^{0.3} 1ds \times \int_{0.2}^{0.7} 1dt \\ &= 0.2 \times 0.5 \\ &= 0.1 \end{aligned}$$

위의 예시에 있는 확률밀도함수를 이용하여, 0과 1 사이에 있는 임의의 (x,y)에 대하여 $F_{XY}(x,y)$를 구하면 다음과 같다.

$$F_{XY}(x,y) = \int_{-\infty}^{x}\int_{-\infty}^{y} f_{XY}(s,t)dtds = \int_0^x\int_0^y 1dtds = xy.$$

(참고) 다중 적분에서 각 변수의 적분구간만 잘 적용한다면 적분의 순서는 상관이 없다. 적분구간이 $(x,y) \in [a,b] \times [c,d]$인 경우,

$$\int_a^b \int_c^d f(x,y)dydx = \int_a^b \left(\int_c^d f(x,y)dy \right) dx$$
$$= \int_c^d \left(\int_a^b f(x,y)dx \right) dy = \int_c^d \int_a^b f(x,y)dxdy.$$

만약, $f(x,y)$가 x와 y의 식의 곱으로 표현된다면, 즉 $f(x,y) = g(x) \times h(y)$라면, 다음이 성립한다.

$$\int_a^b \int_c^d f(x,y)dydx = \int_a^b \int_c^d g(x)h(y)dxdy$$
$$= \left(\int_a^b g(x)dx \right) \times \left(\int_c^d h(y)dy \right).$$

이제, 연속확률벡터의 결합분포함수(joint CDF)와 결합확률밀도함수(joint pdf)의 관계에 대해 알아보자. 앞의 [예시 4.5]를 이용하여 결합분포함수를 구해보자.

예시 4.6

X와 Y의 **결합누적확률함수(joint CDF)**는 X가 x보다 작거나 같고 Y가 y보다 작거나 같을 확률에 의해 정의된다.

$$F_{X,Y}(x,y) \equiv P(X \le x, Y \le y)$$
$$= \int_{-\infty}^{x} \int_{-\infty}^{y} f_{XY}(s,t)dtds$$

여기에서 $f_{XY}(x,y) = \begin{cases} 1, & 0 < x < 1,\ 0 < y < 1, \\ 0, & \text{그 밖의 경우.} \end{cases}$

이때 (x,y)의 위치에 따라서 $F_{X,Y}(x,y)$를 정의하면 다음과 같이 된다.

$$F_{XY}(x,y)=\begin{cases}\int_{-\infty}^{x}\int_{-\infty}^{y}0dtds=0, & x\le 0,\ y\le 0,\\ \int_{-\infty}^{x}\int_{0}^{y}0dtds=0, & x\le 0,\ 0<y\le 1,\\ \int_{-\infty}^{x}\int_{1}^{y}0dtds=0, & x\le 0,\ y>1,\\ \int_{0}^{x}\int_{-\infty}^{y}0dtds=0, & 0<x<1,\ y\le 0,\\ \int_{0}^{x}\int_{0}^{y}1dtds=xy, & 0<x<1,\ 0<y<1,\\ \int_{0}^{x}\int_{0}^{1}1dtds=x, & 0<x<1,\ y\ge 1,\\ \int_{0}^{1}\int_{-\infty}^{y}0dtds=0, & x\ge 1,\ y\le 0,\\ \int_{0}^{1}\int_{0}^{y}1dtds=y, & x\ge 1,\ 0<y<1,\\ \int_{0}^{1}\int_{0}^{1}1dtds=1, & x\ge 1,\ y\ge 1.\end{cases}$$

X와 Y가 모두 연속확률변수일 때, 주변확률밀도함수와 결합확률밀도함수의 관계에 대하여 알아보자. 두 변수가 모두 이산확률변수일 때와 마찬가지로, **주변확률밀도함수(marginal pdf)**는 결합확률밀도함수(joint pdf) $f_{XY}(x,y)$로부터 구할 수 있다.

$$f_X(x)=\int_{-\infty}^{\infty}f_{XY}(x,y)dy,$$

그리고

$$f_Y(y)=\int_{-\infty}^{\infty}f_{XY}(x,y)dx.$$

즉, $f_X(x)$는 $f_{XY}(x,y)$를 모든 실수구간에서 y에 대하여 적분함으로써 얻을 수 있으며, $f_Y(y)$는 $f_{XY}(x,y)$를 모든 실수구간에서 x에 대하여 적분함으로써 구할 수 있다.

앞의 [예시 4.5]의 결합확률밀도함수를 이용하여 주변확률밀도함수를 구해보자.

예시 4.7

X와 Y가 모두 연속확률변수인 경우

$$f_{XY}(x,y)=\begin{cases}1, & 0<x<1,\ 0<y<1,\\ 0, & \text{그 밖의 경우.}\end{cases}$$

1. 주변확률밀도함수(marginal pdf) $f_X(x)$와 $f_Y(y)$를 구하라.

(a) $0 < x < 1$인 경우,

$$f_X(x) = \int_{-\infty}^{\infty} f_{XY}(x,y)dy = \int_0^1 f_{XY}(x,y)dy = \int_0^1 1dy = [y]_0^1 = 1.$$

$x \le 0$ 또는 $x \ge 1$인 경우,

$$f_X(x) = \int_{-\infty}^{\infty} f_{XY}(x,y)dy = \int_{-\infty}^{\infty} 0dy = 0.$$

(b) $0 < y < 1$인 경우,

$$f_Y(y) = \int_0^1 f_{XY}(x,y)dy = \int_0^1 1dx = [x]_0^1 = 1.$$

$y \le 0$ 또는 $y \ge 1$인 경우,

$$f_X(x) = \int_{-\infty}^{\infty} f_{XY}(x,y)dx = \int_{-\infty}^{\infty} 0dx = 0.$$

2. 임의의 $(x,y) \in (0,1) \times (0,1)$에 대하여, 결합분포함수 $F_{XY}(x,y)$를 구하여라.

$$F_{XY}(x,y) = \int_{-\infty}^{x} \int_{-\infty}^{y} f_{XY}(s,t)dtds$$
$$= \int_0^x \int_0^y 1dtds = \int_0^x 1ds \int_0^y 1dt = xy.$$

3. $(x,y) \in (0,1) \times (0,1)$에 대하여, $\frac{\partial^2 F_{XY}(x,y)}{\partial x \partial y} = 1$을 만족하는가?

$\frac{\partial^2 F_{XY}(x,y)}{\partial x \partial y} = \frac{\partial}{\partial x}\left(\frac{\partial xy}{\partial y}\right) = \frac{\partial x}{\partial x} = 1$이 되어, 해당 조건이 만족함을 알 수 있다.

4. 결합확률밀도함수(joint pdf)의 모양은 어떻게 되겠는가?

$$f_{XY}(x,y) = \begin{cases} 1, & 0 < x < 1,\ 0 < y < 1, \\ 0, & \text{그 밖의 경우.} \end{cases}$$

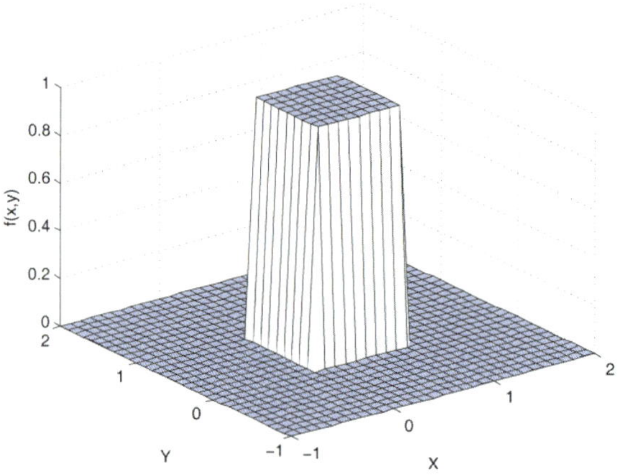

5. 결합분포함수(joint CDF)의 모양은 어떻게 되겠는가?

   $F_{XY}(x,y)$는 [예시 4.6]의 결과를 참조하라. 이를 그림으로 나타내면 다음과 같다.

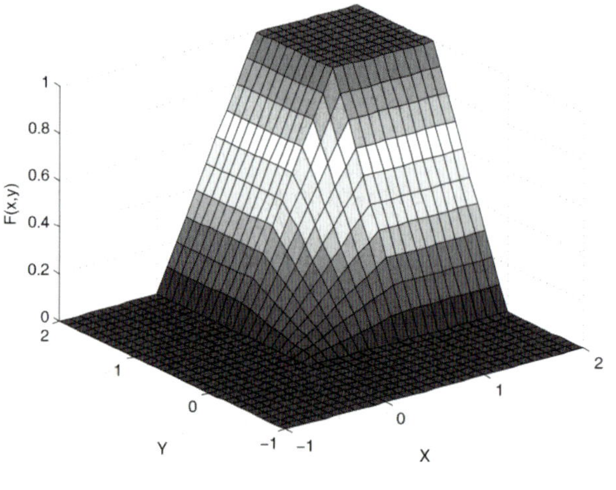

4.4 연습문제

1. 다음과 같은 결합확률함수가 있다고 하자. c는 상수이다.

$$f_{X,Y}(x,y) = \begin{cases} c\ xy, & 0 < x < 1,\ 0 < y < 2, \\ 0 & ,\ \text{그 밖의 경우}. \end{cases}$$

   (a) $f_{X,Y}(x,y)$가 (X,Y)의 결합확률밀도함수(joint pdf)가 될 수 있도록, 상수 c의 값을 정하라.

   (b) 결합분포함수(joint CDF) $F_{X,Y}(x,y)$를 구하여라.

   (c) 위의 결과를 이용하여((a) 또는 (b), 어떤 것을 사용해도 무방하다.) $P[0 < X \le 0.5,\ 0 < Y \le 1]$를 구하여라.

   (d) X와 Y가 서로 독립인가?

2. X_1와 X_2가 독립이고 동일하다고 하자. 다시 말해, X_1와 X_2의 확률밀도함수가 $x \in [0,1]$에서 $f_{X_j}(x) = 1$이고, $x \notin [0,1]$에서 $f_{X_j}(x) = 0$이라고 하자. ($j = 1,2$) 확률변수 Y는 $Y = X_1 - X_2$이다.

   (a) $E(Y)$을 구하여라.

   (b) Y의 서포트(support)를 구하여라.

   (c) Y의 누적분포함수 $F_Y(y)$를 구하여라.

   (d) Y의 확률밀도함수(또는 주변확률밀도함수) $f_Y(y)$를 구하여라.

05 여러 개의 확률변수 2(Multiple Random Variables 2)

5.1 확률변수 간의 독립

제1장에서 "독립적"이라는 용어를 소개하였다. 두 사건이 상호 독립이라는 것은 $P(B_1 \cap B_2) = P(B_1)P(B_2)$이 성립한다는 것을 의미한다. 그렇다면 두 확률변수 간의 독립은 어떻게 정의되는가?

이산확률변수와 연속확률변수로 나누어서 살펴보자. 두 변수 모두 이산확률변수인 경우의 확률변수 간의 독립은 다음과 같다. $p_{XY}(x, y)$가 결합확률질량함수이고, $p_X(x)$와 $p_Y(y)$가 각각 X와 Y의 주변확률질량함수라고 할 때, 두 이산확률변수 X와 Y의 **상호 독립**은 다음과 같이 정의된다.

모든 (x, y)에 대하여 $P(X = x, Y = y) = P(X = x)P(Y = y)$이 성립한다.

위의 독립의 정의를 조건부 확률의 정의 $P(X = x|Y = y) = \frac{P(X=x,Y=y)}{P(Y=y)}$를 이용하여 표현하면 다음과 같다.[1]

모든 (x, y)에 대하여 $P(X = x|Y = y) = P(X = x)$이 성립한다.

이는 Y가 어떤 값으로 실현되는가는 "$X = x$"의 확률에는 전혀 영향을 미치지 못한다는 의미이다. 즉, Y의 결과가 X의 결과에 영향을 미치지 못하는 경우, 우리는 두 확률변수 X와 Y가 독립이라고 말한다. 만약, 어떤 (x, y)에 대하여 $p_{XY}(x, y) \neq p_X(x)p_Y(y)$인 경우가 발생한다면, 확률변수 X와 Y는 독립이라고 할 수 없다.

---

1 조건부 확률과 조건부 확률밀도함수는 5.4절에서 상세히 소개된다.

이산확률변수의 독립과 유사하게 우리는 연속확률변수의 독립에 대하여 다음과 같이 정의할 수 있다.

$$\text{모든 } (x, y)\text{에 대하여 } f_{XY}(x, y) = f_X(x)f_Y(y)\text{이 성립한다.}$$

이는 조건부 확률밀도함수의 정의 $f_{X|Y}(x|y) = f_{XY}(x, y)/f_Y(y)$를 이용하여 다음과 같이 정의할 수 있다.

$$\text{모든 } (x, y)\text{에 대하여 } f_{X|Y}(x|y) = \frac{f_{XY}(x,y)}{f_Y(y)}\text{이 성립한다.}$$

어떤 (x, y)에 대하여 $f_{XY}(x, y) \neq f_X(x)f_Y(y)$라면, 두 확률변수 X와 Y는 상호 독립이 아니다.

5.2 기댓값

우리는 제3장에서 하나의 확률변수가 존재할 때 확률질량함수(pmf) 또는 확률밀도함수(pdf)를 이용한 기댓값을 살펴보았다. 예컨대, 제3장에서 이산확률변수 X의 기댓값은 $E[X] = \sum_{\forall x} x \cdot p_X(x)$로 구할 수 있었다. 그러나 동일한 기댓값 $E[X]$는 결합확률질량함수를 이용하여 구할 수도 있다. 이산확률변수인 경우와 연속확률변수인 경우로 나누어 살펴보자.

1. 이산확률변수인 경우, 결합확률을 이용하여 기댓값과 분산을 정의할 수 있다.

$$E(X) = \sum_{\forall x} \sum_{\forall y} x \cdot p_{XY}(x, y).$$

위의 식을 재정리하면 결국 우리가 이미 알고 있던 기댓값의 정의와 같게 됨을 알 수 있다.

$$E(X) = \sum_{\forall x} x \left(\sum_{\forall y} p_{XY}(x, y) \right)$$
$$= \sum_{\forall x} x \cdot p_X(x).$$

여기에서 첫 번째 등식은 먼저 y에 대한 합산(summation)을 고려한 것이고, 두 번째 등식은 주변확률(질량함수)과 결합확률(질량함수)의 관계를 이용한 결과이다.

확률변수 X의 분산의 경우도 확률변수 X와 Y의 모든 실현값들에 대하여 결합확률을 이용하여 정의할 수 있으며, 이것도 결국 우리가 이미 알고 있던 분산의 정의와 같아짐을 확인할 수 있다.

$$Var(X) = \sum_{\forall x} \sum_{\forall y} (x - E(X))^2 p_{XY}(x, y)$$
$$= \sum_{\forall x} (x - E(X))^2 \left(\sum_{\forall y} p_{XY}(x, y) \right)$$
$$= \sum_{\forall x} (x - E(X))^2 p_X(x).$$

여기에서 두 번째 등식은 먼저 y에 대한 합산(summation)을 한 것이며, 세 번째 등식은 $p_X(x) = \sum_{\forall y} p_{XY}(x, y)$를 이용한 것이다.

확률변수 Y에 대해서도 기댓값과 분산에 대하여 결합확률을 이용하여 정의할 수 있다.

$$E(Y) = \sum_{\forall x} \sum_{\forall y} y \cdot p_{XY}(x, y),$$
$$Var(Y) = \sum_{\forall x} \sum_{\forall y} (y - E(Y))^2 p_{XY}(x, y).$$

2. 연속확률변수인 경우에도 비슷한 방식으로 결합확률밀도함수를 이용한 기댓값과 분산을 정의할 수 있다.

$$
\begin{aligned}
E(X) &= \int_{-\infty}^{\infty}\int_{-\infty}^{\infty} x f_{XY}(x,y)dydx \\
&= \int_{-\infty}^{\infty} x\left(\int_{-\infty}^{\infty} f_{XY}(x,y)dy\right)dx \\
&= \int_{-\infty}^{\infty} x f_X(x)dx.
\end{aligned}
$$

여기에서 두 번째 등식은 먼저 y에 대한 적분을 실행한 것이고, 세 번째 등식은 x의 주변확률밀도함수는 결합확률밀도함수를 y에 대하여 적분함으로써 얻을 수 있다는 사실 $f_X(x) = \int_{-\infty}^{\infty} f_{XY}(x,y)dy$을 이용한 것이다.

분산의 경우도 결합확률밀도함수를 이용하여 유사하게 정의할 수 있다.

$$
\begin{aligned}
Var(X) &= \int_{-\infty}^{\infty}\int_{-\infty}^{\infty} (x-E(X))^2 f_{XY}(x,y)dydx \\
&= \int_{-\infty}^{\infty} (x-E(X))^2\left(\int_{-\infty}^{\infty} f_{XY}(x,y)dy\right)dx \\
&= \int_{-\infty}^{\infty} (x-E(X))^2 f_X(x)dx.
\end{aligned}
$$

결국 우리가 이미 알고 있던 기댓값 및 분산의 정의와 같아짐을 알 수 있다. 다음은 기댓값과 관련된 몇 가지 중요한 성질이다.

성질 1. a가 상수이고, X와 Y가 확률변수일 때 다음이 성립한다.

$$E(aX+Y) = aE(X)+E(Y).$$

증명

편의상 두 변수가 연속확률변수라 가정하자.

$$
\begin{aligned}
E(aX+Y) &= \int_{-\infty}^{\infty}\int_{-\infty}^{\infty}(ax+y)f_{XY}(x,y)dxdy \\
&= \int_{-\infty}^{\infty}\int_{-\infty}^{\infty}axf_{XY}(x,y)dxdy + \int_{-\infty}^{\infty}\int_{-\infty}^{\infty}yf_{XY}(x,y)dxdy \\
&= \int_{-\infty}^{\infty}ax\left(\int_{-\infty}^{\infty}f_{XY}(x,y)dy\right)dx + \int_{-\infty}^{\infty}y\left(\int_{-\infty}^{\infty}f_{XY}(x,y)dx\right)dy \\
&= a\int_{-\infty}^{\infty}xf_X(x)dx + \int_{-\infty}^{\infty}yf_Y(y)dy \\
&= aE(X)+E(Y). \ ▨
\end{aligned}
$$

첫 번째 등식을 이해하는 방법으로 이렇게 생각해보자. (X,Y)가 (x,y)로 실현되면, $aX+Y$는 $ax+y$로 실현된다. 따라서 실현값 $(ax+y)$에 (X,Y)가 (x,y)로 실현되는 가능성 $f_{XY}(x,y)$의 곱을 적분한 것이 $aX+Y$의 기댓값이다.

우리는 이미 상수 b와 확률변수 Y가 있을 때, $E[bY]=bE[Y]$임을 알고 있다. 따라서 위의 성질에 의하면 다음 명제도 자명하다.

$$E(aX+bY)=aE(X)+bE(Y)$$

여기에서 a,b는 상수, X,Y는 확률변수이다.

성질 2. 확률변수 Z가 확률변수 X와 Y의 함수라고 하자. 즉, $Z=g(X,Y)$이다. 이때 확률변수 Z의 기댓값은 다음과 같다.

$$
E(Z)=\begin{cases}\displaystyle\int_{-\infty}^{\infty}\int_{-\infty}^{\infty}g(x,y)f_{XY}(x,y)dydx, & (X,Y)\text{가 연속확률변수일 때,}\\ \displaystyle\sum_x\sum_y g(x,y)\cdot p_{XY}(x,y) \quad , & (X,Y)\text{가 이산확률변수일 때.}\end{cases}
$$

성질 2는 확률변수 $Z=g(X,Y)$의 무작위성(randomness)이 두 확률변수 (X,Y)로부터 온 것이기 때문에, (X,Y)의 모든 실현값과 그때의 결합확률 또는 결합확률밀도를 가중치로 이용하여 Z의 기댓값을 구함을 의미한다.

예시 5.1

두 확률변수의 곱 XY의 기댓값을 구하여라. 이를 달리 표현하면, 새로운 확률변수 Z가 두 확률변수의 곱이라고 이해할 수 있다. 즉, $Z = XY$. 이제 위의 성질 2를 이용하면 된다. 만약 두 확률변수가 모두 연속이라면, 다음과 같다.

$$E(Z) = E(XY) = \int_{-\infty}^{\infty}\int_{-\infty}^{\infty} xyf_{XY}(x,y)dxdy.$$

만약 두 확률변수가 모두 이산이라면, 다음과 같다.

$$E(Z) = E(XY) = \sum_{x}\sum_{y} xy \cdot p_{XY}(x,y).$$

일반적으로, $E(XY) \neq E(X)E(Y)$ 이다. 그러나 특정한 조건이 주어지면 해당 등식이 성립할 수도 있다.

성질 3. X와 Y가 확률변수라고 하자. 만약 두 확률변수 X와 Y가 서로 독립이면, 다음 등식이 성립한다.

$$E(XY) = E(X)E(Y).$$

증명

편의상 두 확률변수를 연속확률변수라 가정한다.

$$\begin{aligned}
E(XY) &= \int_{-\infty}^{\infty}\int_{-\infty}^{\infty} xyf_{XY}(x,y)dxdy \\
&= \int_{-\infty}^{\infty}\int_{-\infty}^{\infty} xyf_X(x)f_Y(y)dxdy \\
&= \int_{-\infty}^{\infty} xf_X(x)\underbrace{\left(\int_{-\infty}^{\infty} yf_Y(y)dy\right)}_{=E(Y)}dx \\
&= E(X)\times E(Y).\ \boxed{}
\end{aligned}$$

두 번째 등식은 두 확률변수가 독립인 경우 모든 x, y에 대하여 $f_{XY}(x,y) = f_X(x)f_Y(y)$가 성립한다는 사실을 이용한 것이다. 이산확률변수의 경우에도 유사한 방식으로 증명할 수 있다.

5.3 공분산과 상관계수

이제 두 개의 확률변수가 있을 때 두 변수의 연관성(association)에 대하여 알아보자. 두 확률변수의 연관성과 관련하여, 먼저 **공분산**에 대하여 소개한다.

X와 Y가 각각 평균 μ_X와 μ_Y를 가지는 확률변수라고 하자. 이 경우, **X와 Y의 공분산**은 다음과 같이 정의되며 $Cov(X,Y)$ 혹은 σ_{XY}로 표기된다.

$$\begin{aligned} Cov(X,Y) &\equiv E[(X-\mu_X)(Y-\mu_Y)] \\ &= E[XY - \mu_X Y - \mu_Y X + \mu_X\mu_Y] \\ &= E[XY] - \mu_X E[Y] - \mu_Y E[X] + \mu_X\mu_Y \\ &= E[XY] - \mu_X\mu_Y. \end{aligned}$$

두 확률변수 X와 Y의 공분산은 $E[(X-\mu_X)(Y-\mu_Y)]$라는 정의에서도 알 수 있듯이, 두 확률변수가 중심인 기댓값을 중심으로 움직이는 정도를 반영한다. 즉, (μ_X, μ_Y)를 중심으로 X가 μ_X보다 크게 실현될 때 Y도 μ_Y보다 크게 실현되는 경우가 많거나, X가 μ_X보다 작은 값으로 실현될 때 Y도 μ_Y보다 작은 값으로 실현되는 경우가 많다면 공분산은 양수가 될 것이다. 단순하게 말해서, X와 Y가 같이 큰 값이 나오거나 같이 작은 값이 나오는 경우가 많으면 공분산은 양수가 될 것이다. 그렇지 않고, 하나는 평균에 비하여 큰 값이 나오고 다른 확률변수는 평균에 비하여 작은 값으로 실현될 가능성이 높으면 공분산은 음수가 될 것이다. 이러한 이유로 공분산은 두 확률변수의 움직이는 방향(direction of co-movement)의 크기를 반영한다고 할 수 있다.

공분산은 두 확률변수의 합 $X+Y$의 분산, $Var(X+Y)$와도 연관되어 있다.

$$Var(X+Y) = E[(X+Y-E(X+Y))^2]$$

$$= E[(X + Y - \mu_X - \mu_Y)^2]$$
$$= E[(X - \mu_X)^2] + E[(Y - \mu_Y)^2] + 2E[(X - \mu_X)(Y - \mu_Y)]$$
$$= Var(X) + Var(Y) + 2E[(X - \mu_X)(Y - \mu_Y)].$$

일반적으로 두 확률변수의 합의 분산은 각 확률변수의 분산의 합이 되지 않는데, 이는 공분산 $Cov(X,Y) = E[(X - \mu_X)(Y - \mu_Y)]$의 존재 때문이다. 만약 공분산이 0이라면, $Var(X + Y) = Var(X) + Var(Y)$는 성립한다.

공분산은 다음의 성질을 가지고 있다.

1. $Cov(X,Y) = Cov(Y,X)$.
   (증명) 공분산의 정의 $E[(X - \mu_X)(Y - \mu_Y)]$를 생각하면 자명하다.

2. $Cov(X,X) = Var(X)$.
   (증명) 공분산의 정의를 이용하면 $Cov(X,X) = E[(X - \mu_X)(X - \mu_X)] = Var(X)$.

[그림 5.1] 공분산과 (X,Y)의 상관관계

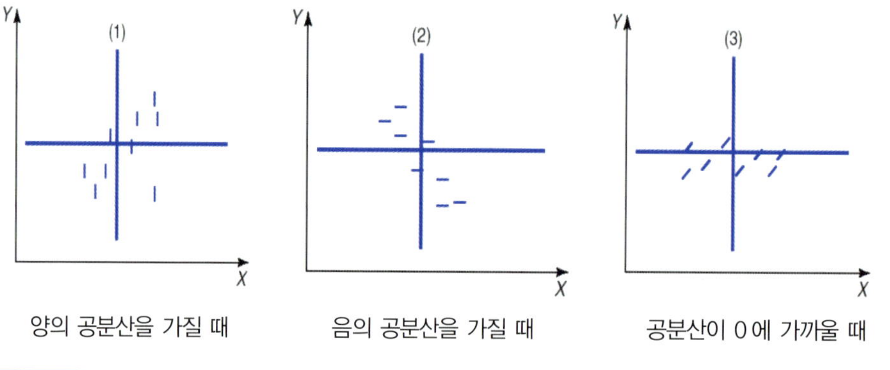

[그림 5.1]을 보면, 첫 번째 그림은 X와 Y가 같은 방향으로 실현되는 가능성이 큰 것으로, 이 경우 공분산은 양수가 될 것이다. 또는 두 변수가 양의 상관관계를 보이고 있다라고도 한다. 두 번째 그림은 두 변수가 서로 다른 방향으로 실현될 가능성이 큰 것으로, 이 경우 공분산은 음수로서 음의 상관관계를 반영한다. 세 번

째 그림을 보면 확률변수 Y의 실현값이 X의 실현값에 크게 영향받지 않고 있는 모습이다. 즉, X가 큰 값으로 실현되거나 작은 값으로 실현되는 것이 Y의 실현값은 거의 일정한 모습이다. 이러한 경우 두 변수의 공분산은 0에 가까울 것이다.[2]

공분산의 성질을 추가적으로 더 언급하자면 다음과 같다. 먼저, X와 Y는 확률변수이고, c는 상수라고 하자.

1. $Cov(X,c) = 0$.

증명

$Cov(X,c) = E(cX) - E(c)E(X) = cE(X) - cE(X) = 0$. ▨

이는 상수와 확률변수 간의 공분산은 0이라는 것이다.

2. $Cov(X+c,Y) = Cov(X,Y)$.

증명

$$\begin{aligned} Cov(X+c,Y) &= E[(X+c)Y] - E[X+c]E(Y) \\ &= E(XY+cY) - (E(X)+c)E(Y) \\ &= E(XY) + cE(Y) - (E(X)E(Y) + cE(Y)) \\ &= E(XY) - E(X)E(Y) = Cov(X,Y). \end{aligned}$$ ▨

이는 어떤 확률변수에 일정한 상수를 더해도 공분산에는 변화를 주지 못한다는 것이다.

3. $Cov(cX,Y) = c\,Cov(X,Y)$.

증명

$Cov(cX,Y) = E(cXY) - E(cX)E(Y)$

---

2 따라서, 상관관계도 매우 작을 것이다.

$$= c[E(XY) - E(X)E(Y)] = c\,Cov(X,Y). \quad ▨$$

이는 하나의 확률변수에 상수를 곱하면 공분산도 같은 비율로 변함을 시사한다.

4. 상수 a, b, c, d에 대해,
$Cov(aX + bY, cX + dY) = ac\,Var(X) + (ad + bc)Cov(X,Y) + bd\,Var(Y)$.

증명

$Cov(aX + bY, cX + dY) = E\big[\big(aX + bY - E(aX + bY)\big)\big(cX + dY - E(cX + dY)\big)\big]$
$= E\big[\big(a(X - EX) + b(Y - EY)\big)\big(c(X - EX) + d(Y - EY)\big)\big]$
$= E[ac(X - EX)^2 + ad(X - EX)(Y - EY) + bc(X - EX)(Y - EY) + bd(Y - EY)^2]$
$= ac\,E[(X - EX)^2] + (ad + bc)E[(X - EX)(Y - EY)] + bd\,E[(Y - EY)^2]$
$= ac\,Var(X) + (ad + bc)Cov(X,Y) + bd\,Var(Y)$. ▨

위의 4번째 사항은 매우 유용한 공분산의 성질로서 이를 활용하면 확률변수들의 선형 결합들에 대한 공분산을 쉽게 구할 수 있다.

5. 상수 $a_1, \cdots, a_n, b_1, \cdots, b_m$ 그리고 확률변수 $X_1, \cdots, X_n, Y_1, \cdots, Y_m$에 대하여,

$$Cov\left(\sum_{i=1}^{n} a_i X_i, \sum_{j=1}^{m} b_j Y_j\right) = \sum_{i=1}^{n} \sum_{j=1}^{m} a_i b_j Cov(X_i, Y_j).$$

증명

앞의 증명을 확장하면 된다.

6. 두 확률변수 X와 Y가 독립이면, $Cov(X,Y) = 0$.

증명

$$\begin{aligned} Cov(X,Y) &= E[(X - \mu_X)(Y - \mu_Y)] \\ &= E[XY] - \mu_X\mu_Y \\ &= E[X]E[Y] - \mu_X\mu_Y = 0. \end{aligned}$$

세 번째 등식은 X와 Y가 독립이므로 $E[XY]=E[X]\cdot E[Y]$가 된다는 것을 이용한 것이다. ▨

그러나 위 명제의 역은 참이 아니다. 즉, 공분산이 0이라고 두 확률변수가 독립은 아니다. 독자들은 다음의 예를 한번 생각해보아라.

예시 5.2 공분산과 독립

<u>X와 Y의 결합확률</u>

	$X=-1$	$X=0$	$X=1$
$Y=1$	2/12	3/12	2/12
$Y=2$	1/12	3/12	1/12

(i) $Cov(X,Y)$를 구하여라.
(ii) X와 Y는 독립인가?
(iii) $Cov(X,Y)=0$이면 X와 Y는 독립인가?

한편, 공분산은 단위(unit)의 변화에 영향을 받는다. 이는 단위가 변하면, 공분산도 변함을 의미한다. 이렇게 단위 변화에 영향을 받기 때문에 공분산은 두 변수의 상관관계 또는 연관성(association)의 정도의 크기를 측정하는 데는 아주 유용한 지표는 아니라고 할 수 있다.

다음의 예시를 통해 공분산의 그러한 단점을 확인하자.

예시 5.3 아버지와 아들의 키(공분산)

X가 아버지의 키라고 하고, Y를 아들의 키라고 하자. 이 두 변수는 미터 단위로 측정되었다고 하자. X와 Y의 공분산은 다음과 같다.

$$Cov(X,Y)=E(XY)-E(X)E(Y)$$

똑같은 키를 센티미터 단위로 측정하는 확률변수 $\tilde{X}$와 $\tilde{Y}$를 생각해보자. 따라서

$\tilde{X} = 100X, \tilde{Y} = 100Y$가 된다. 이제 $\tilde{X}$와 $\tilde{Y}$의 공분산을 생각해보자.

$$Cov(\tilde{X}, \tilde{Y}) = E(\tilde{X}\tilde{Y}) - E(\tilde{X})E(\tilde{Y}) = 100^2 Cov(X, Y)$$

$Cov(\tilde{X}, \tilde{Y})$는 $Cov(X, Y)$의 일만 배가 됨을 알 수 있다.

이렇게 공분산은 단위가 달라짐에 따라 그 값이 달라지게 된다. 공분산 대신에 두 변수의 연관성 또는 상관관계를 나타내는 지표로서 상관계수(correlation, 또는 correlation coefficient)가 있다. 두 확률변수 X와 Y의 상관계수는 $corr(X, Y)$ 혹은 ρ_{XY}로 표기하며, 다음과 같이 정의된다.

$$\rho_{XY} = \frac{Cov(X, Y)}{\sqrt{Var(X)}\sqrt{Var(Y)}} = \frac{\sigma_{XY}}{\sigma_X \sigma_Y}.$$

상관계수는 공분산과 각 확률변수의 표준편차를 이용하여 계산할 수 있다. 상관계수는 공분산과는 달리 단위(unit)의 변화에 영향받지 않는다. 이러한 이유로 상관계수는 두 확률변수들 간의 선형 상관관계의 정도(degree of linear association)를 나타내는 지표로 유용하게 쓰인다. 앞에서 언급한 [예시 5.3]에서 상관계수는 단위에 관계없이 동일한 값으로 도출되는 것을 쉽게 확인할 수 있다.

예시 5.4 아버지와 아들의 키(상관계수)

$$\rho_{\tilde{X}\tilde{Y}} = \frac{Cov(\tilde{X}, \tilde{Y})}{\sqrt{Var(\tilde{X})}\sqrt{Var(\tilde{Y})}}$$

$$= \frac{100^2 Cov(X, Y)}{\sqrt{100^2 Var(X)}\sqrt{100^2 Var(Y)}} = \frac{\sigma_{XY}}{\sigma_X \sigma_Y} = \rho_{XY}.$$

다음은 상관계수의 주요 성질이다.

1. $-1 \le \rho_{XY} \le 1.$

증명

모든 실수 $a \in \mathbb{R}$에 대해서, $Y - aX$도 하나의 확률변수이므로 확률변수의 분산은 음수가 아니라는 사실을 이용한다. 즉, 다음의 부등식이 성립해야 한다.

$$\forall a \in \mathbb{R}, Var(Y - aX) \ge 0.$$

이제 $Var(Y - aX)$를 구해보자.

$$\begin{aligned} Var(Y - aX) &= a^2\sigma_X^2 - 2a\sigma_{XY} + \sigma_Y^2 = \sigma_X^2 a^2 - 2\sigma_{XY} a + \sigma_Y^2 \\ &= \sigma_X^2\left(a^2 - 2\frac{\sigma_{XY}}{\sigma_X^2}a\right) + \sigma_Y^2 \\ &= \sigma_X^2\left(a - \frac{\sigma_{XY}}{\sigma_X^2}\right)^2 - \sigma_X^2\left(\frac{\sigma_{XY}}{\sigma_X^2}\right)^2 + \sigma_Y^2 \\ &= \sigma_X^2\left(a - \frac{\sigma_{XY}}{\sigma_X^2}\right)^2 - \frac{\sigma_{XY}^2}{\sigma_X^2} + \sigma_Y^2 \ge 0. \end{aligned}$$

모든 실수 a에 대하여 $Var(Y - aX) \ge 0$을 만족하기 위해서는 최솟값 $-\frac{\sigma_{XY}^2}{\sigma_X^2} + \sigma_Y^2 \ge 0$이 성립해야만 한다. 그러므로,

$$0 \le \sigma_Y^2 - \frac{\sigma_{XY}^2}{\sigma_X^2} \;\Leftrightarrow\; 0 \le 1 - \frac{\sigma_{XY}^2}{\sigma_X^2\sigma_Y^2} \;\Leftrightarrow\; |\rho_{XY}| \le 1. \;\square$$

2. 두 변수가 선형관계이면, 즉 $Y = a + bX(b \ne 0)$이면 $\rho_{XY} = \pm 1$이다.

증명

$$\begin{aligned} Cov(X, Y) &= Cov(X, a + bX) \\ &= b\, Cov(X, X) \\ &= b\, \sigma_X^2. \end{aligned}$$

두 번째 등식은 공분산의 두 번째와 세 번째 성질을 이용한 결과이다.

$$Var(Y) = Var(a + bX) = b^2 \sigma_X^2.$$

따라서,

$$\rho_{XY} = \frac{\sigma_{XY}}{\sigma_X \sigma_Y} = \frac{b\, \sigma_X^2}{\sigma_X \cdot |b| \cdot \sigma_X} = \frac{\mathrm{b}}{|b|} = \pm 1.$$

반대 방향의 명제도 성립하지만, 증명은 생략한다.[3] 한편, 상관계수는 인과관계(causality)를 의미하는 것은 아님에 유의하라.

[그림 5.2] 상관계수(ρ)의 크기와 산포도($\rho_{XY} > 0$일 때)

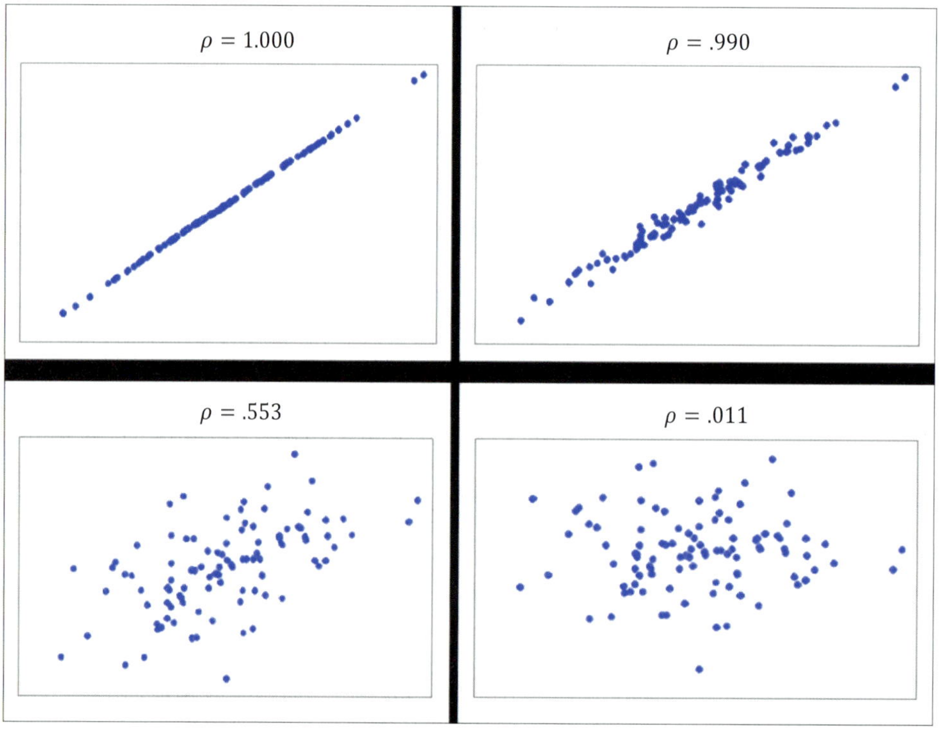

3 관심 있는 독자들은 연습문제 13번을 보아라.

5.4 조건부 확률, 조건부 기댓값 그리고 조건부 분산

제1장에서 이미 조건부 확률(conditional probability)에 대하여 소개하였다. 이제 조건부 기댓값 및 조건부 분산에 대하여 소개하고자 한다. 이산확률변수인 경우 조건부 확률질량함수(conditional pmf)가 존재하고, 연속확률변수인 경우에는 조건부 확률밀도함수(conditional pdf)가 존재한다. 이를 이용하여 조건부 기댓값(conditional expectation)과 조건부 분산(conditional variance)을 구할 수 있다.

5.4.1 이산확률변수의 경우

이산확률변수 X와 Y의 결합확률질량함수를 $p_{XY}(x,y)$라 하자. 그리고 $p_X(x) > 0$이라고 가정하자. $X = x$라는 조건하에서의 $Y = y$의 조건부 확률(또는 조건부 확률질량함수)은 다음과 같이 정의된다.

$$\begin{aligned} p_{Y|X}(y|x) &\equiv P(Y = y|X = x) \\ &= \frac{P(X = x, Y = y)}{P(X = x)} \\ &= \frac{p_{XY}(x,y)}{p_X(x)}. \end{aligned}$$

$X = x$라는 조건하에서의 Y의 조건부 기댓값은 다음과 같다.

$$E(Y|X = x) = \sum_{\forall y} y \cdot p_{Y|X}(y|x).$$

위의 조건부 기댓값의 공식을 보면, 무조건(unconditional) 기댓값 $E(Y) = \sum_{\forall y} y \cdot p_Y(y)$과 유사함을 알 수 있다. 가중치로서 조건부 확률질량함수가 사용된다는 점이 다를 뿐이다.

5.4.2 연속확률변수의 경우

연속확률변수 X와 Y의 결합확률밀도함수를 $f_{XY}(x,y)$라고 하자. 그리고, $f_X(x) > 0$이라 가정하자. 이산확률변수의 조건부 확률질량함수에 대응하여, 연속확률변수에는 조건부 확률밀도함수(conditional pdf)가 존재한다. 구체적으로 $X = x$라는 조건하에서의 $Y = y$가 될 조건부 확률밀도함수는 다음과 같이 정의된다.

$$f_{Y|X}(y|x) = \frac{f_{XY}(x,y)}{f_X(x)}.$$

조건부 확률밀도함수도 확률밀도함수이기 때문에, 확률밀도함수가 지니는 기본적인 두 가지 성질을 만족시킨다. 하나는 모든 y에 대하여 음수가 아니라는 점이고, 다른 하나는 전체 면적이 1이라는 점이다. 이 두 조건을 수식으로 표현하면 다음과 같다.

$$\text{모든 } y\text{에 대하여, } f_{Y|X}(y|x) \geq 0,$$
$$\text{그리고 } \int_{-\infty}^{\infty} f_{Y|X}(y|x)dy = 1.$$

Y가 연속확률변수의 경우, $P(a < Y < b) = \int_a^b f_Y(y)dy$이었던 것과 같이, $X = x$라는 조건하에서 Y의 실현값이 a와 b 사이에 있게 될 조건부 확률도 다음과 같이 유사하게 구할 수 있다.

$$P(a < Y < b|X = x) = \int_a^b f_{Y|X}(y|x)dy.$$

$X = x$가 주어졌을 때 Y의 조건부 기댓값은 다음과 같이 정의된다.

$$E(Y|X = x) = \int_{-\infty}^{\infty} y \cdot f_{Y|X}(y|x)dy.$$

5.4.3 조건부 분산

이제 조건부 분산을 생각해보자. $X = x$라는 조건하에서의 Y의 조건부 분산 $Var(Y|X = x)$은 다음과 같이 정의된다.

$$\begin{aligned} Var(Y|X = x) &= E[(Y - E(Y|X = x))^2|X = x] \\ &= E(Y^2|X = x) - E(Y|X = x)^2. \end{aligned}$$

이하에서는 표기의 편의를 위해서, 조건부 분산 $Var(Y|X=x)$을 다음과 같이 표기하기도 한다.

$$\begin{aligned} Var(Y|X=x) &\equiv Var(Y|x) \\ &= E[(Y-E(Y|X=x))^2|X=x] \\ &= E(Y^2|X=x) - E(Y|X=x)^2 \\ &= E[Y^2|x] - E[Y|x]^2. \end{aligned}$$

여기에서는 편의상 "$X=x$" 대신 "x"만으로 표현하였다.

조건부 분산을 연속확률변수와 이산확률변수로 구분한다면, 다음과 같이 구체적으로 표현할 수 있다. 먼저, Y가 연속확률변수인 경우의 조건부 분산은 다음과 같다.

$$\begin{aligned} Var(Y|X=x) &= \int_{-\infty}^{\infty} (y - E(Y|X=x))^2 f_{Y|X}(y|x)dy \\ &= \int_{-\infty}^{\infty} y^2 f_{Y|X}(y|x)dy - \left[\int_{-\infty}^{\infty} y f_{Y|X}(y|x)dy\right]^2. \end{aligned}$$

Y가 이산확률변수인 경우의 조건부 분산은 다음과 같다.

$$\begin{aligned} Var(Y|X=x) &= \sum_{\forall y} (y - E[Y|X=x])^2 p_{Y|X}(y|x) \\ &= \sum_{\forall y} y^2 p_{Y|X}(y|x) - \left[\sum_{\forall y} y \ p_{Y|X}(y|x)\right]^2. \end{aligned}$$

5.4.4 조건부 평균 및 분산 관련 여타 주요 성질

확률변수 Y의 함수로서 확률변수 Z를 생각해보자. 즉, $Z=g(Y)$인 경우를 생각해보자.[4] 이때 $X=x$라는 조건하에서의 Z의 기댓값과 분산을 생각해보자. 한 가지 명심해야 할 사항은 Z의 조건부 기댓값 또는 조건부 분산을 구하기 위해서 우리가 고려해

4 예를 들자면, $Z=Y^2$ 또는 $Z=\exp(tY)$ 등을 생각하라.

야 하는 확률 또는 확률밀도함수는 $X = x$라는 조건하에서의 Y의 확률질량함수 또는 확률밀도함수라는 것이다. 이는 $X = x$라는 조건하에서의 Z의 무작위성(randomness)이 $X = x$라는 조건하에서의 Y의 무작위성(randomness)에서 왔다는 사실을 생각하면 쉽게 이해할 수 있다.

$X = x$라는 조건하에서의 확률변수 $Z = g(Y)$의 기댓값인 조건부 기댓값 $E(Z|X = x)$는 다음과 같다. Y가 y로 실현될 때, Z는 $g(y)$로 실현됨에 유의하라.

$$\left(Y\text{가 연속확률변수일 때}\right) \quad E(Z|X = x) = E[g(Y)|x] = \int_{-\infty}^{\infty} g(y) f_{Y|X}(y|x) dy.$$

$$\left(Y\text{가 이산확률변수일 때}\right) \quad E(Z|X = x) = E[g(Y)|x] = \sum_{y} g(y) p_{Y|X}(y|x).$$

$X = x$의 조건하에서의 확률변수 Z의 분산인 조건부 분산 $Var(Z|X = x)$은 다음과 같다.

(Y가 연속확률변수일 때)

$$\begin{aligned} Var(Z|X = x) &= \int_{-\infty}^{\infty} (g(y) - E(g(Y)|x))^2 f_{Y|X}(y|x) dy \\ &= \int_{-\infty}^{\infty} g(y)^2 f_{Y|X}(y|x) dy - \left[\int_{-\infty}^{\infty} g(y) f_{Y|X}(y|x) dy\right]^2. \end{aligned}$$

(Y가 이산확률변수일 때)

$$\begin{aligned} Var(Z|X = x) &= \sum_{\forall y} (g(y) - E(g(Y)|x))^2 p_{Y|X}(y|x) \\ &= \sum_{\forall y} g(y)^2 p_{Y|X}(y|x) - \left[\sum_{\forall y} g(y) p_{Y|X}(y|x)\right]^2. \end{aligned}$$

이하에서는 기댓값과 분산을 구함에 있어서 유용하게 쓰이는 반복 평균의 법칙과 분산 분해 정리를 소개한다. 확률변수의 기댓값과 분산을 조건부 평균과 조건부 분산을 이용하여 표현할 수 있다는 점에서 매우 유용한 정리들이므로 잘 이해할 필요가 있다.

정리 5.1 반복 평균의 법칙(Law of Iterated Expectation)

두 확률변수 X와 Y가 있고, Y의 기댓값이 잘 정의된다고 할 때, 다음이 성립한다.

$$E(Y) = E[E(Y|X)].$$

증명

Y와 X가 모두 연속확률변수라 가정하자.

$$\begin{aligned}
E(Y) &= \int_{-\infty}^{\infty}\int_{-\infty}^{\infty} y f_{XY}(x,y)dydx \\
&= \int_{-\infty}^{\infty}\left[\int_{-\infty}^{\infty} y\frac{f_{XY}(x,y)}{f_X(x)}dy\right]f_X(x)dx \\
&= \int_{-\infty}^{\infty}\left[\int_{-\infty}^{\infty} y f_{Y|X}(y|x)dy\right]f_X(x)dx \\
&= \int_{-\infty}^{\infty} E[Y|X=x]f_X(x)dx = E\big[E[Y|X]\big].
\end{aligned}$$

마지막 등식에서 $E[Y|X]$는 X의 실현값에 따라 변하는 확률변수임에 유의하라. ▨

Y와 X가 이산확률변수인 경우에도 비슷한 방식으로 증명할 수 있다. 또한 하나의 변수는 연속, 다른 변수는 이산확률변수인 경우에도 여전히 성립한다.

정리 5.2 분산 분해 정리(Variance Decomposition Theorem)

X와 Y는 확률변수이고, Y의 분산이 존재하는 경우 다음의 정리가 성립한다.

$$Var(Y) = E[Var(Y|X)] + Var[E(Y|X)].$$

증명

먼저 $Var(Y)$는 다음과 같이 표현될 수 있다.

$$
\begin{aligned}
Var(Y) &= E[(Y-EY)^2] \\
&= E[(Y-E(Y|X)+E(Y|X)-EY)^2] \\
&= E[(Y-E(Y|X))^2]+E[(E(Y|X)-EY)^2]+2E[(Y-E(Y|X))(E(Y|X) \\
&\quad -EY)].
\end{aligned}
$$

위의 세 항을 하나씩 보자.

(i) $E[(Y-E(Y|X))^2]=E[Var(Y|X)]$.

이는 다음과 같은 이유 때문이다.

$$
\begin{aligned}
E[(Y-E(Y|X))^2] &= E[E[(Y-E(Y|X))^2|X]] \\
&= E[Var(Y|X)].
\end{aligned}
$$

첫 번째 등식은 반복 평균의 법칙의 적용으로 얻어지고, 두 번째 등식은 조건부 분산의 정의 $Var(Y|X)=E[(Y-E(Y|X))^2|X]$에 의해서 얻어진다.

(ii) $E[(E(Y|X)-EY)^2]=Var[E(Y|X)]$.

이는 다음과 같은 이유 때문이다.

$$
\begin{aligned}
E[(E(Y|X)-EY)^2] &= E[(E(Y|X)-E(E(Y|X)))^2] \\
&= Var[E(Y|X)].
\end{aligned}
$$

첫 번째 등식에서는 반복 평균의 법칙으로 $EY=E(E(Y|X))$를 이용하였다. 두 번째 등식에서는 분산의 정의를 이용하였는데, 여기에서는 $E(Y|X)$가 확률변수임에 유의하여라.

(iii) $E[(Y-E(Y|X))(E(Y|X)-EY)]=0$.

이는 다음과 같은 이유 때문이다.

$$
\begin{aligned}
& E[(Y-E(Y|X))(E(Y|X)-EY)] \\
&= E\left\{E[(Y-E(Y|X))\underbrace{(E(Y|X)-EY)}_{A}|X]\right\} \\
&= E\left\{\underbrace{(E(Y|X)-EY)}_{A}E[Y-E(Y|X)|X]\right\}
\end{aligned}
$$

$$= E\left\{(E(Y|X) - EY)[E(Y|X) - \underbrace{E(E(Y|X)|X)}_{B}]\right\}$$
$$= E\{(E(Y|X) - EY)[E(Y|X) - E(Y|X)]\}$$
$$= E\{(E(Y|X) - EY) \times 0\}$$
$$= 0.$$

첫 번째 등식에서 X가 주어진 상황에서 A항 $(E(Y|X) - EY)$는 더 이상 확률변수가 아니다. 따라서, 두 번째 등식에서 조건부 기댓값 $E[\bullet\,|X]$ 밖으로 나올 수 있다. 즉, $E\big[\big(Y - E(Y|X)\big)A\big|X\big] = A \cdot E[Y - E(Y|X)|X]$가 되는 것이다. 세 번째 등식에서 B항인 $E(E(Y|X)|X)$에서 X가 주어진 상태에서 $E(Y|X)$는 더 이상 확률변수가 아닌 상수이므로 B는 $E[Y|X]$가 된다. 따라서 네 번째 등식이 얻어진다.

(i), (ii), (iii)을 통하여 분산 분해 정리 $Var(Y) = E[Var(Y|X)] + Var[E(Y|X)]$가 성립함을 확인할 수 있다. ▨

5.4.5 확률변수 변환시 결합확률밀도함수

이미 확률변수의 일대일 대응 변환시 변환된 확률변수의 확률질량함수 또는 확률밀도함수에 대하여 제2장에서 소개하였다. 둘 다 이산확률변수인 경우는 특별히 고려할 사항이 없으므로, 여기에서는 연속확률변수가 두 개 있을 때 일대일 대응관계에 있는 확률변수의 결합확률밀도함수에 대하여 살펴보고자 한다.

변환된 두 연속확률변수들의 결합확률밀도함수

연속확률변수 X_1과 X_2의 결합확률밀도함수를 $f_{X_1X_2}(x_1, x_2)$라고 하자. 이때 X_1과 X_2의 실현된 값이 영역 A에 속할 사건의 확률은 다음과 같이 표현할 수 있다.

$$P[(x_1, x_2) \in A] = \int\int_A f_{X_1X_2}(x_1, x_2)dx_1dx_2.$$

예컨대, $P[a_1 < x_1 < a_2, b_1 < x_2 < b_2] = \int_{a_1}^{a_2}\int_{b_1}^{b_2} f_{X_1X_2}(x_1, x_2)dx_1dx_2$ 과 같은 경우를 생각할 수 있고, 이 경우 $A = (a_1, a_2) \times (b_1, b_2)$는 x_1이 구간 (a_1, a_2)에 속하고,

x_2가 구간 (b_1, b_2)에 속하는 사건을 의미한다.

이제 연속확률변수 (X_1, X_2)의 일대일 변환인 연속확률변수 (Y_1, Y_2)가 있다고 하자. (Y_1, Y_2)가 (X_1, X_2)와 일대일 변환이라는 것은 확률변수 (X_1, X_2)와 (Y_1, Y_2)의 실현값들이 일대일 대응관계를 갖는다는 것을 의미한다. 구체적으로 말하자면, 임의의 점 (x_1, x_2)가 있을 때 그에 대응하는 유일한 한 점 (y_1, y_2)가 존재하며, (y_1, y_2)로부터 역으로 대응하면 원래의 점 (x_1, x_2)를 얻게 된다는 것을 의미한다. 이러한 관계가 (X_1, X_2)와 (Y_1, Y_2)의 모든 실현값에서 성립한다는 것이 두 확률벡터가 일대일 변환 관계를 갖는다고 하는 것이다. 즉, 함수 $Y_1 = g_1(X_1, X_2)$와 $Y_2 = g_2(X_1, X_2)$이며, 이러한 (Y_1, Y_2)가 (X_1, X_2)의 1:1 변환이다.

이제 사건 $B = \{(y_1, y_2) : y_1 = g_1(x_1, x_2), y_2 = g_2(x_1, x_2), (x_1, x_2) \in A\}$ 라고 하자. 여기에서 사건 B는 확률변수 (Y_1, Y_2)의 측면에서 표현된 사건이고, 사건 A는 확률변수 (X_1, X_2)의 측면에서 표현된 사건이다. 두 사건은 측정기준인 확률변수만 다를 뿐 동일한 사건이며, 그에 따라 확률도 같다. 사건 A와 사건 B는 일대일 대응에 따른 동일한 사건으로 같은 확률을 갖는다. 따라서 다음의 관계식이 성립한다.

$$\begin{aligned} P[(X_1, X_2) \in A] &= \int\int_A f_{X_1X_2}(x_1, x_2)dx_1dx_2 \\ &= \int\int_B f_{Y_1Y_2}(y_1, y_2)dy_1dy_2 \\ &= P[(Y_1, Y_2) \in B]. \end{aligned}$$

일대일 변환이므로, 우리는 $g_1(\cdot,\cdot)$와 $g_2(\cdot,\cdot)$에 대해 각각 역함수 $h_1(\cdot,\cdot)$와 $h_2(\cdot,\cdot)$가 존재한다. 역함수를 각각 $X_1 = h_1(Y_1, Y_2)$, $X_2 = h_2(Y_1, Y_2)$라고 하자. 이를 이용하여 위의 관계식을 다시 표현하면 다음과 같다.

$$\begin{aligned} P[(X_1, X_2) \in A] &= \int\int_A f_{X_1X_2}(x_1, x_2)dx_1dx_2 \\ &= \int\int_B f_{X_1X_2}\big(h_1(y_1, y_2), h_2(y_1, y_2)\big)|J|dy_1dy_2 \end{aligned}$$

$$= \int\int_B f_{Y_1Y_2}(y_1, y_2)dy_1dy_2 = P[(Y_1, Y_2) \in B].$$

이때 두 번째 식에서 $dx_1dx_2 = |J|dy_1dy_2$이고 A가 B로 바뀌는 것에 주목하자. 이는 $|J|$이 사건 A가 사건 B로 변형되는 과정에서 $f_{X_1X_2}(x_1, x_2)$가 얼마나 변하는가를 의미하며, J를 **자코비안 행렬의 행렬식(Jacobian determinant)**이라고 한다. 자코비안 행렬은 다음과 같은 원리로 구성된다. $x_1 = h_1(y_1, y_2)$, $x_2 = h_2(y_1, y_2)$의 관계식이 있을 때, 우리는 다음과 같이 생각할 수 있다. x_1의 변화는 y_1의 변화와 y_2 변화에 의한 것이며, x_2의 변화도 y_1과 y_2 변화에 기인한다. 이를 수학적으로 표현하면 다음과 같다.

$$dx_1 = \frac{\partial h_1}{\partial y_1}dy_1 + \frac{\partial h_1}{\partial y_2}dy_2$$

$$dx_2 = \frac{\partial h_2}{\partial y_1}dy_2 + \frac{\partial h_2}{\partial y_2}dy_2.$$

위의 식에서 첫 번째 식의 의미는 x_1의 변화의 크기는 y_1이 한 단위 증가함에 따라 h_1이 증가하는 정도인 $\frac{\partial h_1}{\partial y_1}$에 y_1의 변화량 dy_1을 곱한 것과 y_2가 한 단위 증가함에 따라 h_1이 증가하는 정도인 $\frac{\partial h_1}{\partial y_2}$와 y_2의 변화량 dy_2를 곱한 것의 합으로 구성된다는 것이다. 두 번째 식도 유사하게 해석할 수 있다. 이하에서는 편의상 편도함수를 의미하는 부호인 ∂x 대신에 dx를 사용하고자 한다.

위의 두 식을 아래와 같이 행렬을 이용하여 표현할 수 있다.

$$\begin{bmatrix} dx_1 \\ dx_2 \end{bmatrix} = \begin{bmatrix} \frac{dh_1}{dy_1} & \frac{dh_1}{dy_2} \\ \frac{dh_2}{dy_1} & \frac{dh_2}{dy_2} \end{bmatrix} \begin{bmatrix} dy_1 \\ dy_2 \end{bmatrix} = \begin{bmatrix} \frac{dx_1}{dy_1} & \frac{dx_1}{dy_2} \\ \frac{dx_2}{dy_1} & \frac{dx_2}{dy_2} \end{bmatrix} \begin{bmatrix} dy_1 \\ dy_2 \end{bmatrix}.$$

여기에서 $\begin{bmatrix} \frac{dx_1}{dy_1} & \frac{dx_1}{dy_2} \\ \frac{dx_2}{dy_1} & \frac{dx_2}{dy_2} \end{bmatrix}$가 자코비안(Jacobian) 행렬이며, J는 자코비안 행렬의 행렬식(determinant)이다.

$$J = det\left(\begin{bmatrix} \frac{dx_1}{dy_1} & \frac{dx_1}{dy_2} \\ \frac{dx_2}{dy_1} & \frac{dx_2}{dy_2} \end{bmatrix}\right) = \frac{dx_1}{dy_1}\frac{dx_2}{dy_2} - \frac{dx_1}{dy_2}\frac{dx_2}{dy_1}.$$

y_1과 y_2의 변화는 자코비안(Jacobian) 행렬식(J)의 크기만큼 x_1과 x_2의 변화에 영향을 주며, 우리가 고려하는 함수가 음수가 될 수 없는 결합확률밀도함수이므로 그 변화의 크기는 결과적으로 비음수(nonnegative)가 되어야 하기 때문에 절대값을 취하여 $|J|$이 된다. 이를 간단히 요약하여 표현하면, $dx_1dx_2 = |J|dy_1dy_2$라고 할 수 있다. $|J|$은 자코비안(Jacobian) 행렬식의 절대값이다.

$$dx_1dx_2 = \left|det\left(\begin{bmatrix} \frac{dh_1}{dy_1} & \frac{dh_1}{dy_2} \\ \frac{dh_2}{dy_1} & \frac{dh_2}{dy_2} \end{bmatrix}\right)\right| dy_1dy_2 = |J|dy_1dy_2.$$

따라서, 우리는 아래의 식이 되는 이유를 이해할 수 있다.

$$\begin{aligned} &\int\int_A f_{X_1X_2}(x_1,x_2)dx_1dx_2 \\ &= \int\int_B f_{X_1X_2}\big(h_1(y_1,y_2),h_2(y_1,y_2)\big)|J|dy_1dy_2 \\ &= \int\int_B f_{Y_1Y_2}(y_1,y_2)dy_1dy_2. \end{aligned}$$

즉, 첫 번째 등식은 (x_1,x_2)를 (y_1,y_2)로 변환하면서 단위가 $|J|$를 통하여 조정되는 과정을 반영하는 것이라 할 수 있다. 위의 두 번째 등식으로부터 $f_{Y_1Y_2}$를 구할 수 있다.

$$f_{Y_1Y_2}(y_1,y_2) = \begin{cases} f_{X_1X_2}\big(h_1(y_1,y_2),h_2(y_1,y_2)\big)|J|, & (y_1,y_2) \in \mathbb{S}_{Y_1Y_2}, \\ 0 & \text{, 그 밖의 경우.} \end{cases}$$

여기에서 $\mathbb{S}_{Y_1Y_2}$는 (Y_1,Y_2)의 서포트(support)로서 $\mathbb{S}_{Y_1Y_2} = \{(y_1,y_2) : y_1 = g_1(x_1,x_2),$ $y_2 = g_2(x_1,x_2), (x_1,x_2) \in \mathbb{S}_{X_1X_2}\}$이다.

다음의 예시를 통해 일대일 대응에 따른 변환 확률변수들의 결합확률밀도함수를 구해보자.

예시 5.5

연속확률변수 X_1과 X_2는 다음과 같은 결합확률밀도함수를 갖는다.

$$f_{X_1X_2}(x_1, x_2) = \begin{cases} 1, & 0 < x_1 < 1,\ 0 < x_2 < 1, \\ 0, & \text{그 밖의 경우.} \end{cases}$$

$Y_1 = 2X_1$, 그리고 $Y_2 = 3X_2$ 인 연속확률변수 Y_1 과 Y_2 의 결합확률밀도함수 $f_{Y_1Y_2}(y_1, y_2)$ 를 구하여라.

(X_1, X_2)가 (x_1, x_2)로 실현되면, (Y_1, Y_2)는 $(2x_1, 3x_2)$로 실현된다. 따라서 (Y_1, Y_2)의 서포트는 다음과 같다.

$$\mathbb{S}_{Y_1Y_2} = \{(y_1, y_2) : y_1 = 2x_1,\ y_2 = 3x_2,\ \ 0 < x_1 < 1,\ 0 < x_2 < 1\}$$

$$= \{(y_1, y_2) : 0 < y_1 < 2,\ 0 < y_2 < 3\}.$$

위의 관계에서 $x_1 = \frac{1}{2}y$, 그리고 $x_2 = \frac{1}{3}y_2$를 얻는다. 이는 $dx_1 = \frac{1}{2}dy_1 + 0dy_2$ 그리고 $dx_2 = 0dy_1 + \frac{1}{3}dy_2$를 의미한다. 즉, y_1의 변화는 x_1의 변화만 가져오고 x_2에는 영향을 주지 않는다. y_2의 변화도 오직 x_2에만 영향을 주는 비교적 단순한 변환이다.

따라서, $\begin{pmatrix} dx_1 \\ dx_2 \end{pmatrix} = \begin{pmatrix} \frac{1}{2} & 0 \\ 0 & \frac{1}{3} \end{pmatrix} \begin{pmatrix} dy_1 \\ dy_2 \end{pmatrix}$이며, $\begin{pmatrix} \frac{dx_1}{dy_1} & \frac{dx_1}{dy_2} \\ \frac{dx_2}{dy_1} & \frac{dx_2}{dy_2} \end{pmatrix} = \begin{pmatrix} \frac{dh_1}{dy_1} & \frac{dh_1}{dy_2} \\ \frac{dh_2}{dy_1} & \frac{dh_2}{dy_2} \end{pmatrix} = \begin{pmatrix} \frac{1}{2} & 0 \\ 0 & \frac{1}{3} \end{pmatrix}$이다.

따라서, $f_{Y_1Y_2}(y_1, y_2) = f_{X_1X_2}\left(\frac{1}{2}y_1,\ \frac{1}{3}y_2\right) \left| det \begin{pmatrix} \frac{1}{2} & 0 \\ 0 & \frac{1}{3} \end{pmatrix} \right|$

$$= \begin{cases} \frac{1}{6}, & 0 < y_1 < 2,\ 0 < y_2 < 3, \\ 0, & \text{그 밖의 경우.} \end{cases}$$

첫 번째 경우에서 $0 < y_1 < 2$ 그리고 $0 < y_2 < 3$이면 $f_{X_1X_2}\left(\frac{1}{2}y_1,\ \frac{1}{3}y_2\right) = 1$이 됨에 유의하라.

예시 5.6

$$f_{X_1X_2}(x_1, x_2) = \begin{cases} 1, & 0 < x_1 < 1,\ 0 < x_2 < 1, \\ 0, & \text{그 밖의 경우}. \end{cases}$$

이때 $Y_1 = X_1 + X_2$와 $Y_2 = X_1 - X_2$라 가정하자. Y_1과 Y_2의 결합확률밀도함수를 구하여라.

(X_1, X_2)가 (x_1, x_2)로 실현되면 (Y_1, Y_2)는 각각 $(x_1 + x_2,\ x_1 - x_2)$로 실현된다. 즉, $y_1 = x_1 + x_2$, $y_2 = x_1 - x_2$이며 이로부터 다음을 얻을 수 있다.

$$x_1 = \frac{1}{2}(y_1 + y_2),\ x_2 = \frac{1}{2}(y_1 - y_2).$$

이때 (X_1, X_2)가 양의 확률밀도를 갖는 서포트가 두 변수가 모두 0과 1 사이이므로 다음과 같이 (Y_1, Y_2)의 서포트 $\mathbb{S}_{Y_1Y_2}$를 다음과 같이 생각할 수 있다.

$$\mathbb{S}_{Y_1Y_2} = \left\{(y_1, y_2) : 0 < \frac{1}{2}(y_1 + y_2) < 1,\ 0 < \frac{1}{2}(y_1 - y_2) < 1\right\}.$$

여기에서 서포트 $\mathbb{S}_{Y_1Y_2}$는 확률변수 (Y_1, Y_2)가 양의 확률밀도를 갖게 되는 실현값들의 집합이다. 이제 우리가 앞에서 소개한 자코비안 행렬식을 구하면 다음과 같다.

$$J = det\left(\begin{bmatrix} \frac{dx_1}{dy_1} & \frac{dx_1}{dy_2} \\ \frac{dx_2}{dy_1} & \frac{dx_2}{dy_2} \end{bmatrix}\right) = det\left(\begin{bmatrix} \frac{1}{2} & \frac{1}{2} \\ \frac{1}{2} & -\frac{1}{2} \end{bmatrix}\right) = -\frac{1}{4} - \left(\frac{1}{4}\right) = -\frac{1}{2}.$$

따라서, (Y_1, Y_2)의 결합확률밀도함수는 다음과 같다.

$$f_{Y_1Y_2}(y_1,y_2)=f_{X_1X_2}\left(\frac{1}{2}(y_1+y_2),\ \frac{1}{2}(y_1-y_2)\right)\left|-\frac{1}{2}\right|$$
$$=\begin{cases}\frac{1}{2}, & (y_1,y_2)\in\mathbb{S}_{Y_1Y_2},\\ 0, & \text{그 밖의 경우.}\end{cases}$$

두 번째 등식의 첫 번째 경우에서 $(y_1,y_2)\in\mathbb{S}_{Y_1Y_2}$은 x_1인 $\frac{1}{2}(y_1+y_2)$이 0과 1 사이의 값이며, x_2 인 $\frac{1}{2}(y_1-y_2)$도 0과 1 사이의 값을 갖는 경우로 이때 $f_{X_1X_2}\left(\frac{1}{2}(y_1+y_2),\frac{1}{2}(y_1-y_2)\right)=1$이 됨에 유의하라.

5.5 다차원 확률벡터

우리는 지금까지 확률변수가 1개일 때와 2개인 경우를 소개했다. 결합확률분포함수의 개념은 확률변수가 3개 이상인 경우도 동일하다. k개의 확률변수 $X_1,\cdots,X_k$로 구성된 k-차원의(dimensional) 확률벡터를 $\mathbb{X}=(X_1,X_2,\cdots,X_k)$로 표현하면, 확률벡터 $\mathbb{X}$의 결합누적분포함수(joint CDF)는 다음과 같이 정의된다.

$$F_{\mathbb{X}}(x_1,x_2,\cdots,x_k)=P[X_1\le x_1,\cdots,X_k\le x_k].$$

이를 이산확률변수일 때와 연속확률변수일 때로 구분하여 나타내면 다음과 같다.

1. 이산확률변수의 결합분포함수

$$F_{\mathbb{X}}(x_1,x_2,\cdots,x_k)=\sum_{w_1\le x_1}\cdots\sum_{w_k\le x_k}P(X_1=w_1,\cdots,X_k=w_k).$$

2. 연속확률변수의 결합분포함수

$$F_{\mathbb{X}}(x_1,x_2,\cdots,x_k)=\int_{-\infty}^{x_1}\int_{-\infty}^{x_2}\cdots\int_{-\infty}^{x_k}f_{\mathbb{X}}(w_1,\cdots,w_k)dw_k\cdots dw_1.$$

연속확률변수의 경우 결합분포함수를 각각의 변수에 대하여 미분함으로써 결합확률밀도함수(joint pdf)를 구할 수 있다.

$$\frac{\partial^k F_{\mathbb{X}}(x_1, x_2, \cdots, x_k)}{\partial x_1 \partial x_2 \cdots \partial x_k} = f_{\mathbb{X}}(x_1, x_2, \cdots, x_k).$$

앞에서 소개한 k차원의 확률벡터를 열벡터로 표현하면 다음과 같다.

$$\mathbb{X} = \begin{bmatrix} X_1 \\ X_2 \\ \vdots \\ X_k \end{bmatrix}.$$

개별 확률변수 X_i의 모든 기댓값이 존재한다면, 확률벡터 $\mathbb{X}$의 **기댓값** $E(\mathbb{X})$은 각 확률변수의 기댓값을 성분으로 갖는 벡터이다. 구체적으로는 다음과 같이 $k \times 1$차원의 열벡터(column vector)가 된다.

$$E(\mathbb{X}) = \begin{bmatrix} E(X_1) \\ \vdots \\ E(X_k) \end{bmatrix} = [E(X_1), \cdots, E(X_k)]'.$$

여기에서 $'$는 행렬 $[x_{ij}]$를 $[x_{ji}]$로 바꾸는 전치(transpose) 기호이다.

그렇다면 k차원의 확률벡터의 분산은 어떻게 표현될 수 있을까? 결론부터 이야기한다면 확률벡터의 분산은 하나의 값이 아니라 $k \times k$차원의 행렬이 된다. k차원의 확률벡터 $\mathbb{X}$의 분산은 다음과 같이 정의된다.

$$Var(\mathbb{X}) = E[(\mathbb{X} - E[\mathbb{X}])(\mathbb{X} - E[\mathbb{X}])'] = [\sigma_{ij}], \ \ i, j = 1, \cdots, k.$$

먼저, $(\mathbb{X} - E(\mathbb{X}))(\mathbb{X} - E(\mathbb{X}))'$를 보면 다음과 같은 $k \times k$차원의 행렬이 됨을 알 수 있다.

$$\begin{aligned} &(\mathbb{X} - E(\mathbb{X}))(\mathbb{X} - E(\mathbb{X}))' \\ &= \begin{bmatrix} X_1 - E(X_1) \\ \vdots \\ X_k - E(X_k) \end{bmatrix} [X_1 - E(X_1), \cdots, X_k - E(X_k)] \end{aligned}$$

$$= \begin{bmatrix} (X_1 - E(X_1))^2 & (X_1 - E(X_1))(X_2 - E(X_2)) & \dots & (X_1 - E(X_1))(X_k - E(X_k)) \\ (X_2 - E(X_2))(X_1 - E(X_1)) & (X_2 - E(X_2))^2 & \dots & (X_2 - E(X_2))(X_k - E(X_k)) \\ \vdots & & \ddots & \vdots \\ (X_k - E(X_k))(X_1 - E(X_1)) & (X_k - E(X_k))(X_2 - E(X_2)) & \dots & (X_k - E(X_k))^2 \end{bmatrix}.$$

위에서 얻은 $(\mathbb{X} - E(\mathbb{X}))(\mathbb{X} - E(\mathbb{X}))'$의 각 원소에 기댓값을 취하면, $E\left[\left(\mathbb{X} - E(\mathbb{X})\right)\left(\mathbb{X} - E(\mathbb{X})\right)'\right]$이 된다. 따라서,

$$E[(\mathbb{X} - E(\mathbb{X}))(\mathbb{X} - E(\mathbb{X}))']$$

$$= \begin{bmatrix} E(X_1 - E(X_1))^2 & E(X_1 - E(X_1))(X_2 - E(X_2)) & \dots & E(X_1 - E(X_1))(X_k - E(X_k)) \\ E(X_2 - E(X_2))(X_1 - E(X_1)) & E(X_2 - E(X_2))^2 & \dots & E(X_2 - E(X_2))(X_k - E(X_k)) \\ \vdots & & \ddots & \vdots \\ E(X_k - E(X_k))(X_1 - E(X_1)) & E(X_k - E(X_k))(X_2 - E(X_2)) & \dots & E(X_k - E(X_k))^2 \end{bmatrix}$$

$$= \begin{bmatrix} \sigma_1^2 & \sigma_{12} & \dots & \sigma_{1k} \\ \sigma_{21} & \sigma_2^2 & & \vdots \\ \vdots & & \ddots & \vdots \\ \sigma_{k1} & \sigma_{k2} & \dots & \sigma_k^2 \end{bmatrix}$$

$$= [\sigma_{ij}], \quad i, j = 1, \cdots, k.$$

여기에서 행렬 $[\sigma_{ij}]$는 σ_{ij}를 원소로 하는 행렬로서 해당 원소가 $i = j$이면 X_i의 분산인 σ_i^2이고, $i \neq j$이면 X_i와 X_j의 공분산 σ_{ij}가 된다. 이러한 이유로 확률벡터 $\mathbb{X}$의 분산 $Var(\mathbb{X})$을 $Cov(\mathbb{X})$로 표현하고 분산-공분산 행렬이라고도 부르기도 한다. $Var(\mathbb{X})$를 보면 대각 원소는 각 확률변수의 분산을, 비대각 원소는 서로 다른 확률변수들의 공분산임을 알 수 있다. 예컨대, 원소 (1,1)은 X_1의 분산이며, 원소 (1,2)는 X_1과 X_2의 공분산 $Cov(X_1, X_2)$이다.

일반적으로 확률변수의 분산이 음수가 될 수 없는 것처럼, 확률벡터의 분산도 비슷한 성질을 갖는다. 다만, 확률벡터의 분산은 행렬이므로 단순히 비음수라고 하지 않고, 양 반정부호(positive semi-definite) 행렬이라고 한다.

양 반정부호 행렬의 정의는 다음과 같다. $k \times k$차원의 행렬 A가 있다고 하자. 만약 0벡터가 아닌 어떤 임의의 상수 벡터 $\mathbf{c} = (c_1, \cdots, c_k)'$에 대해서도, $\mathbf{c}'A\mathbf{c} \geq 0$이 성립

한다면 행렬 A는 양 반정부호 행렬이라고 한다.

확률벡터의 분산은 양 반정부호 행렬이라는 특징을 가지고 있다.

정리 5.3 분산 행렬 $Var(\mathbb{X})$는 **양 반정부호(positive semi-definite)** 행렬이다.

증명

위의 정리를 증명하기 위해서는, 0벡터가 아닌 모든 상수 벡터 $\mathbf{c} = (c_1, \cdots, c_k)' \in \mathbb{R}^k$에 대하여, 임의의 $Var(\mathbb{X})$가 다음 식을 만족시킴을 보여야 한다.

$$\mathbf{c}' Var(\mathbb{X})\mathbf{c} \geq 0.$$

이를 위하여 먼저, $Y = \mathbf{c}'\mathbb{X}$로 놓자. $\mathbf{c}'\mathbb{X} = c_1 X_1 + \cdots + c_k X_k$가 일변량 확률변수가 됨에 주목하자. 따라서, 하나의 확률변수인 Y의 분산은 비음수가 된다. 즉, $Var(Y) \geq 0$이다.

이제, 확률변수 Y의 분산을 구하면 다음과 같다.

$$\begin{aligned}
&Var(Y)\\
&= Var(\mathbf{c}'\mathbb{X})\\
&= E[(\mathbf{c}'\mathbb{X} - E(\mathbf{c}'\mathbb{X}))(\mathbf{c}'\mathbb{X} - E(\mathbf{c}'\mathbb{X}))']\\
&= E[(\mathbf{c}'(\mathbb{X} - E\mathbb{X}))(\mathbf{c}'(\mathbb{X} - E\mathbb{X}))']\\
&= E[(\mathbf{c}'(\mathbb{X} - E\mathbb{X}))(\mathbb{X} - E\mathbb{X})'\mathbf{c}]\\
&= \mathbf{c}'E[(\mathbb{X} - E\mathbb{X})(\mathbb{X} - E\mathbb{X})']\mathbf{c}\\
&= \mathbf{c}'Cov(\mathbb{X})\mathbf{c}.
\end{aligned}$$

우리는 이미 확률변수의 분산이 $Var(Y) \geq 0$임을 알고 있다. 따라서 0벡터가 아닌 모든 상수 벡터 $\mathbf{c}$에 대하여

$$Var(Y) = \mathbf{c}'Cov(\mathbb{X})\mathbf{c} \geq 0\text{가 성립한다.}$$

따라서 $Cov(\mathbb{X})$는 양 반정부호 행렬이다. ▨

5.6 연습문제

1. 아래의 명제가 참이면 증명하고, 거짓이면 반례(counterexample)를 들어라.

   확률변수 X와 Y가 독립이면, Var(X + Y) = Var(X) + Var(Y)이 성립한다.

2. 아래의 명제가 참이면 증명하고, 거짓이면 그에 반하는 예를 들어라.

   세 개의 확률변수 X, Y, 그리고 Z가 서로 독립이면,
   Var(X + Y + Z) = Var(X) + Var(Y) + Var(Z)이 성립한다.

   (힌트) 앞의 문제의 결과를 이용하여도 된다.

3. 아래의 명제가 참이면 증명하고, 거짓이면 반례(counterexample)를 들어라.

   만약 $E[Y|X] = 0$이 성립하면, $E[Y] = 0$이다.
   (참고: $E[Y|X] = 0$은 모든 x에 대해 $E[Y|X = x] = 0$을 의미한다.)

4. X와 Y라는 두 이산확률변수가 있다. 이 두 확률변수의 결합확률함수는 아래와 같다.

	$X = -1$	$X = 0$	$X = 1$
$Y = 1$	1/12	4/12	1/12
$Y = 2$	2/12	3/12	1/12

   (a) $E[Y|X = -1]$, $E[Y|X = 0]$과 $E[Y|X = 1]$을 각각 구하라.
   (b) $Var[Y|X = -1]$을 구하라.

5. 동전 3개를 던지는 임의실험을 생각해보자. 확률변수 X는 마지막 시행(3번째)에서의 앞면이 나온 횟수이다. 확률변수 Y는 3번의 시행에서의 앞면이 나온 총횟수이다.
   (a) Determine $E(X), E(Y), Var(X), Var(Y), Cov(X,Y)$를 각각 구하여라.
   (b) $E(2X + 3Y), Var(3X + 2Y), Cov(X + Y, X - Y)$를 각각 구하여라.

(c) $E(X|Y=0), E(X|Y=1), E(X|Y=2), E(X|Y=3)$을 각각 구하여라.

(d) $E(Y|X=0), E(Y|X=1)$을 각각 구하여라.

(e) X와 Y는 서로 독립인가?

6. 다음과 같은 결합확률함수가 있다.

$$f_{X,Y}(x,y) = \begin{cases} x+y, & 0<x<1, 0<y<1, \\ 0 & , \text{그 밖의 경우.} \end{cases}$$

(a) $f_X(x), f_Y(y)$를 각각 구하여라.

(b) $F_{X,Y}(x,y)$를 구하여라.

(c) $E(2X+3Y), Var(3X+2Y), Cov(X+Y, X-Y)$를 각각 구하여라.

(d) $E(X|Y=1/2), E(Y|X=1/2)$를 구하여라.

(e) X와 Y는 서로 독립인가?

7. 연속확률변수 X와 Y가 서로 독립이면, $E[XY]=E[X]E[Y]$가 성립한다. 이 명제가 참인가 거짓인가? 참이라면 증명을 하고, 거짓이라면 반례(counterexample)를 들어라.

8. 만약 $Cov(X,Y)=0$이라면, X와 Y는 서로 독립이다. 이 명제가 참이라면 증명을 하고, 거짓이라면 이 명제에 반하는 예를 들어라.

9. X와 Y가 서로 독립이면, $E(X+Y)=E(X)+E(Y)$가 성립한다. 이 명제가 참이라면 증명을 하고, 거짓이라면 명제에 반하는 예를 들어라.

10. $Y = X_1 + X_2 + \cdots + X_n$이다. $X_1, \cdots, X_n$은 독립이며, $X_i \sim N(0,1), i=1,\cdots,n$으로 동일한 분포를 따른다.

(a) $E(Y)$를 구하여라.

(b) $Var(Y)$를 구하여라.

11. 상수 a, b, c, d에 대해, $Cov(aX + bY, cX + dY) = ac\,Var(X) + (ad + bc)\,Cov(X, Y) + bd\,Var(Y)$가 성립하는지 증명하라.

12. $Y = a + bX$ with $b \neq 0$일 때, $\rho_{XY} = \pm 1$이 성립하는지 증명하라.

13. $\rho_{XY} = 1$이라면, $a = \mu_Y - \frac{\sigma_Y}{\sigma_X}\mu_X$와 $b = \frac{\sigma_X}{\sigma_Y}$일 때, $Y = a + bX$가 성립하는지 보여라. (다음의 힌트를 이용하라.)

(힌트)

(i) $\begin{bmatrix} \sigma_X^2 & \sigma_{XY} \\ \sigma_{XY} & \sigma_Y^2 \end{bmatrix}$ 행렬은 특이행렬(singular matrix)이다.

$\begin{bmatrix} \sigma_X^2 & \sigma_{XY} \\ \sigma_{XY} & \sigma_Y^2 \end{bmatrix}\begin{bmatrix} \lambda_1 \\ \lambda_2 \end{bmatrix} = \begin{bmatrix} 0 \\ 0 \end{bmatrix}$를 만족하는 λ_1와 λ_2가 존재한다고 하자.

(ii) 또한 확률변수 $Z = \lambda_1(X - \mu_x) + \lambda_2(Y - \mu_Y)$가 있다고 하자. $\sigma_Z^2 = 0$이고 $E(Z) = 0$일 때, $Z = 0$이라고 하자.

14. 두 확률변수 (X, Y)의 결합밀도함수가 다음과 같다.

$$f_{X,Y}(x, y) = \begin{cases} c\,x^3 y^3, & 0 < x < 1, 0 < y < 1, \\ 0 & , \text{그 밖의 경우.} \end{cases}$$

(a) $f_{X,Y}(x, y)$가 (X, Y)의 결합확률밀도함수가 될 수 있도록 c를 결정하라.

(b) $x \in (0,1)$와 $y \in (0,1)$에서 결합분포함수 $F_{X,Y}(x, y)$를 구하여라.

(c) X와 Y는 독립인가?

(d) 확률 $P[0 < X \leq 1.5,\ 0 < Y \leq 1]$을 구하여라.

(e) $E[Y|X = 0.5]$를 구하여라.

(f) $Var[Y|X = 0.5]$를 구하여라.

15. $x \in \mathbb{R}$와 $y \in \mathbb{R}$에서 $f_{XY}(x, y) = \frac{1}{\sqrt{(2\pi)^2}}\exp\left(-\frac{1}{2}(x^2 + y^2)\right)$라고 하자.

(a) 두 확률변수 X와 Y는 서로 독립인가?

(b) $E(XY)$를 구하여라.

(c) X의 적률생성함수를 유도하라. $M_X(t) = \exp\left(\frac{1}{2}t^2\right)$

(d) $E[e^{t_1X+t_2Y}]$를 구하여라.

16. 연속확률변수 X와 Y의 결합분포함수와 결합확률함수는 각각 $F_{XY}(x,y)$와 $f_{XY}(x,y)$이다. $F_{XY}(x,y) = \int_{-\infty}^{x}\int_{-\infty}^{y} f_{XY}(t,s)dsdt$는 잘 알려져 있다.

(a) $x = \infty$일 때, $F_{XY}(x,y) = F_Y(y)$임을 보여라.

(b) 결합분포함수가 다음과 같이 주어져 있다고 하자.

$$f_{XY}(x,y) = \begin{cases} 1 - \exp(-x) - \exp(-y) + \exp\big(-(x+y)\big), & x \geq 0, y \geq 0, \\ 0 & , \text{그 밖의 경우.} \end{cases}$$

두 변수가 독립인가?

(c) $\Pr[X > 1, Y > 1]$를 구하여라.

(d) $E[X]$를 구하여라.

17. W와 Z라는 두 개의 이산확률변수의 결합확률은 다음과 같다.

W와 Z의 결합확률(joint possibility)

	$Z = 0$	$Z = 1$
$W = 0$	1/12	1/6
$W = 1$	2/3	1/12

(a) W의 주변확률(marginal probability)을 구하여라. (즉, 모든 $w = 0,1$에 대해, $P[W = w]$를 구하여라.)

(b) Z의 주변확률(marginal probability)을 구하여라. (즉, 모든 $z = 0,1$에 대해, $P[Z = z]$를 구하여라.)

(c) $E(W), Var(W)$와 $E(Z), Var(Z)$를 각각 계산하라.

(d) $P(W = w|Z = z)$와 $P(Z = z|W = w)$를 계산하라.

(e) 각 z에 대해, $E(W|Z = z)$를 계산하라.

(f) $E(W) = E_Z E_{W|Z}(W|Z) \equiv E[E(W|Z)]$가 성립하는지 확인하라.

(g) $Var(W) = E(Var(W|Z)) + Var(E(W|Z))$가 성립하는지 확인하라. 아래

의 문제를 각각 확인한 후, 성립하는지 확인하면 된다.

- $Var(W|Z=0)$, $Var(W|Z=1)$와 $E(Var(W|Z))$를 각각 구하여라.
- $Var(E(W|Z))$를 구하여라.

(참고) $$\begin{aligned} Var(E(W|Z)) &= E[(E(W|Z) - EE(W|Z))^2] \\ &= E[E(W|Z)^2] - (E[E(W|Z)])^2 \\ &= E[E(W|Z)^2] - E(W)^2 \end{aligned}$$

18. X_1과 X_2가 독립이고 동일한 분포를 따른다고 하자. 즉, X_1과 X_2의 확률밀도함수가 서로 같다. $x \in (0,1)$일 때, $f_{X_j}(x) = 1$이고, $x \notin (0,1)$일 때, $f_{X_j}(x) = 0$이다.$(j = 1, 2)$ 확률변수 Y는 $Y = X_1 + X_2$로 정의된다.
    (a) $E(Y)$를 구하여라.
    (b) Y의 누적분포함수 $F_Y(y)$를 구하여라.
    (c) Y의 확률밀도함수 $f_Y(y)$를 구하여라.

06 잘 알려진 확률분포(Well-known Distributions)

이번 장에서는 잘 알려져 있는 확률분포들(well-known distributions)을 소개하고자 한다. 이산확률변수와 연속확률변수로 구분하여 각각의 잘 알려져 있는 확률분포함수들을 소개한다. 대표적인 이산확률변수의 확률분포함수로서 베르누이(Bernoulli) 분포, 이항(binomial) 분포와 포아송(Poisson) 분포 함수를, 그리고 연속확률변수의 확률분포로는 균일(uniform) 분포, 감마(gamma) 분포, 정규(noraml) 분포, 카이제곱(chi-square) 분포, t-분포, F-분포와 지수(exponential) 분포를 설명한다. 언급한 확률분포를 다룬 후에는 결합분포함수의 대표적인 예로서 다변수 정규분포를 소개하고자 한다.

6.1 이산확률변수

가장 단순한 형태의 이산확률변수로는 베르누이(Bernoulli) 확률변수를 들 수 있다. 베르누이 확률변수는 어떤 특정 사건이 일어나면 1의 값을 갖고, 그 특정 사건이 일어나지 않으면 0의 값을 갖는 확률변수이다. 즉, 실현되는 값이 0과 1이라는 이분법적인 결과를 가진다는 점에서 단순한 형태라고 할 수 있다. 이러한 의미에서 베르누이 확률변수와 연관된 임의실험을 베르누이 시행이라고도 한다.

6.1.1 베르누이 분포(Bernoulli distribution)

베르누이 시행의 결과는 "성공" 혹은 "실패"로 나타나므로 표본공간은 $\Omega = \{"성공", "실패"\}$이다. 이를 반영하는 확률변수 X를 다음과 같이 정의할 수 있다. "성공"이라는 결과가 발생하는 경우 확률변수 X는 1로 실현되며, 이러한 확률은 p이다. "성공"이 발생하지 않은 결과를 "실패"로 정의하며, 이때 확률변수 X는 0으로 실현된다. 이를 요약하면 다음과 같이 표현할 수 있다.

$$P(\text{"성공"}) = p \Leftrightarrow P(X=1) = p,$$
$$P(\text{"성공"}^c) = P(\text{"실패"}) = 1 - P(\text{"성공"}) = 1 - p \Leftrightarrow P(X=0) = 1 - p.$$

그렇다면 베르누이 확률변수의 확률질량함수(pmf)와 누적분포함수(CDF)는 어떠한 모양을 띠고 있을까를 생각해보자. 바로 앞에서 언급한 바와 같이 베르누이 확률변수는 1과 0의 값으로만 실현되고 각각의 실현 확률이 p와 $1-p$이기 때문에 확률질량함수(pmf) $p_X(x)$는 다음과 같이 정의할 수 있다.

$$p_X(x) = p^x(1-p)^{1-x}, \qquad x = 0,1.$$

누적분포함수(CDF) $F_X(x) \equiv P[X \le x]$는 다음과 같이 정의할 수 있다.

$$F_X(x) = \begin{cases} 0 \quad , & x < 0, \\ 1-p, & 0 \le x < 1, \\ 1 \quad , & x \ge 1. \end{cases}$$

이제 베르누이 확률변수의 기댓값과 분산을 생각해보자. 결론을 먼저 말하자면 기댓값은 p로 "성공"이 발생할 확률과 같게 되며, 분산은 "성공" 확률과 "실패" 확률의 곱인 $p(1-p)$가 된다. 이에 대한 증명은 다음과 같다.

정리: X는 베르누이 확률변수로 $P(X=1) = p$이다. 이 경우, $E(X) = p$ 그리고 $Var(X) = p(1-p)$가 된다.

증명

[증명 : $\boldsymbol{E[X] = p}$]

$E[X] = \sum_{\forall x} xP[X = x] = 1 \times p + 0 \times (1-p) = p$

[증명 : $\boldsymbol{Var(X) = p(1-p)}$]

$E(X^2) = \sum_{\forall x} x^2P[X = x] = 1^2 \times p + 0^2 \times (1-p) = p$ 그리고 $E(X) = p$이다. 따라

서, $Var(X) = E(X^2) - E(X)^2 = p(1-p)$

6.1.2 이항분포(Binomial distribution)

이제 다음과 같은 확률변수를 생각해보자. 서로 독립적인 n개의 베르누이 확률변수 $X_1, X_2, \cdots, X_n$이 있고, 각 확률변수는 모두 성공확률이 p이다. 이러한 조건에서 다음과 같이 확률변수 Y를 정의하자.

$$Y = X_1 + X_2 + \cdots + X_n.$$

이때 확률변수 Y가 n번의 시행과 각 시행의 성공확률이 p인 이항분포를 따른다고 한다. 이를 $Y \sim B(n,p)$와 같이 표시한다. 여기에서 n은 총 시행 횟수이고 p는 각 베르누이 시행의 성공확률이다. 즉, $P[X_j = 1] = p,\ j = 1, \cdots, n$. 이때 Y가 실현되는 값은 n번의 실행에서 성공한 횟수로 해석할 수 있다.

베르누이 확률변수인 $X_j,\ j = 1,2,\cdots,n$,의 실현값이 0과 1이기 때문에, Y의 실현값은 모두 실패하는 경우의 실현값인 0부터 모두 성공하는 경우의 실현값인 n 사이의 정수값이 될 것이다. 즉, Y의 치역은 $\{0,1,2,\cdots,n\}$이다.

그렇다면, 이항확률분포를 따르는 확률변수 $Y \sim B(n,p)$의 확률질량함수(pmf)와 누적분포함수(cdf)는 어떻게 될까? 먼저, 확률질량함수(pmf)는 다음과 같이 정의할 수 있다.

$$p_Y(y) = \binom{n}{y} p^y (1-p)^{n-y}, y \in \{0,1,2,\cdots,n\}.$$

이는 $Y = y$가 발생하는 확률이 총 n번의 시행에서 y번 성공하는 확률과 같음을 의미한다. 물론 각 시행은 독립적이고, 각 시행에서의 성공확률은 p이다. 여기에서 $\binom{n}{y} = \frac{n!}{(n-y)!y!}$은 n개에서 y개를 선택하는 경우의 수를 나타낸다.[1] 누적분포함수(CDF) $F_Y(t)$는

---

1 팩토리얼(factorial) "!"을 모르는 독자들을 위하여 설명하자면, $n! = n \times (n-1) \times \cdots \times 1$이다. 예컨대, $4! = 4 \times 3 \times 2 \times 1 = 24$이다.

확률 $P[Y \leq t]$이므로 다음과 같이 정의할 수 있다.

$$F_Y(t) = \sum_{\forall y \leq t} p_Y(y) = \sum_{\forall y \leq t} \binom{n}{y} p^y (1-p)^{n-y}$$

여기에서 $y \in \{0,1,2,\cdots,n\}$이다.

이제 위에서 정의한 확률질량함수를 이용하면 이항분포 확률변수의 평균과 분산을 구할 수 있다. 먼저, Y의 평균은 np가 되는데 그 이유는 다음과 같다.

$$\begin{aligned} E[Y] &= E[X_1 + X_2 + \cdots + X_n] \\ &= E[X_1] + E[X_2] + \cdots + E[X_n] \\ &= p + p + \cdots + p \\ &= np. \end{aligned}$$

세 번째 등식은 X_i, $i = 1,\cdots,n$,이 동일한 베르누이 확률변수이기 때문이다.

이번에는 분산을 구해보자. 확률변수 $Y = X_1 + \cdots + X_n$으로 Y는 X_i들의 합이라는 것을 알 수 있다. 또한, 각 X_i들은 상호 독립적이고 성공확률이 p인 베르누이 분포를 따른다. 이러한 조건들을 이용하면 분산은 다음과 같아진다.

$$\begin{aligned} Var(Y) &= Var(X_1 + X_2 + \cdots + X_n) \\ &= Var(X_1) + \cdots + Var(X_n) \\ &= n \times Var(X_1) \\ &= np(1-p). \end{aligned}$$

첫 번째 등식은 언급한 바와 같이 확률변수 Y의 정의로부터 얻어진다. 두 번째 등식은 $i \neq j$인 확률변수 X_i와 X_j가 상호 독립이기 때문이다. 세 번째 등식은 X_i, $i = 1,\cdots,n$,의 분산은 모두 같다는 사실로부터 나온다. 마지막 등식은 베르누이 분포를 따르는 확률변수 X_1의 분산이 $Var(X_1) = p(1-p)$이기 때문이다. 다음은 이항분포의 예이다.

예시 6.1

한 장난감 공장에서 생산되는 제품의 불량률은 5%라고 한다. 확률변수 Y를 이 공장에서 생산되는 제품 중 100개를 임의 추출했을 때의 불량품의 개수라고 정의하자. 이때 Y의 기댓값과 분산을 구하여라.

예시 6.2

같은 동전을 독립적으로 6번 던졌을 때 앞면의 개수를 Y라고 하자. 확률변수 Y의 기댓값과 분산을 구하여라.

6.1.3 포아송 분포(Poisson distribution)

확률변수 X가 아래와 같은 확률질량함수(pmf)를 가질 때, 확률변수 X는 평균이 m인 포아송 분포를 따른다고 한다. 어떤 $m > 0$에 대하여,

$$p_X(x) = \begin{cases} \dfrac{m^x e^{-m}}{x!}, & x = 0,1,2,\cdots, \\ 0 \quad , & \text{그 밖의 경우.} \end{cases}$$

여기에서 m은 포아송 분포의 위치(location)와 폭(scale)을 결정하는 모수로서 평균과 분산의 크기와 같다. 평균과 분산의 크기가 같은 성질은 포아송 분포의 특징이다. 포아송 분포는 표본의 크기가 매우 크고 성공확률 p가 매우 작은 경우의 성공횟수를 구하는 경우에 적합한 분포이다. 일정 기간 버스가 도착하는 횟수, 또는 일정 기간 동안 병원에 방문하는 횟수 등과 같은 경우가 그 예가 될 수 있다.

포아송 분포를 매우 특별한 형태의 이항분포라고 생각할 수도 있다. 즉, 이항분포에서 평균이 $np = m$으로 일정하고, 총횟수인 n이 무한하게 커지면, $n \to \infty$, $x = 0,1,2,3,\cdots$에 대하여 다음과 같이 변형시킬 수 있다.[2]

---

2 앞에서 포아송 분포가 표본의 크기가 매우 크고 성공확률 p가 매우 작은 경우에 적합하다고 언급한 것은 이러한 사실을 염두에 둔 것이다.

$$P(X=x)=\binom{n}{x}p^x(1-p)^{n-x} \qquad (1)$$

$$=\frac{n(n-1)\ldots(n-x+1)}{x!}\left(\frac{m}{n}\right)^x\left(1-\frac{m}{n}\right)^{n-x} \qquad (2)$$

$$=1\left(1-\frac{1}{n}\right)\ldots\left(1-\frac{x-1}{n}\right)\frac{m^x}{x!}\left(1-\frac{m}{n}\right)^n\left(1-\frac{m}{n}\right)^{-x} \qquad (3)$$

$$\rightarrow \frac{m^x}{x!}e^{-m} \qquad (4)$$

식 (1)은 이항분포 정의를 이용한 것이며, 식 (2)는 $\binom{n}{x}$의 정의와 $p=m/n$을 이용한 결과이다. 식 (3)은 식 (2)에서 첫 번째 항의 분모 $x!$과 두 번째 항의 분모 n^x의 위치를 바꾼 것이다. 식 (4)는 $n\rightarrow\infty$가 되면서 얻어진 결과인데, 구체적으로 다음과 같은 사실에 기초한다.

(a) $n\rightarrow\infty$에 따라, $\left(1-\frac{x-1}{n}\right)\rightarrow 1.$

(b) $n\rightarrow\infty$에 따라, $\left(1-\frac{m}{n}\right)^n\rightarrow e^{-m}.$

(c) $n\rightarrow\infty$에 따라, $\left(1-\frac{m}{n}\right)^{-x}\rightarrow 1.$

따라서, p가 작고 n이 충분히 큰 이항분포를 따르는 확률변수 X에 대하여,

$$P(X=x)\approx\frac{m^xe^{-m}}{x!}.$$

가 성립하며, 이것이 앞에서 언급한 모수가 m인 포아송 분포를 따르는 확률변수 X의 확률질량함수인 것이다. 여기에서 x는 실현 횟수로서 음수가 아닌 정수 $x=0,1,2,\cdots$이며, 평균은 $m=np$이다.

다음은 지수(exponetial) 관련 유용한 사실들이다. 위에서 두 번째 사실 (b)는 아래의 두 번째 정의를 이용한 것이다.

- $e^m=\sum_{x=0}^{\infty}\frac{m^x}{x!}=1+m+\frac{m^2}{2!}+\frac{m^3}{3!}+\cdots.$

- $e^m = \lim_{n\to\infty}\left(1+\frac{m}{n}\right)^n$.

포아송 분포를 따르는 확률변수의 치역은 영 또는 양의 정수이므로 해당 실현값들에서의 확률의 합은 1이며, 이는 다음과 같이 확인할 수 있다.

$$\begin{aligned}\sum_{x=0}^{\infty} p_X(x) &= \sum_{x=0}^{\infty} \frac{m^x e^{-m}}{x!}\\ &= e^{-m}\sum_{x=0}^{\infty}\frac{m^x}{x!} = e^{-m}e^m\\ &= 1.\end{aligned}$$

여기에서 세 번째 등식은 e^m의 정의 $e^m = \sum_{x=0}^{\infty}\frac{m^x}{x!}$를 이용한 것이다.

정리: 포아송 분포를 따르는 확률변수의 경우 기댓값과 분산이 같다.

포아송 분포의 특징은 기댓값과 분산이 같다는 것이다. 즉, $\mu_X = \sigma_X^2$.
적률생성함수(mgf)를 이용하여 이를 증명할 수 있다.

증명

$$\begin{aligned}M(t) = E[e^{tX}] &= \sum_{x=0}^{\infty} e^{tx}p_X(x)\\ &= \sum_{x=0}^{\infty} e^{tx}\frac{m^x e^{-m}}{x!}\\ &= \sum_{x=0}^{\infty}\frac{(me^t)^x e^{-m}}{x!}\\ &= e^{-m}\sum_{x=0}^{\infty}\frac{(me^t)^x}{x!}\\ &= e^{-m}e^{me^t} = e^{m(e^t-1)}.\end{aligned}$$

여기에서 여섯 번째 등식은 지수의 정의를 이용한 것이다. 즉, $\sum_{x=0}^{\infty}\frac{(me^t)^x}{x!} = e^{me^t}$.

따라서, 적률생성함수의 일차도함수 $M'(t)$는 다음과 같다.

$$M'(t) = \frac{dM(t)}{dt} = e^{m(e^t-1)}me^t.$$

따라서, 기댓값은 $\mu_X = M'(0) = m$이다. 한편, 적률생성함수의 이차도함수 $M''(t)$는 다음과 같다.

$$M''(t) = \frac{dM'(t)}{dt} = e^{m(e^t-1)}(me^t)^2 + e^{m(e^t-1)}me^t.$$

$M''(0) = m^2 + m$이 된다. 따라서, 분산은 $\sigma_X^2 = E(X^2) - E(X)^2 = M''(0) - \mu_X^2 = m^2 + m - m^2 = m$이 되어, 기댓값과 같다는 것을 알 수 있다. ▨

포아송의 확률질량함수(pmf) $p_X(x) = \frac{m^x e^{-m}}{x!}$ if $x = 0,1,2,\cdots$를 다음의 그래프를 통해 확인하자. m이 클수록 큰 값으로 실현될 확률이 높아지는 것을 알 수 있다.

[그림 6.1] 포아송 분포의 확률질량함수(pmf)

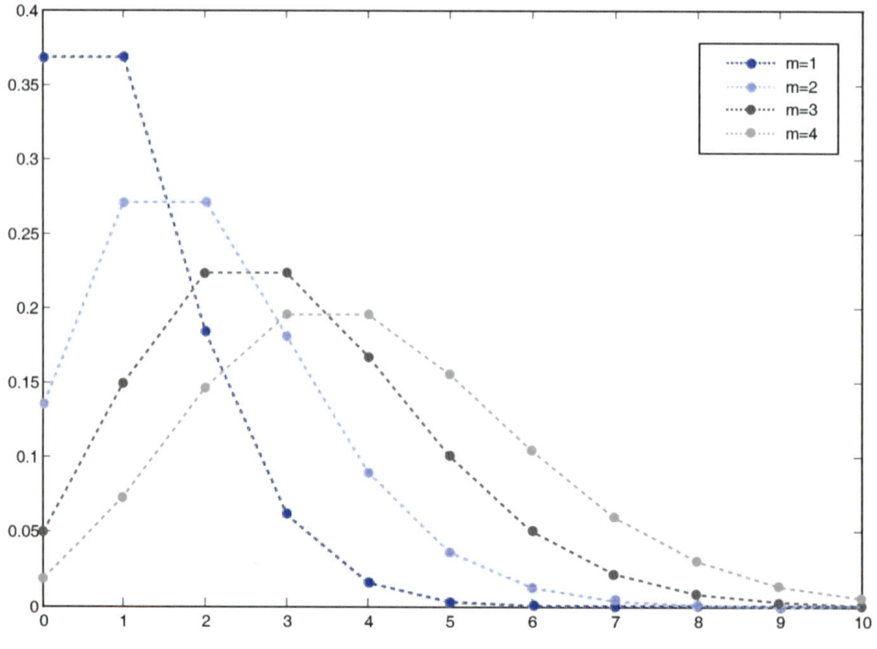

예시 6.3

매우 많은 직원이 근무하는 회사가 있다. 이 회사의 하루 결근자 수인 X는 평균이 5인 포아송 분포를 따른다고 하자. $P(X \geq 1)$을 구하여라.

지금까지 대표적인 이산확률분포인 베르누이 분포, 이항분포 그리고 포아송 분포를 소개하였다. 이제 연속적인 확률변수의 분포함수들을 살펴보자.

6.2 연속확률변수

6.2.1 (연속)균일분포(Uniform distribution)

구간 (a, b)에서 정의되는 균일분포는 해당 구간에서 일정한 크기의 확률밀도를 갖는다. 구간 (a, b)에서 확률밀도함수 아래의 면적이 1이어야 하므로 해당 구간에서의 확률밀도함수의 값은 상수 $1/(b-a)$이 되며, 다른 구간에서의 확률밀도함수의 값은 0이 된다. 따라서, 구간 (a, b)에서 균일분포를 따르는 확률변수의 확률밀도함수 $f_X(x)$를 수식으로 정의하면 다음과 같다.

$$f_X(x) = \begin{cases} \dfrac{1}{b-a}, & a < x < b, \\ 0 \quad , & x \notin (a, b). \end{cases}$$

$x \notin (a, b)$는 x가 구간 (a, b)에 속하지 않는 값일 때를 의미한다. 즉, $x \leq a$ 또는 $x \geq b$인 경우이다. 이를 그림으로 표현하면 다음과 같다.

(a, b)에서 균일분포의 확률밀도함수

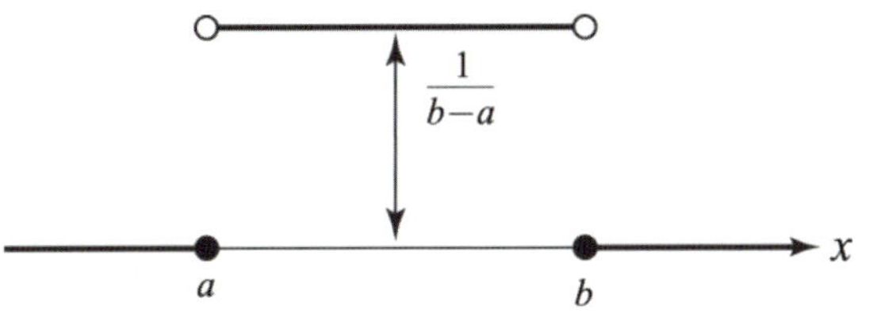

만약, 확률밀도함수를 아래와 같이 표현하면 어떻게 될까?

$$f_X(x) = \begin{cases} \dfrac{1}{b-a}, & a \le x \le b, \\ 0, & x \notin [a,b]. \end{cases}$$

결과적으로는 아무런 문제가 없다. 이는 연속확률변수의 경우 한 점에서의 확률은 0이기 때문에 양의 확률밀도함수가 열린 구간인 (a,b)에서 정의되든 또는 닫힌 구간 $[a,b]$에서 정의되든 확률에는 영향을 주지 않기 때문이다. 예컨대, $P[X \le a] = P[X < a] = 0$이며, 이를 확률밀도함수를 이용하여 표현하면 모두 $\int_{-\infty}^{a} f_X(x)dx = 0$이다. 따라서, $f_X(x)$를 위의 두 정의 중 어느 것을 사용하여도 문제가 되지 않음을 알 수 있다.

이제 구간 (a,b)에서 균일분포를 따르는 확률변수 X의 기댓값과 분산을 생각해보자. 먼저, 기댓값은 다음과 같다.

$$\begin{aligned} E(X) &= \int_{-\infty}^{\infty} x\, f_X(x)dx \\ &= \int_{-\infty}^{a} x\, f_X(x)dx + \int_{a}^{b} x f_X(x)dx + \int_{b}^{\infty} x f_X(x)dx \\ &= \int_{a}^{b} x f_X(x)dx \\ &= \int_{a}^{b} x \frac{1}{b-a} dx = \frac{1}{b-a}\int_{a}^{b} x dx \\ &= \frac{a+b}{2}. \end{aligned}$$

기댓값은 구간의 양 끝점인 a와 b의 중점이 됨을 알 수 있다. 이번에는 분산을 구해보자.

$$\begin{aligned} Var(X) &= E(X^2) - E(X)^2 \\ &= \int_{a}^{b} x^2 \frac{1}{b-a} dx - \left(\frac{a+b}{2}\right)^2 \\ &= \frac{(b-a)^2}{12}. \end{aligned}$$

구간 (a,b)의 균일확률분포의 적률생성함수는 다음과 같다.

$$M_X(t) = \begin{cases} \dfrac{e^{bt} - e^{at}}{(b-a)t}, & t \neq 0, \\ 1, & t = 0. \end{cases}$$

한편, 이산확률변수의 경우에도 각 질량점에서 확률질량함수의 값이 같은 균일분포가 존재할 수 있다. 예컨대, 다음과 같은 경우를 생각해보자.

$$p_X(x) = \begin{cases} \dfrac{1}{3}, & x = 1,2,3, \\ 0, & x \notin \{1,2,3\}. \end{cases}$$

이는 확률변수 X가 1, 2, 3 중 하나로 실현될 확률은 1/3이며, 그 외의 값으로 실현될 가능성은 0인 이산확률변수임을 의미한다. 이 경우 구간에서 적용되는 균일분포가 아니라 세 점에서의 균일분포임을 알 수 있다.

6.2.2 감마분포(Gamma distribution)

감마분포를 소개하기 전에 먼저 감마함수(gamma function)를 소개한다. 감마함수는 다음과 같이 정의된다. $\alpha > 0$에 대하여,

$$\Gamma(\alpha) = \int_0^\infty y^{\alpha-1} e^{-y} dy.$$

감마함수는 다음과 같은 성질을 만족한다.

$$\alpha = 1\text{이면, } \Gamma(1) = \int_0^\infty e^{-y} dy = 1.$$

이는 앞에서 배운 적분을 활용하면 쉽게 구할 수 있다.

$$\begin{aligned} \alpha > 1\text{이면, } \Gamma(\alpha) &= (\alpha-1)\int_0^\infty y^{\alpha-2} e^{-y} dy \\ &= (\alpha-1)\Gamma(\alpha-1). \end{aligned}$$

첫 번째 등식은 부분적분법을 적용하여 얻을 수 있다. 따라서, α가 1보다 큰 정수라면, 다음 식을 얻을 수 있다.

$$\Gamma(\alpha) = (\alpha-1)(\alpha-2)\cdots(3)(2)(1)\Gamma(1) = (\alpha-1)!.$$

이제 감마함수를 이용하여 감마분포함수를 정의하고자 한다. 먼저, $\beta > 0$에 대하여, $y = \frac{x}{\beta}$로 정의하자. 그에 따라 $dy = 1/\beta dx$가 되고, 앞의 감마함수 $\Gamma(\alpha)$는 다음과 같이 다시 정의될 수 있다.

$$\begin{aligned}\Gamma(\alpha) &= \int_0^\infty \left(\frac{x}{\beta}\right)^{\alpha-1} e^{-\frac{x}{\beta}} \left(\frac{1}{\beta}\right) dx \\ &= \int_0^\infty \frac{x^{\alpha-1}}{\beta^\alpha} e^{-\frac{x}{\beta}} dx.\end{aligned}$$

따라서 $1 = \frac{\int_0^\infty \frac{1}{\beta^\alpha} x^{\alpha-1} e^{-\frac{x}{\beta}} dx}{\Gamma(\alpha)} = \int_0^\infty \frac{1}{\Gamma(\alpha)\beta^\alpha} x^{\alpha-1} e^{-\frac{x}{\beta}} dx$. 모든 $x > 0$에 대하여, 피적분함수(integrand) $\frac{1}{\Gamma(\alpha)\beta^\alpha} x^{\alpha-1} e^{-\frac{x}{\beta}} > 0$이고, x가 0에서 ∞까지 변할 때 적분값이 1이기 때문에, 피적분함수는 확률밀도함수(pdf)가 된다.

따라서 다음과 같이 감마분포의 확률밀도함수(pdf)를 정의할 수 있다. 확률변수 X가 다음과 같은 확률밀도함수 $f_X(x)$를 가지면, X가 모수 $\alpha > 0$와 $\beta > 0$를 가지는 감마분포를 따른다고 한다. $\alpha > 0$, $\beta > 0$에 대하여,

$$f_X(x) = \begin{cases} \frac{1}{\Gamma(\alpha)\beta^\alpha} x^{\alpha-1} e^{-\frac{x}{\beta}}, & 0 < x < \infty \text{일 때}, \\ 0 & , x\text{가 다른 값을 가질 때}. \end{cases}$$

이를 간단히 $X \sim \Gamma(\alpha, \beta)$로 표현한다. 다음의 두 그래프는 α와 β가 변할 때 확률밀도함수 $f_X(x) = \frac{1}{\Gamma(\alpha)\beta^\alpha} x^{\alpha-1} e^{-\frac{x}{\beta}}$가 어떻게 변하는가를 보여준다.

[그림 6.2] α가 변할 때, 감마분포의 확률밀도함수

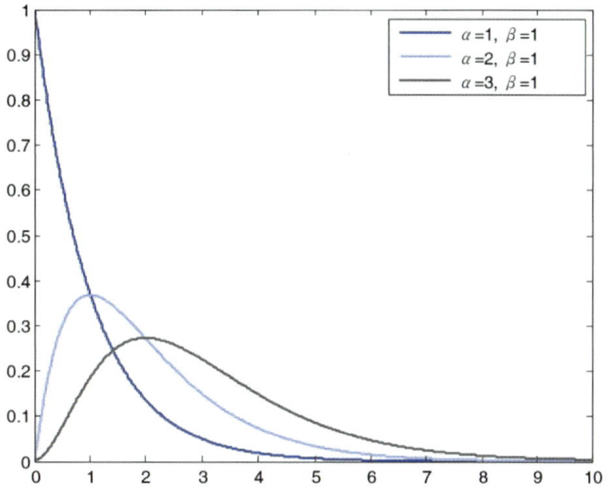

[그림 6.3] β가 변할 때, 감마분포의 확률밀도함수

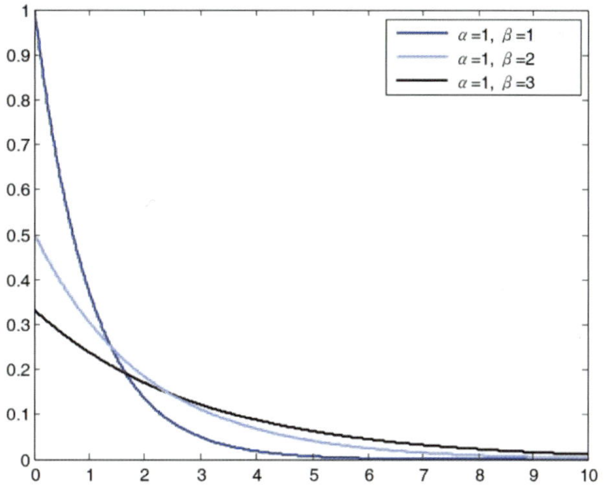

이번에는 감마분포를 따르는 확률변수 X의 적률생성함수(mgf)를 생각해보자. 감마분포의 적률생성함수 $M_X(t)$는 다음과 같이 정의된다.

$$M_X(t) = E[e^{tX}] = \int_0^\infty e^{tx} \frac{1}{\Gamma(\alpha)\beta^\alpha} x^{\alpha-1} e^{-\frac{x}{\beta}} dx$$
$$= \int_0^\infty \frac{1}{\Gamma(\alpha)\beta^\alpha} x^{\alpha-1} e^{-\frac{x(1-t\beta)}{\beta}} dx.$$

이제 $y = \frac{x(1-t\beta)}{\beta}$로 치환하자. $y > 0$으로 만들어주기 위하여 $1 - t\beta > 0$라고 하자. 그러면, $x = \frac{\beta y}{(1-t\beta)}$ 이다. 따라서, $dx = \frac{\beta}{1-t\beta} dy$이고 y의 적분구간도 0부터 ∞가 된다. 이제 $M_X(t)$는 다음과 같다.

$$M_X(t) = \int_0^\infty \frac{1}{\Gamma(\alpha)\beta^\alpha} \left(\frac{\beta y}{(1-t\beta)}\right)^{\alpha-1} e^{-y} \frac{\beta}{1-t\beta} dy$$
$$= \left(\frac{1}{1-t\beta}\right)^\alpha \int_0^\infty \frac{1}{\Gamma(\alpha)\beta^\alpha} \beta^\alpha y^{\alpha-1} e^{-y} dy$$
$$= \left(\frac{1}{1-t\beta}\right)^\alpha \int_0^\infty \frac{1}{\Gamma(\alpha)} y^{\alpha-1} e^{-y} dy.$$

이때 감마함수의 정의에 의하여 $\int_0^\infty y^{\alpha-1} e^{-y} dy = \Gamma(\alpha)$가 됨을 알 수 있다. 따라서, 적률생성함수는 $M_X(t)$는 결국 다음과 같아진다.

$$M_X(t) = \left(\frac{1}{1-t\beta}\right)^\alpha, \quad t < \frac{1}{\beta}.$$

적률생성함수의 일차 및 이차 도함수는 각각 다음과 같다.

$$M_X'(t) = \alpha \left(\frac{1}{1-t\beta}\right)^{\alpha-1} (-1)(1-t\beta)^{-2}(-\beta)$$
$$= \alpha\beta(1-t\beta)^{-1-\alpha}.$$

$$M_X''(t) = \frac{dM'(t)}{dt} = \alpha\beta(-1-\alpha)(1-t\beta)^{-2-\alpha}(-\beta)$$

$$= \alpha\beta^2(1+\alpha)(1-t\beta)^{-2-\alpha}.$$

따라서, 평균 μ_X와 분산 σ_X^2은 각각 다음과 같이 구할 수 있다.

$$\mu_X = E(X) = M_X'(0) = \alpha\beta.$$
$$\sigma_X^2 = E(X^2) - E(X)^2 = M_X''(0) - \mu_X^2 = \alpha\beta^2(1+\alpha) - (\alpha\beta)^2 = \alpha\beta^2.$$

6.2.3 정규분포(Normal distribution)

연속확률변수 X가 아래와 같은 확률밀도함수를 가지면, X는 모수 μ와 σ^2을 갖는 **정규분포(normal distribution)**를 따른다고 한다.

$$f_X(x) = \frac{1}{\sqrt{2\pi\sigma^2}}\exp\left\{-\frac{1}{2}\left(\frac{x-\mu}{\sigma}\right)^2\right\}, \quad -\infty < x < \infty.$$

이를 간단하게 X는 $\mathcal{N}(\mu,\sigma^2)$를 따른다라고 표현하기도 한다. 더 간단하게 $X \sim \mathcal{N}(\mu,\sigma^2)$라고 표시한다.

정규분포의 모수 μ와 σ^2은 각각 X의 기댓값 $E[X]$와 분산 $Var(X)$이다. 확률밀도함수는 다음과 같은 특징을 가진다.

- $f_X(x)$는 μ에서 최고값 $1/\sqrt{2\pi}$를 가진다.
- $f_X(x)$는 μ를 중심으로 대칭이다. 즉, 어떤 $c > 0$에 대하여도 $f_X(\mu - c) = f_X(\mu + c)$.

위의 두 특징을 결합하면 정규분포의 확률밀도함수는 μ에서 최고점을 가지며 대칭인 종모양(bell shaped)의 곡선임을 알 수 있다.

이제 두 모수가 변할 때 확률밀도함수가 어떻게 변하는가를 생각해보자. μ의 변화는 위치의 변화를, σ의 변화는 퍼진 정도(dispersion)에 영향을 줌을 알 수 있다. 첫 번째 그림은 $\sigma^2 = 1$은 일정할 때 μ가 증가하는 경우를 보여주며, 두 번째 그림은 $\mu = 0$으로 일정할 때 σ^2이 증가하는 경우를 보여준다.

[그림 6.4] μ가 변할 때, 확률밀도함수 $f_X(x)=\frac{1}{\sqrt{2\pi\sigma^2}}\exp\left\{-\frac{1}{2}\left(\frac{x-\mu}{\sigma}\right)^2\right\}$의 변화

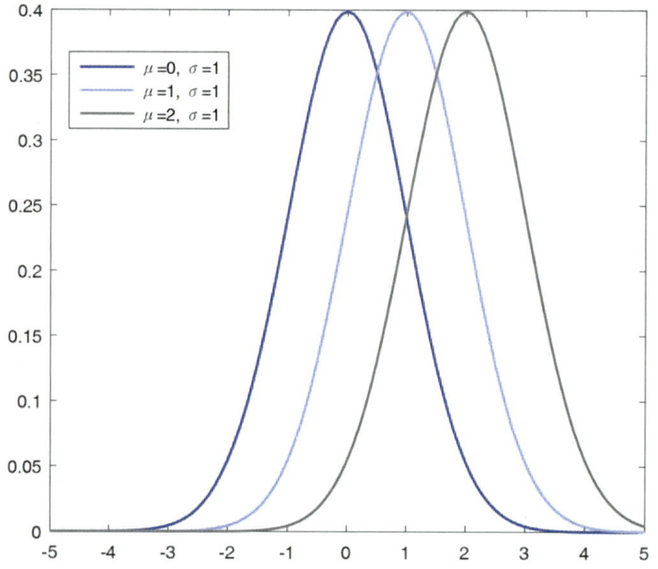

[그림 6.5] σ가 변할 때, 확률밀도함수 $f_X(x)=\frac{1}{\sqrt{2\pi\sigma^2}}\exp\left\{-\frac{1}{2}\left(\frac{x-\mu}{\sigma}\right)^2\right\}$의 변화

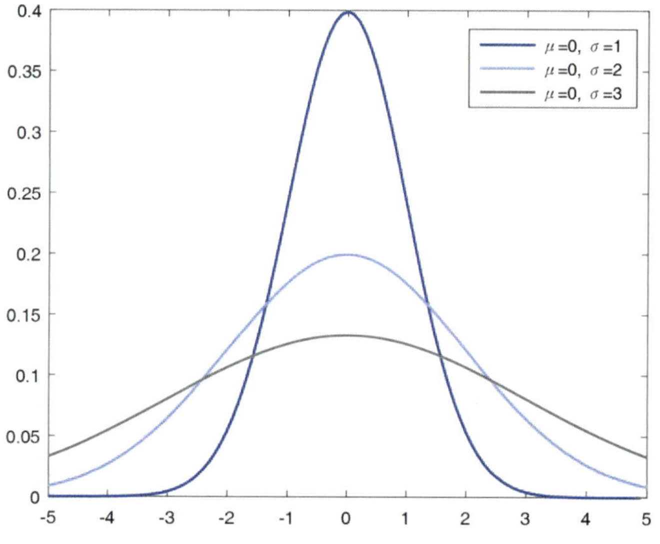

위의 두 가지 변화를 감안할 경우, 왜 모수 μ는 위치 모수(location parameter), σ^2를 비율 모수(scale parameter)라고 하는지 이해할 수 있다.

한편, 정규분포 $\mathcal{N}(\mu, \sigma^2)$를 따르는 확률변수 X의 분포함수(CDF)는 다음과 같다.

$$F_X(x) = \int_{-\infty}^{x} \frac{1}{\sqrt{2\pi\sigma^2}} \exp\left\{-\frac{1}{2}\left(\frac{t-\mu}{\sigma}\right)^2\right\} dt.$$

정규분포의 분포함수는 닫힌 함수식(closed functional form)이 없기 때문에 확률밀도함수를 이용한 정의를 이용하여 표현하였음에 유의하라.

특정한 정규분포 $\mathcal{N}(0,1)$를 표준정규분포(standard normal distribution)라고 한다. 이는 $\mu = 0$이고 $\sigma^2 = 1$인 정규분포이다. 어떤 정규분포라도 변수의 일대일 선형변환(linear transformation)을 통하여 표준정규분포로 바꿀 수 있다. 이는 표준정규분포표를 이용하여 일반적인 정규분포를 따르는 확률변수의 사건에 대하여 확률을 구할 수 있음을 의미한다. 이에 관하여는 추후에 다시 설명할 것이다. X가 표준정규분포를 따른다고 하면 다음과 같은 사실이 성립한다.

1. 표준정규분포의 확률밀도함수(pdf)는 다음과 같다. 즉, $X \sim \mathcal{N}(0,1)$인 경우, X의 확률밀도함수는 다음과 같다.
$$f_X(x) = \frac{1}{\sqrt{2\pi}} \exp\left(-\frac{1}{2}x^2\right), \quad -\infty < x < \infty.$$
2. 만약 $Y \sim \mathcal{N}(\mu, \sigma^2)$이면, $\frac{Y-\mu}{\sigma} \sim \mathcal{N}(0,1)$이다.
3. $\int_{-\infty}^{\infty} \frac{1}{\sqrt{2\pi\sigma^2}} \exp\left(-\frac{1}{2}\left(\frac{x-\mu}{\sigma}\right)^2\right) dx = 1.$

첫 번째 사실은 $\mu = 0$ 그리고 $\sigma^2 = 1$이기 때문에 자명하다. 위의 두 번째 사실을 이용하면, 표준정규분포표를 이용하여 Y의 임의의 사건에 대한 확률을 구할 수 있다. 이는 다음과 같은 사실을 이용할 수 있기 때문이다.

$$P[c_0 < Y < c_1] = P\left[\frac{c_0-\mu}{\sigma} < \frac{Y-\mu}{\sigma} < \frac{c_1-\mu}{\sigma}\right].$$

위에서 두 번째 사건의 확률은 $\frac{Y-\mu}{\sigma} \sim \mathcal{N}(0,1)$이기 때문에, 해당 사건의 확률은 표준정규분포표를 이용할 수 있다. 본 절의 후반부에 이에 관하여 상세히 설명한다.

위의 세 번째 사실은 확률밀도함수를 실수 전체구간에서 적분하면 1이 된다는 것으로 자명하다. 그럼에도 불구하고 여러 가지 배울 점이 있기 때문에 이하에서는 해당 사실을 증명을 해보고자 한다. 어렵다고 느껴지는 독자들은 증명을 넘어가도 괜찮다.

증명

먼저 $\int_{-\infty}^{\infty} \frac{1}{\sqrt{2\pi}} \exp\left(-\frac{1}{2}t^2\right) dt$를 I라고 놓자. 즉, $I = \int_{-\infty}^{\infty} \frac{1}{\sqrt{2\pi}} \exp\left(-\frac{1}{2}t^2\right) dt$. 따라서 $I^2 = 1$은 자동으로 성립한다. I가 양수이기 때문에, $I = 1$의 증명은 $I^2 = 1$을 증명하는 것과 같다. 따라서 이하에서는 $I^2 = 1$을 증명하고자 한다. 먼저 I^2은 다음과 같다.

$$I^2 = \int_{-\infty}^{\infty} \frac{1}{\sqrt{2\pi}} \exp\left(-\frac{1}{2}t^2\right) dt \int_{-\infty}^{\infty} \frac{1}{\sqrt{2\pi}} \exp\left(-\frac{1}{2}w^2\right) dw$$

$$= \frac{1}{2\pi} \int_{-\infty}^{\infty} \int_{-\infty}^{\infty} \exp\left(-\frac{1}{2}(t^2 + w^2)\right) dtdw.$$

이제 극좌표계 변형(polar coordinates transformation)을 이용하기 위하여 다음과 같이 치환을 하자. 즉, 실수평면 $\mathbb{R}^2$상의 임의의 점 (t,w)를 반지름(r)과 각도(θ)로 치환하는 것이다.

$$t = r\cos\theta,\ \ w = r\sin\theta.$$

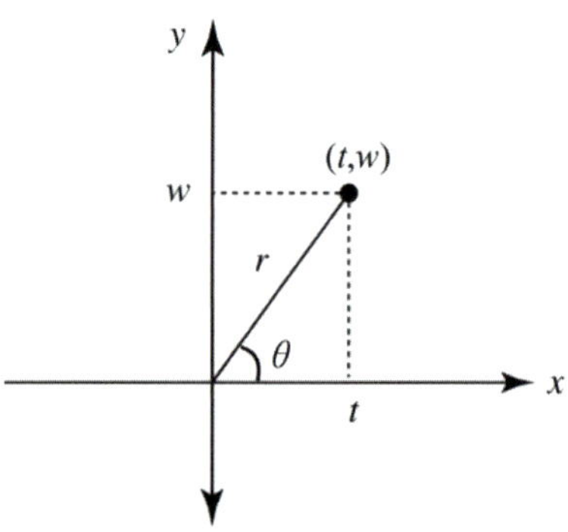

이제 다음과 같은 사항들을 얻을 수 있다.

(a) $0 \le \theta \le 2\pi$, and $0 \le r \le \infty$.

(b) $t^2 + w^2 = r^2(\cos^2\theta + \sin^2\theta) = r^2$.

(c) $\left|det\left(\frac{d(t,w)}{d(\theta,r)}\right)\right| = \left|det\begin{pmatrix} dt/d\theta & dt/dr \\ dw/d\theta & dw/dr \end{pmatrix}\right| = \left|det\begin{pmatrix} -r\sin\theta & \cos\theta \\ r\cos\theta & \sin\theta \end{pmatrix}\right|$

$= |(-r\cos^2(\theta) - r\sin^2\theta)| = r.$

(a)는 평면 위의 모든 점 (t,s)가 (r,θ)로 일대일 대응될 때의 반지름 r과 각도 θ의 범위이다. (b)는 $\cos^2\theta + \sin^2\theta = 1$로부터 얻어진다. 따라서, $\exp\left(-\frac{1}{2}(t^2+w^2)\right) = \exp\left(-\frac{1}{2}r^2\right)$이 된다. (c)는 (t,s)가 (r,θ)로 일대일 변환될 때 확률밀도함수의 비율을 조정해주기 위한 변환율이다. 따라서,

$$
\begin{aligned}
I^2 &= \frac{1}{2\pi}\int_0^{2\pi}\int_{-\infty}^{\infty}\exp\left(-\frac{1}{2}r^2\right)\left|det\left(\frac{d(t,w)}{d(\theta,r)}\right)\right| dr\, d\theta \\
&= \frac{1}{2\pi}\int_0^{2\pi}\int_{-\infty}^{\infty}\exp\left(-\frac{1}{2}r^2\right) r\, dr\, d\theta \\
&= \frac{1}{2\pi}\int_0^{2\pi}\left[\int_0^{\infty}\exp\left(-\frac{1}{2}r^2\right) r\, dr\right] d\theta \\
&= \frac{1}{2\pi}\int_0^{2\pi} 1 d\theta \\
&= 1.
\end{aligned}
$$

위에서 네 번째 등식은 다음 사실로부터 얻을 수 있다.

$$
\int_0^{\infty}\exp\left(-\frac{1}{2}r^2\right) r\, dr = \left[-\exp\left(-\frac{r^2}{2}\right)\right]_0^{\infty} = 1.
$$

따라서, $I = 1$은 증명되었다. ▨

이번에는 표준정규분포의 적률생성함수를 살펴보자. Z를 표준정규분포를 따르는 확률변수라고 하면, Z의 적률생성함수는 다음과 같이 정의된다.

$$\begin{aligned} M_Z(t) &\equiv E[e^{tZ}] \\ &= \int_{-\infty}^{\infty} \exp(tz) \frac{1}{\sqrt{2\pi}} \exp\left(-\frac{1}{2}z^2\right) dz \\ &= \exp\left(\frac{1}{2}t^2\right) \int_{-\infty}^{\infty} \frac{1}{\sqrt{2\pi}} \exp\left(-\frac{1}{2}(z-t)^2\right) dz \\ &= \exp\left(\frac{1}{2}t^2\right). \end{aligned}$$

여기에서 $\int_{-\infty}^{\infty} \frac{1}{\sqrt{2\pi}} \exp\left(-\frac{1}{2}(z-t)^2\right) dz$는 확률밀도함수 $\frac{1}{\sqrt{2\pi}} \exp\left(-\frac{1}{2}z^2\right)$를 수평으로 t만큼 평행이동시킨 것을 전체 실수 구간에서 적분한 것이므로 1이다. 이를 수학적으로 표현하면 아래와 같다.

$w = z - t$라 하면,

$$\begin{aligned} M_Z(t) &= \exp\left(\frac{1}{2}t^2\right) \int_{-\infty}^{\infty} \frac{1}{\sqrt{2\pi}} \exp(-\frac{1}{2}w^2) dw \\ &= \exp\left(\frac{1}{2}t^2\right), \text{ 모든 } t \in (-\infty, \infty). \end{aligned}$$

적률생성함수의 1차 도함수는 다음과 같다.

$$M_Z'(t) = t \exp\left(\frac{1}{2}t^2\right).$$

따라서, 일차적률(first moment)인 기댓값은 다음과 같게 된다.

$$E[Z] = M_Z'(0) = 0.$$

적률생성함수의 2차 도함수는 다음과 같다.

$$M_Z''(t) = t^2 \exp\left(\frac{1}{2}t^2\right) + \exp\left(\frac{1}{2}t^2\right).$$

따라서, 이차적률(second moment)인 $E[Z^2]$은 다음과 같다.

$$E[Z^2] = M_Z''(0) = 1.$$

위의 결과를 이용하여, 분산 $Var(Z)$를 구하면 다음과 같다.

$$Var(Z) = E[Z^2] - E[Z]^2 = 1.$$

다음은 정규분포와 표준정규분포의 몇 가지 성질들이다.

(a) 정규분포의 몇 가지 성질들

- $X \sim \mathcal{N}(\mu, \sigma^2)$라 하자. 이때 $f_X(x) = \frac{1}{\sqrt{2\pi\sigma^2}} \exp\left(-\frac{1}{2}\left(\frac{x-\mu}{\sigma}\right)^2\right)$.

  $Z = \frac{X-\mu}{\sigma}$라 하자. 이때 Z의 분포함수(CDF)와 확률밀도함수(pdf)는 다음과 같다.

$$\begin{aligned} F_Z(t) &= P[Z \le t] \\ &= P\left[\frac{X-\mu}{\sigma} \le t\right] \\ &= P[X \le t\sigma + \mu] \\ &= F_X(t\sigma + \mu). \end{aligned}$$

  따라서 Z의 확률밀도함수는 다음과 같이 구할 수 있다.

$$\begin{aligned} f_Z(t) &= \frac{dF_Z(t)}{dt} \\ &= \frac{dF_X(t\sigma + \mu)}{d(t\sigma + \mu)} \cdot \frac{d(t\sigma + \mu)}{dt} \\ &= f_X(t\sigma + \mu)\sigma \\ &= \frac{1}{\sqrt{2\pi\sigma^2}} \exp\left(-\frac{1}{2}\left(\frac{t\sigma + \mu - \mu}{\sigma}\right)^2\right)\sigma \\ &= \frac{1}{\sqrt{2\pi}} \exp\left(-\frac{t^2}{2}\right). \end{aligned}$$

  따라서,

$$f_Z(z) = \frac{1}{\sqrt{2\pi}} \exp\left(-\frac{1}{2}z^2\right).$$

- $X \sim \mathcal{N}(\mu, \sigma^2)$라 하자. 그러면, $P[a < X \leq b]$는 다음과 같다.

$$\begin{aligned} P[a < X \leq b] &= P\left[\frac{a-\mu}{\sigma} < \frac{X-\mu}{\sigma} \leq \frac{b-\mu}{\sigma}\right] \\ &= P\left[\frac{a-\mu}{\sigma} < Z \leq \frac{b-\mu}{\sigma}\right] \\ &= P\left[Z \leq \frac{b-\mu}{\sigma}\right] - P\left[Z \leq \frac{a-\mu}{\sigma}\right] \\ &= F_Z\left(\frac{b-\mu}{\sigma}\right) - F_Z\left(\frac{a-\mu}{\sigma}\right) \end{aligned}$$

여기에서 $F_Z(t) = \int_{-\infty}^{t} f_Z(s)ds$이다. $F_Z\left(\frac{b-\mu}{\sigma}\right)$와 $F_Z\left(\frac{a-\mu}{\sigma}\right)$는 표준정규분포표를 이용하여 해당 값을 찾을 수 있다.

(b) 표준정규분포의 몇 가지 성질들

$Z \sim \mathcal{N}(0,1)$이고, $\Phi(t) \equiv F_Z(t) = P(Z \leq t) = \int_{-\infty}^{t} \phi(u)du$라 표시하자. 여기에서, $\phi(t) \equiv f_Z(t) = \frac{1}{\sqrt{2\pi}}\exp\left(-\frac{t^2}{2}\right)$이다. 이때 표준정규분포의 확률밀도함수와 분포함수는 다음과 같은 성질을 갖는다.

- $\phi(t)$는 0을 중심으로 대칭이다.
  즉, 모든 $t \in \mathbb{R}$에 대해, $\phi(-t) = \phi(-t)$.

- $\Phi(t) + \Phi(-t) = 1$.
  이는 $\Phi(-t) = 1 - \Phi(t)$이기 때문이다.

- $\int_a^b t\phi(t)dt = \phi(a) - \phi(b)$.
  이를 이해하기 위해서는 $\phi'(t) = \phi(t) \times (-t)$에 유의하라. 따라서, $t\phi(t) = -\phi'(t)$이므로 다음이 성립한다.

$$\int_a^b t\phi(t)dt = -\int_a^b \phi'(t)dt = \int_b^a \phi'(t)dt = [\phi(t)]_b^a = \phi(a) - \phi(b).$$

표준정규분포표는 부록의 <표 A.1>이다.

6.2.4 카이제곱 분포(Chi-square distribution)

$Z_1, Z_2, \cdots, Z_n$이 상호 독립적이고, 각각의 Z_i는 표준정규분포 $\mathcal{N}(0,1)$를 따르는 확률변수들이다. 확률변수 Y_n을 Z_i들의 제곱의 합이라고 정의하자.

$$Y_n = \sum_{i=1}^{n} Z_i^2.$$

이때 확률변수 Y_n은 자유도가 n인 카이제곱 분포를 따른다고 한다. 이를 $Y_n \sim \chi_n^2$ 또는 $Y_n \sim \chi^2(n)$으로 표기한다. 이 경우 Y_n의 평균과 분산은 각각 n과 $2n$이다.

$$E(Y_n) = n, \ \ Var(Y_n) = 2n.$$

증명

[$E(Y_n) = n$]

$$\begin{aligned} E(Y_n) &= E(Z_1^2 + \cdots + Z_n^2) \\ &= E(Z_1^2) + \cdots + E(Z_n^2) \\ &= n \times E(Z_1^2). \end{aligned}$$

마지막 등식은 $Z_1, \cdots, Z_n$이 모두 동일하게 $\mathcal{N}(0,1)$을 따르기 때문에 이차적률 $E(Z_i^2)$이 모두 같기 때문이다. 이제 $E(Z_1^2)$을 구해보자. 우선 $Z_1 \sim \mathcal{N}(0,1)$이기 때문에 Z_1의 적률생성함수는 $M_Z(t) = \exp(1/2t^2)$임을 알 수 있다.[3] $M_Z'(t) = \exp(1/2t^2) \cdot t$이므로 적률생성함수의 2차 도함수는 다음과 같다.

$$M_Z''(t) = t^2 \exp\left(\frac{1}{2}t^2\right) + \exp\left(\frac{1}{2}t^2\right).$$

따라서 이차적률 $E[Z_1^2] = M_Z''(0) = 1$이 된다. 이를 이용하면,

$$E(Y_n) = n \times E(Z_1^2) = n.$$

---

3 앞절에서 배운 표준정규분포의 적률생성함수를 기억하라.

이번에는 Y_n의 분산을 생각해보자.

$$\begin{aligned} Var(Y_n) &= Var(Z_1^2 + Z_2^2 + \cdots + Z_n^2) \\ &= Cov(Z_1^2 + \cdots + Z_n^2,\ Z_1^2 + \cdots + Z_n^2) \\ &= \sum_{i=1}^{n} \sum_{j=1}^{n} Cov(Z_i^2, Z_j^2) \\ &= \sum_{i=1}^{n} Cov(Z_i^2, Z_i^2) + 2 \sum_{i=1}^{n-1} \sum_{j=i+1}^{n} Cov(Z_i^2, Z_j^2) \\ &= \sum_{i=1}^{n} Cov(Z_i^2, Z_i^2) \\ &= n\, Cov(Z_1^2, Z_1^2) \\ &= n\, Var(Z_1^2) \\ &= n(E[Z_1^4] - E[Z_1^2]^2). \end{aligned}$$

여기에서 5번째 등식은 서로 독립인 확률변수들의 공분산은 0이라는 사실을 이용한 결과이다. 즉, $i \neq j$이면 $Cov(Z_i^2, Z_j^2) = 0$이다.[4] 이제 $E[Z_1^4]$만 구하면 $Var(Y_n)$을 얻을 수 있다. $E[Z_1^4] = M_Z^{(4)}(0)$이므로 적률생성함수의 4차 도함수 $M_Z^{(4)}(t)$를 구하는 것이 필요하다. 이를 위하여 먼저 3차 도함수를 구하면 다음과 같다.

$$\begin{aligned} M_Z^{(3)}(t) &= \frac{dM_Z''(t)}{dt} \\ &= 2t \exp\left(\frac{1}{2}t^2\right) + t^3 \exp\left(\frac{1}{2}t^2\right) + t \exp\left(\frac{1}{2}t^2\right) \\ &= 3t \exp\left(\frac{1}{2}t^2\right) + t^3 \exp\left(\frac{1}{2}t^2\right). \end{aligned}$$

---

4 어떤 독자들은 $i \neq j$인 경우에 Z_i와 Z_j만 상호 독립이지 왜 Z_i^2과 Z_j^2이 상호 독립인지 의아해할 수도 있다. 이는 두 확률변수 X와 Y가 상호 독립이면 임의의 함수 $f(X)$와 $g(Y)$도 상호 독립이라는 일반적인 성질을 이용한 것이다. 여기에서 필요한 조건은 $f(X)$와 $g(Y)$의 기댓값이 존재하면 된다는 것이다.

따라서 4차 도함수는 다음과 같다.

$$
\begin{aligned}
M_Z^{(4)}(t) &= \frac{dM_Z^{(3)}(t)}{dt} \\
&= 3\exp\left(\frac{1}{2}t^2\right) + 3t^2\exp\left(\frac{1}{2}t^2\right) + 3t^2\exp\left(\frac{1}{2}t^2\right) + t^4\exp\left(\frac{1}{2}t^2\right) \\
&= 3\exp\left(\frac{1}{2}t^2\right) + 6t^2\exp\left(\frac{1}{2}t^2\right) + t^4\exp\left(\frac{1}{2}t^2\right).
\end{aligned}
$$

따라서 $E[Z_1^4] = M_Z^{(4)}(0) = 3$이고,

$$
\begin{aligned}
Var(Y_n) &= n(E[Z_1^4] - E[Z_1^2]^2) \\
&= 2n. \quad ▨
\end{aligned}
$$

아래의 그래프는 카이제곱 분포의 확률밀도함수(pdf)와 누적분포함수(CDF)를 각각 보여준다.

[그림 6.6] 카이제곱 분포의 확률밀도함수(pdf)

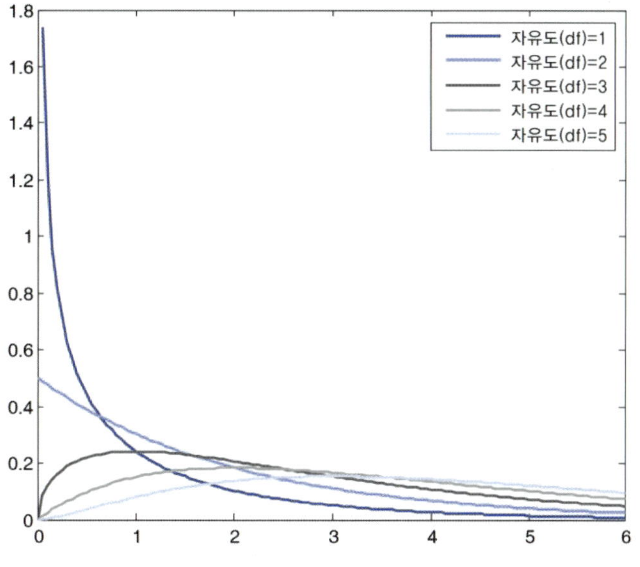

[그림 6.7] 카이제곱 분포의 누적분포함수(CDF)

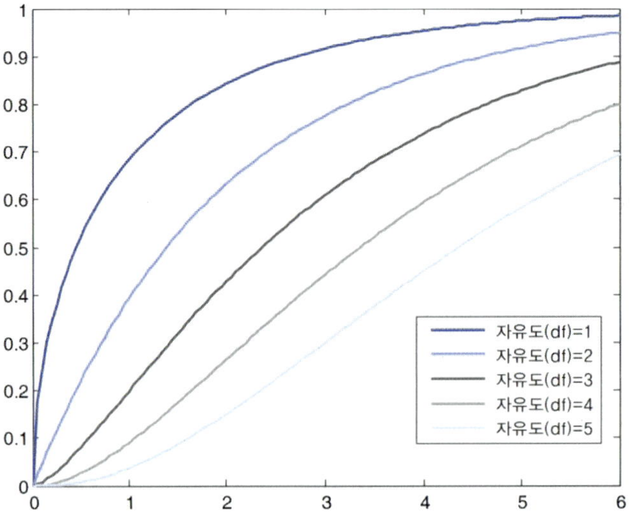

카이제곱 분포표는 부록의 <표 A.2>이다.

자유도가 n인 카이제곱 분포 $\chi^2(n)$을 따르는 확률변수는 감마분포 $\Gamma(n/2,2)$을 따르는 것으로 알려져 있다. 따라서, $Y_n \sim \chi^2(n)$일 때, 확률변수 Y_n은 아래와 같은 확률밀도함수 $f_{Y_n}(y)$를 갖는다. $\Gamma(\alpha,\beta) = \Gamma(n/2,2)$의 확률밀도함수는 다음과 같다.

$$f_{Y_n}(y) = \begin{cases} \frac{1}{\Gamma(n/2)2^{n/2}} y^{n/2-1} e^{-\frac{y}{2}}, & 0 < y < \infty, \\ 0 & , \text{그 밖의 경우.} \end{cases}$$

$t < 1/2$에 대해, 적률생성함수는 $M_{Y_n}(t) = (1-2t)^{-\frac{n}{2}}$이고, 이를 이용하여 평균과 분산도 구할 수 있다. 적률생성함수 $M_{Y_n}(t)$는 다음과 같이 3단계로 구할 수 있다.

(1단계)
먼저, $n = 1$이면, $Y_1 = Z_1^2$의 밀도함수는 다음과 같다.

$$f_{Y_1}(y) = \frac{e^{-\frac{y}{2}}}{\sqrt{y}\sqrt{2\pi}}.$$

증명

어떠한 $y > 0$에 대해서라도,

$$F_{Y_1}(y) = P[Y_1 \le y] = P[Z_1^2 \le y] = P[-\sqrt{y} \le Z_1 \le \sqrt{y}]$$
$$= \int_{-\sqrt{y}}^{\sqrt{y}} \phi(t)dt.$$

여기서, $\phi(t) = \frac{1}{\sqrt{2\pi}} \exp\left(-\frac{t^2}{2}\right)$이다.

따라서,

$$f_{Y_1}(y) = \phi(\sqrt{y}) \times \frac{1}{2\sqrt{y}} - \phi(-\sqrt{y}) \times (-1)\frac{1}{2\sqrt{y}}$$
$$= \frac{1}{\sqrt{2\pi}} \exp\left(-\frac{y}{2}\right)\frac{1}{\sqrt{y}} = \frac{e^{-\frac{y}{2}}}{\sqrt{y}\sqrt{2\pi}}. \quad ▨$$

(2단계)
자유도가 1일 때, 다시 말해 $n = 1$이면, $Y_1 = Z_1^2$의 적률생성함수는 다음과 같다.

$$M_{Y_1}(t) = \frac{1}{\sqrt{1-2t}}, \quad t < \frac{1}{2}.$$

증명

$$M_{Y_1}(t) = E(e^{tY_1}) = \int_0^\infty e^{ty} f_{Y_1}(y)dy = \int_0^\infty e^{ty} \frac{e^{-\frac{y}{2}}}{\sqrt{y}\sqrt{2\pi}} dy$$
$$= \int_0^\infty e^{\left(t-\frac{1}{2}\right)y} \frac{1}{\sqrt{y}\sqrt{2\pi}} dy = \frac{1}{\sqrt{2\pi}} \int_0^\infty y^{-\frac{1}{2}} e^{-\left(\frac{1}{2}-t\right)y} dy.$$

$t < \frac{1}{2}$에 대하여 $w = \left(\frac{1}{2} - t\right)y$라고 하자. 그러면,

$$M_{Y_1}(t) = \frac{1}{\sqrt{2\pi}} \int_0^\infty \left(\frac{w}{\left(\frac{1}{2}-t\right)}\right)^{-\frac{1}{2}} e^{-w} \frac{1}{\left(\frac{1}{2}-t\right)} dw$$

$$
\begin{aligned}
&= \frac{1}{\sqrt{2\pi}} \int_0^\infty \left(\frac{1}{2} - t\right)^{-\frac{1}{2}} w^{-\frac{1}{2}} e^{-w} dw \\
&= \left(\frac{1}{2} - t\right)^{-\frac{1}{2}} \frac{1}{\sqrt{2\pi}} \int_0^\infty w^{-\frac{1}{2}} e^{-w} dw \\
&= \left(\frac{1-2t}{2}\right)^{-\frac{1}{2}} \frac{1}{\sqrt{2\pi}} \Gamma\left(\frac{1}{2}\right) \\
&= \frac{1}{\sqrt{1-2t}}.
\end{aligned}
$$

네 번째 등식은 $\int_0^\infty w^{-\frac{1}{2}} e^{-w} dw = \Gamma\left(\frac{1}{2}\right)$을, 다섯 번째 등식은 $\Gamma\left(\frac{1}{2}\right) = \sqrt{\pi}$라는 사실을 이용한 것이다.[5]

(참고) 두 확률변수들의 결합적률생성함수(joint mgf)

두 확률변수 X_1과 X_2가 있다고 가정하자.
결합적률생성함수 $M_{X_1X_2}(t_1, t_2)$는 다음과 같이 정의한다.

$$
\begin{aligned}
M_{X_1X_2}(t_1, t_2) &\equiv E[e^{t_1X_1 + t_2X_2}] \\
&= \int_{-\infty}^{\infty} \int_{-\infty}^{\infty} e^{t_1x_1 + t_2x_2} f_{X_1X_2}(x_1, x_2) dx_1 dx_2.
\end{aligned}
$$

X_1과 X_2가 독립이면, 결합적률생성함수는 다음과 같이 된다.

$$
\begin{aligned}
M_{X_1X_2}(t_1, t_2) &= \int_{-\infty}^{\infty} \int_{-\infty}^{\infty} e^{t_1x_1 + t_2x_2} f_{X_1}(x_1) f_{X_2}(x_2) dx_1 dx_2 \\
&= \int_{-\infty}^{\infty} e^{t_1x_1} f_{X_1}(x_1) dx_1 \int_{-\infty}^{\infty} e^{t_2x_2} f_{X_2}(x_2) dx_2 \\
&= E[e^{t_1X_1}] \times E[e^{t_2X_2}] = M_{X_1}(t_1) \times M_{X_2}(t_2).
\end{aligned}
$$

5 $\Gamma\left(\frac{1}{2}\right) = \sqrt{\pi}$는 $\Gamma\left(\frac{1}{2}\right) = \int_0^\infty y^{-\frac{1}{2}} e^{-y} dy$를 $y = \frac{1}{2} z^2$으로 치환하여 적분하면 얻을 수 있다. 이 과정에서 $\int_0^\infty \frac{1}{\sqrt{2\pi}} e^{-\frac{1}{2}z^2} dz = \frac{1}{2}$을 이용하면 된다.

이를 $Y_n \sim \chi_n^2$에 적용하자.

(3단계)
자유도가 n일 때, $Y_n = Z_1^2 + \cdots + Z_n^2$의 적률생성함수는

$$M_{Y_n}(t) = \left(\frac{1}{1-2t}\right)^{\frac{n}{2}},\ t < \frac{1}{2}.$$

여기에서 $Z_i \sim \mathcal{N}(0,1)$이고 $Z_1, \cdots, Z_n$은 독립이다.

증명

결합적률생성함수에 대한 위에서의 참고사항을 이용하여 증명할 수 있다.

$$M_{Y_n}(t) = E(e^{tY_n}) = E(e^{t(Z_1^2+\cdots+Z_n^2)}) = E(e^{tZ_1^2+\cdots+tZ_n^2})$$

$Z_1, \cdots, Z_n$이 독립이므로 $Z_1^2, \cdots, Z_n^2$도 독립임에 유의하자. 편의상, $W_i = Z_i^2$, $i = 1, \cdots, n$이라 하자.

$$\begin{aligned} E(e^{tZ_1^2+\cdots+tZ_n^2}) &= E(e^{tW_1+\cdots+tW_n}) \\ &= \int_{-\infty}^{\infty} \cdots \int_{-\infty}^{\infty} e^{tw_1+\cdots+tw_n} f_{W_1,\cdots,W_n}(w_1, \cdots, w_n) dz_1 \cdots dz_n \\ &= \int_{-\infty}^{\infty} e^{tw_1} f_{W_1}(w_1) dw_1 \times \cdots \times \int_{-\infty}^{\infty} e^{tw_n} f_{W_n}(w_n) dw_n \\ &= E(e^{tW_1}) \times \cdots \times E(e^{tW_n}) \\ &= [E(e^{tW_1})]^n \\ &= [E(e^{tY_1})]^n \\ &= (1/(1-2t))^{n/2},\ t < 1/2. \end{aligned}$$

여기에서 다섯 번째 등식은 $W_1, W_2, \cdots, W_n$은 동일한 분포를 따르기 때문이다. 여섯 번째 등식은 $W_1 \sim \chi^2(1)$이기 때문이다. ▨

6.2.5 t-분포(t-distribution)

Z가 $\mathcal{N}(0,1)$를 따르는 확률변수이고, Y_n은 $\chi^2(n)$를 따르는 확률변수라 하자. Z와 Y_n이 독립이라고 가정하면, Z와 Y_n의 결합확률밀도함수(joint pdf)는 Z의 확률밀도함수(pdf)와 Y_n의 확률밀도함수(pdf)의 곱으로 다음과 같다.

$$f_{ZY_n}(x,y) = \begin{cases} \frac{1}{\sqrt{2\pi}} e^{-\frac{z^2}{2}} \frac{1}{\Gamma(n/2)2^{\frac{n}{2}}} y^{\frac{n}{2}-1} e^{-\frac{y}{2}}, & -\infty < x < \infty, 0 < y < \infty, \\ 0 & , \text{그 밖의 경우.} \end{cases}$$

새로운 확률변수 T_n을 $T_n = \frac{Z}{\sqrt{Y_n/n}}$와 같이 정의하자. 이때 확률변수 T_n은 자유도가 n인 t-분포를 따른다고 한다. 이제 T_n의 확률밀도함수를 구해보자. 이를 위하여 먼저, 조건부 확률밀도함수 $f_{T_n|Y_n}(x|y)$를 생각해보자. $Y_n = y$라는 조건하에서 $T_n = \frac{Z}{\sqrt{Y_n/n}}$은 정규분포 $\mathcal{N}\left(0, \frac{n}{y}\right)$를 따른다. 따라서, T_n의 확률밀도함수(pdf)는 다음과 같다.

$$\begin{aligned} f_{T_n}(t) &= \int_0^\infty f_{T_n|Y_n}(t|y) f_{Y_n}(y) dy \\ &= \int_0^\infty \frac{\exp\left(-\frac{t^2}{2n/y}\right)}{\sqrt{2\pi n/y}} \times \frac{y^{n/2-1}\exp\left(-\frac{y}{2}\right)}{\Gamma(n/2)2^{n/2}} dy \\ &= \int_0^\infty \frac{1}{\sqrt{2\pi n}\Gamma(n/2)2^{n/2}} \times y^{(n+1)/2-1} \times \exp\left(-\frac{y}{2}\left(\frac{t^2}{n}+1\right)\right) dy \\ &= \frac{\Gamma\left(\frac{n+1}{2}\right)}{\sqrt{n\pi}\ \Gamma\left(\frac{n}{2}\right)\left(1+\frac{t^2}{n}\right)^{\frac{n+1}{2}}} \end{aligned}$$

마지막 등식은 다음과 같이 얻어진다. 먼저, $w = \frac{y}{2}\left(\frac{t^2}{n}+1\right)$라 하자. 그러면, $dw = \frac{1}{2}\left(\frac{t^2}{n}+1\right)dy$. 이를 이용하면 위의 세 번째 등식은 다음과 같다.

$$\int_0^{\infty} \frac{1}{\sqrt{2\pi n}\Gamma(n/2)2^{n/2}} \times \left(\frac{2w}{\frac{t^2}{n}+1}\right)^{(n+1)/2-1} \exp(-w) \frac{1}{\frac{1}{2}\left(\frac{t^2}{n}+1\right)} dw$$

$$= \frac{1}{\sqrt{2\pi n}\Gamma(n/2)2^{n/2}} \times \int_0^{\infty} \left(\frac{2}{\frac{t^2}{n}+1}\right)^{(n+1)/2-1} \frac{2}{\left(\frac{t^2}{n}+1\right)} w^{(n+1)/2-1} \exp(-w) dw$$

$$= \frac{1}{\sqrt{2\pi n}\Gamma(n/2)2^{n/2}} \times \int_0^{\infty} \left(\frac{2}{\frac{t^2}{n}+1}\right)^{(n+1)/2} w^{(n+1)/2-1} \exp(-w) dw$$

$$= \frac{1}{\sqrt{2\pi n}\Gamma(n/2)2^{n/2}} \times \left(\frac{2}{\frac{t^2}{n}+1}\right)^{(n+1)/2} \int_0^{\infty} w^{(n+1)/2-1} \exp(-w) dw$$

$$= \frac{1}{\sqrt{2\pi n}\Gamma(n/2)2^{n/2}} \times \left(\frac{2}{\frac{t^2}{n}+1}\right)^{(n+1)/2} \Gamma\left(\frac{n+1}{2}\right)$$

$$= \frac{\Gamma\left(\frac{n+1}{2}\right)}{\sqrt{\pi n}\Gamma(n/2)} \times \frac{1}{\left(\frac{t^2}{n}+1\right)^{(n+1)/2}} = \frac{\Gamma\left(\frac{n+1}{2}\right)}{\sqrt{n\pi}\,\Gamma\left(\frac{n}{2}\right)\left(1+\frac{t^2}{n}\right)^{\frac{n+1}{2}}}.$$

따라서, T_n의 확률밀도함수 $f_{T_n}(t)$은 다음과 같다.

$$f_{T_n}(t) = \frac{\Gamma\left(\frac{n+1}{2}\right)}{\sqrt{n\pi}\,\Gamma\left(\frac{n}{2}\right)\left(1+\frac{t^2}{n}\right)^{\frac{n+1}{2}}}.$$

확률밀도함수 $f_{T_n}(t)$의 0에 대하여 대칭임을 알 수 있다. 즉, $f_{T_n}(t) = f_{T_n}(-t)$이다. 다음은 t-분포의 몇 가지 성질들이다. 다음의 성질들을 확인해보자.

- $E[T_n^k] = E[Z^k]\dfrac{2^{-\frac{k}{2}}}{n^{-\frac{k}{2}}\Gamma\left(\frac{n}{2}\right)}\Gamma\left(\frac{n}{2}-\frac{k}{2}\right).$

$$
\begin{aligned}
E[T_n^k] &= E\left[\frac{Z^k}{(\sqrt{Y_n/n})^k}\right] \\
&= E[Z^k]E\left[\left(\frac{Y_n}{n}\right)^{-\frac{k}{2}}\right] \\
&= E[Z^k]\frac{1}{n^{-\frac{k}{2}}}\int_0^\infty y^{-\frac{k}{2}}\frac{1}{\Gamma\left(\frac{n}{2}\right)2^{\frac{n}{2}}}y^{\frac{n}{2}-1}\exp\left(-\frac{y}{2}\right)dy \\
&= E[Z^k]\frac{1}{n^{-\frac{k}{2}}}\frac{1}{\Gamma\left(\frac{n}{2}\right)2^{\frac{n}{2}}}\int_0^\infty y^{\frac{n}{2}-\frac{k}{2}-1}\exp\left(-\frac{y}{2}\right)dy.
\end{aligned}
$$

두 번째 등식은 Z와 Y_n이 독립이라는 조건을 이용한 결과이다. 세 번째 등식은 Y_n의 확률밀도함수(pdf)가 $f_{Y_n}(y) = \frac{1}{\Gamma\left(\frac{n}{2}\right)2^{n/2}}y^{\frac{n}{2}-1}\exp\left(-\frac{y}{2}\right)$이기 때문이다. 이제 $x = \frac{y}{2}$라 하면, 네 번째 등식의 $\int_0^\infty y^{\frac{n}{2}-\frac{k}{2}-1}\exp\left(-\frac{y}{2}\right)dy$은 다음과 같이 된다.

$$
\begin{aligned}
&2^{\frac{n}{2}-\frac{k}{2}-1}\int_0^\infty x^{\frac{n}{2}-\frac{k}{2}-1}\exp(-x)2dx \\
&= 2^{\frac{n}{2}-\frac{k}{2}}\int_0^\infty x^{\frac{n}{2}-\frac{k}{2}-1}\exp(-x)dx \\
&= 2^{\frac{n}{2}-\frac{k}{2}}\Gamma\left(\frac{n}{2}-\frac{k}{2}\right).
\end{aligned}
$$

따라서,

$$E[T_n^k] = E[Z^k]\frac{2^{-\frac{k}{2}}}{n^{-\frac{k}{2}}\Gamma\left(\frac{n}{2}\right)}\Gamma\left(\frac{n}{2}-\frac{k}{2}\right).$$

따라서, T_n의 평균과 분산에 대하여 다음과 같은 결과를 얻을 수 있다.

- 평균: $k = 1$일 때, $n = 1$이면, $E(T_n)$는 존재하지 않는다. 이는 $\Gamma(0)$이 존재하지 않기 때문이다. 그러나 $n \geq 2$이면, $E(T_n) = E[Z]\frac{2^{-\frac{1}{2}}}{n^{-1/2}\Gamma\left(\frac{n}{2}\right)}\Gamma\left(\frac{n}{2}-\frac{1}{2}\right) = 0$이다. 이는 $E[Z] = 0$이기 때문이다.

- 분산: $k = 2$이고 $n \geq 3$일 때,

$E(T_n^2) = E[Z^2]\frac{2^{-\frac{2}{2}}}{n^{-2/2}\Gamma\left(\frac{n}{2}\right)}\Gamma\left(\frac{n}{2}-\frac{2}{2}\right)$이다. 따라서,

$$\begin{aligned} Var(T_n) &= E(T_n^2) - E(T_n)^2 \\ &= E(T_n^2) \\ &= 1 \times \frac{2^{-1}}{n^{-1}\left(\frac{n}{2}-1\right)} = \frac{n}{n-2}. \end{aligned}$$

다음은 각각 t-분포의 확률밀도함수(pdf)와 누적분포함수(CDF) 그래프이다.

[그림 6.8] t-분포의 확률밀도함수(pdf)

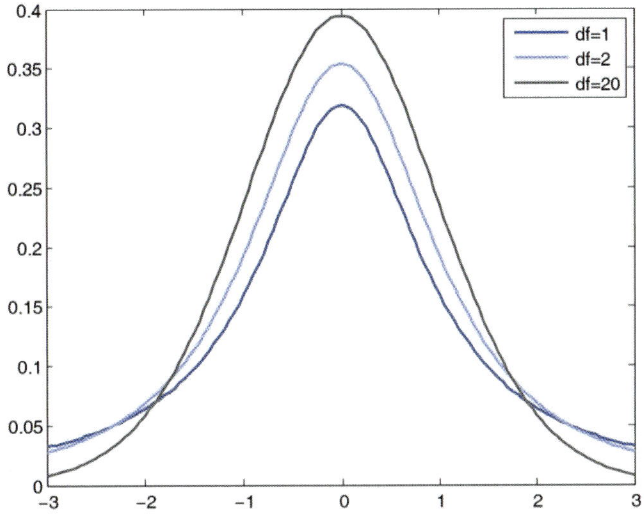

[그림 6.9] t-분포의 누적분포함수(CDF)

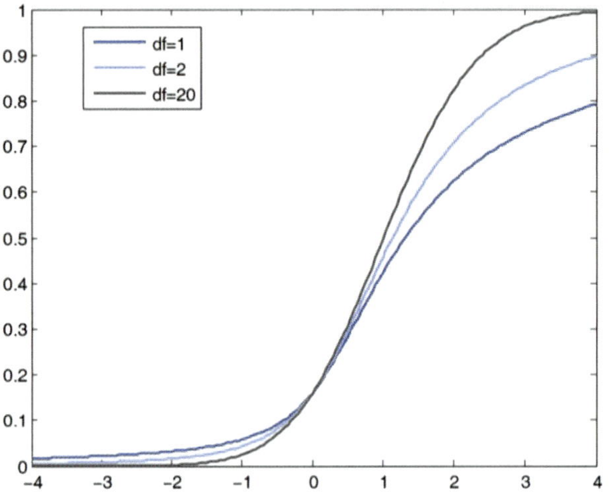

다음은 T_n의 확률밀도함수와 표준정규분포의 확률밀도함수를 보여주는 그림이다. t-분포의 자유도가 증가할수록 t-분포가 표준정규분포로 수렴해가는 것을 확인할 수 있다.

[그림 6.10] T_n의 확률밀도함수와 표준정규분포의 확률밀도함수

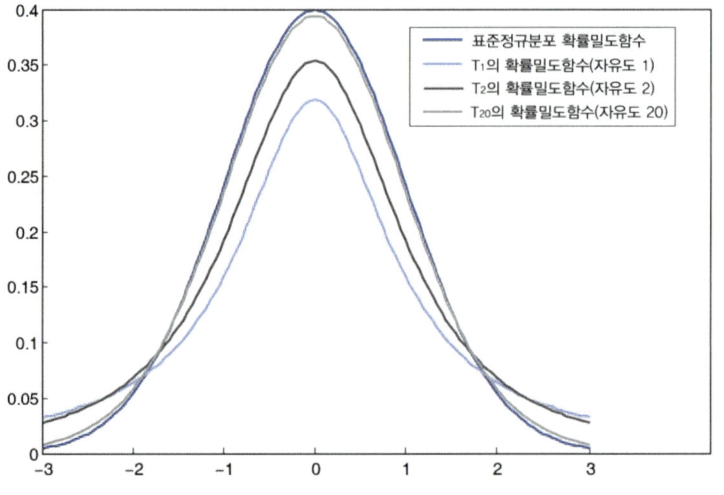

t-분포표는 부록의 <표 A.3>과 같다.

6.2.6 F-분포(F-distribution)

X_m과 Y_n은 독립적인 카이제곱 분포를 따르는 확률변수로서 자유도가 각각 m과 n이다. X_m과 Y_n의 결합확률밀도함수(joint pdf)는 두 확률변수의 주변확률밀도함수의 곱으로 다음과 같다.

$$f_{X_m Y_n}(x,y) = \begin{cases} \dfrac{1}{\Gamma(m/2)\Gamma(n/2)2^{(m+n)/2}} x^{\frac{m}{2}-1} y^{\frac{n}{2}-1} e^{-\frac{x+y}{2}}, & 0 < x, y < \infty, \\ 0 & , \text{ 그 밖의 경우.} \end{cases}$$

이제 확률변수 W를 다음과 같이 정의하자.

$$W = \frac{X_m/m}{Y_n/n}.$$

여기에서 $X_m \sim \chi^2(m)$, $Y_n \sim \chi^2(n)$를 따르고, X_m과 Y_n은 독립이다. 확률변수 W는 자유도가 m과 n인 F-분포를 따른다고 한다. 이를 $W \sim F_{m,n}$로 표기한다.

그렇다면, $W = \frac{X_m/m}{Y_n/n}$의 확률밀도함수(pdf) $f_W(\cdot)$는 어떻게 될까? 이를 위하여 다음의 두 등식을 생각해보자. 이하에서 X_m과 Y_n의 실현값을 각각 x와 y라고 하고, 새로운 확률변수 W와 Z의 실현값은 w와 z로 표기하자. (W, Z)는 (X, Y)의 일대일 대응으로 실현값들의 관계는 다음과 같다.

$$w = \frac{x/m}{y/n}, \quad \text{그리고} \quad z = y.$$

(W, Z)는 (X, Y)와 일대일로 대응되는 확률변수이고 $0 < w, z < \infty$임에 유의하자. $f_W(\cdot)$를 구하기에 앞서 먼저 (W, Z)의 결합확률밀도함수(joint pdf)를 생각해보자. 일단 위의 두 등식은 다음과 같다.

$$x = \frac{m}{n} wz, \quad \text{그리고} \quad y = z.$$

그러므로, W와 Z의 결합확률밀도함수 $f_{WZ}(w,z)$를 구할 수 있다.

먼저, $J = det\left(\left[\frac{d(x,y)}{d(w,z)}\right]\right) = det\left(\begin{bmatrix} \frac{dx}{dw} & \frac{dx}{dz} \\ \frac{dy}{dw} & \frac{dy}{dz} \end{bmatrix}\right) = det\left(\begin{bmatrix} \frac{m}{n}z & \frac{m}{n}w \\ 0 & 1 \end{bmatrix}\right) = \frac{m}{n}z$.

따라서,

$$f_{WZ}(w,z) = f_{X_mY_n}(x,y)|J|$$
$$= \frac{1}{\Gamma(m/2)\Gamma(n/2)2^{(m+n)/2}}\left(\frac{mwz}{n}\right)^{\frac{m}{2}-1} z^{\frac{n}{2}-1}\exp\left(-\frac{z}{2}\left(\frac{mw}{n}+1\right)\right)\frac{mz}{n}.$$

따라서, W의 확률밀도함수 $f_W(w)$는 다음과 같다.

$$f_W(w) = \int_0^\infty f_{WZ}(w,z)dz$$
$$= \int_0^\infty \frac{1}{\Gamma(m/2)\Gamma(n/2)2^{(m+n)/2}}\left(\frac{mwz}{n}\right)^{\frac{m}{2}-1} z^{\frac{n}{2}-1}\exp\left(-\frac{z}{2}\left(\frac{mw}{n}+1\right)\right)\frac{mz}{n}dz$$
$$= \int_0^\infty \frac{(m/n)^{m/2}w^{m/2-1}}{\Gamma(m/2)\Gamma(n/2)2^{(m+n)/2}} z^{\frac{m}{2}+\frac{n}{2}-1}\exp\left(-\frac{z}{2}\left(\frac{mw}{n}+1\right)\right)dz.$$

여기에서 $s = \frac{z}{2}\left(\frac{mw}{n}+1\right)$로 치환하면, $ds = \frac{1}{2}\left(\frac{mw}{n}+1\right)dz$이기 때문에 다음을 얻을 수 있다.

$$f_W(w)$$
$$= \int_0^\infty \frac{(m/n)^{m/2}w^{m/2-1}}{\Gamma(m/2)\Gamma(n/2)2^{(m+n)/2}}\left(\frac{2s}{\left(\frac{mw}{n}+1\right)}\right)^{\frac{m}{2}+\frac{n}{2}-1} \exp(-s)\frac{1}{\frac{1}{2}\left(\frac{mw}{n}+1\right)}ds$$
$$= \frac{(m/n)^{m/2}w^{m/2-1}}{\Gamma(m/2)\Gamma(n/2)2^{(m+n)/2}}\frac{1}{\frac{1}{2}\left(\frac{mw}{n}+1\right)}\left(\frac{2}{\left(\frac{mw}{n}+1\right)}\right)^{\frac{m}{2}+\frac{n}{2}-1}\int_0^\infty s^{\frac{m}{2}+\frac{n}{2}-1}\exp(-s)ds$$
$$= \frac{(m/n)^{m/2}}{\Gamma(m/2)\Gamma(n/2)}\frac{w^{m/2-1}}{\left(\frac{mw}{n}+1\right)^{\frac{m}{2}+\frac{n}{2}}}\Gamma\left(\frac{m+n}{2}\right).$$

다음은 F-분포의 평균과 분산이다.[6]

- 평균: $E[W]=\begin{cases}\frac{n}{n-2}, & n\geq 3,\\ \infty\ , & n=1,2.\end{cases}$

- 분산: $Var[W]=\begin{cases}\frac{2n^2(m+n-4)}{m(n-2)^2(n-4)}\ , & n\geq 5,\\ \infty & ,\ n=3,4,\\ \text{정의되지 않음}, & n=1,2.\end{cases}$

다음의 그래프는 각각 $W=\frac{X_m/m}{Y_n/n}$의 확률밀도함수(pdf)와 누적분포함수(CDF)이다.

[그림 6.11] $F_{m,n}$의 확률밀도함수(pdf)

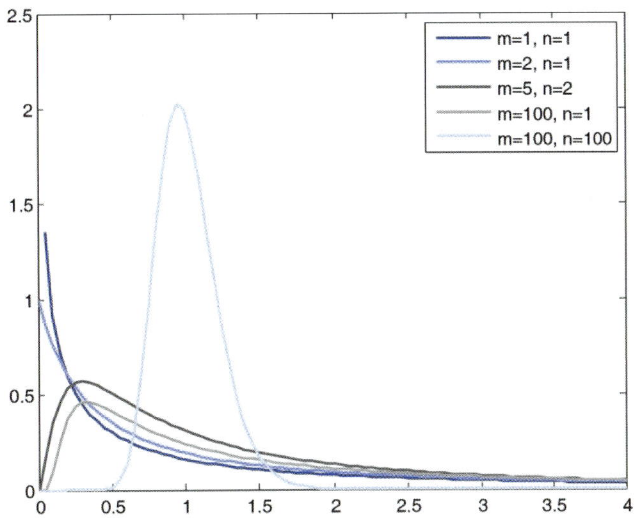

6 여기에서 해당 증명은 생략한다.

[그림 6.12] $F_{m,n}$의 누적분포함수(CDF)

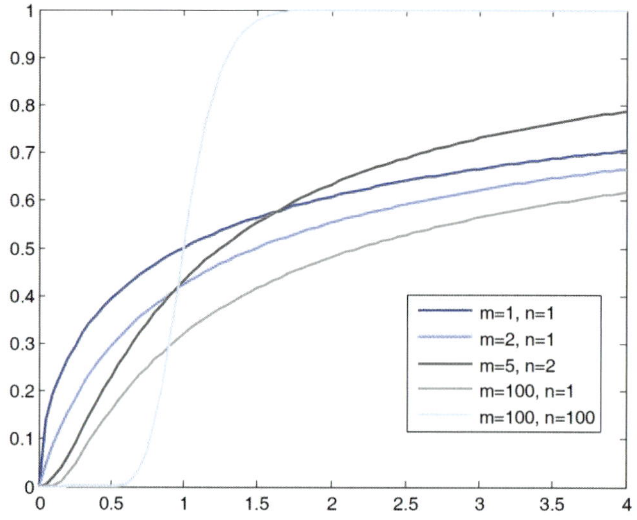

F-분포표는 부록의 <표 A.4>와 같다.

6.2.7 지수분포(Exponential distribution)

연속확률변수 X의 확률밀도함수(pdf)가 아래와 같은 경우, X는 모수가 λ인 지수분포를 따른다고 한다.

$$f_X(x) = \begin{cases} \lambda e^{-\lambda x}, & x \geq 0, \\ 0 & , \text{ 그 밖의 값에서.} \end{cases}$$

다음은 지수분포의 몇 가지 성질이다.

- $x > 0$에 대해 분포함수(CDF)는 다음과 같다.

$$F_X(x) = 1 - e^{-\lambda x}.$$

- 지수분포는 '전구의 남은 수명'과 같이 수명을 나타내는 분포로 자주 활용되기 때문에 $P(X > x)$에 대해서 알아둘 필요가 있다.

$$P(X > x) = 1 - F_X(x) = e^{-\lambda x}.$$

- 적률생성함수는 다음과 같다.

$$M_X(t) = \frac{\lambda}{\lambda - t}, \quad t < \lambda.$$

- 평균: $E(X) = \frac{1}{\lambda}$.
- 분산: $Var(X) = \frac{1}{\lambda^2}$.

[그림 6.13] 확률밀도함수(pdf)

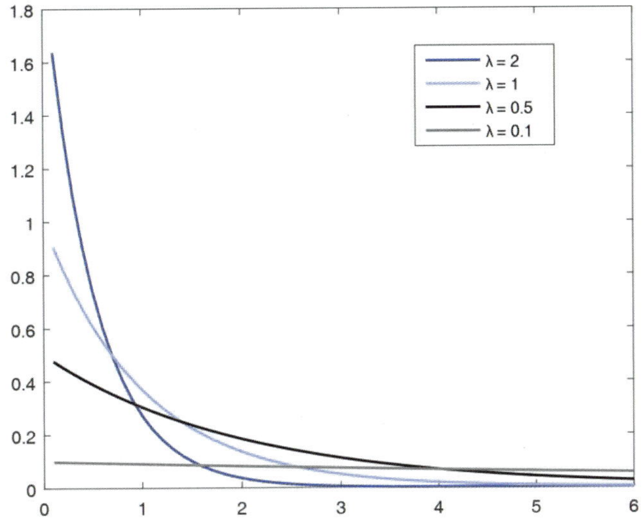

[그림 6.14] 누적분포함수(CDF)

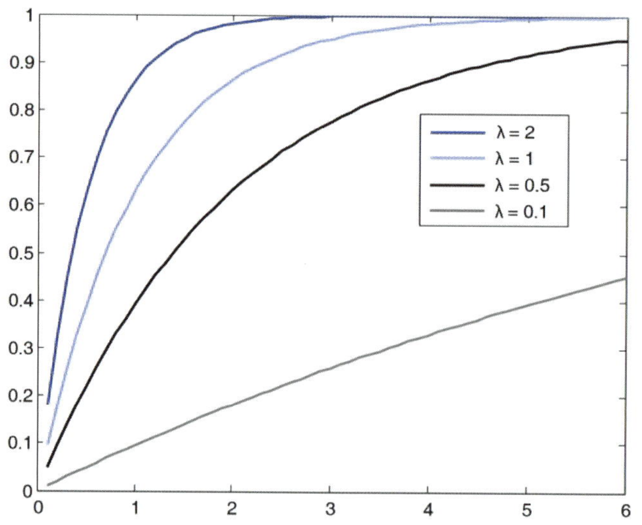

6.3 다변수 정규분포(Multivariate Normal distribution)

5.5절에서 이미 소개한 바와 같이 확률벡터의 기댓값과 분산은 다음과 같다. $X_i,\ i = 1,2,\cdots,k$는 확률변수이며, 이들을 벡터 $\mathbb{X}$로 표현하자. 즉,

$$\mathbb{X} = \begin{bmatrix} X_1 \\ X_2 \\ \vdots \\ X_k \end{bmatrix} = [X_1, X_2, \cdots, X_k]'.$$

$\mathbb{X}$는 k-차원의 확률벡터(random vector)로서 확률변수들의 벡터이다. 확률벡터 $\mathbb{X}$의 기댓값은 각 확률변수 기댓값들의 벡터이다.

$$E[\mathbb{X}] = [E(X_1), E(X_2), \cdots, E(X_k)]' = [\mu_1, \mu_2, \cdots, \mu_k]'.$$

$E[\mathbb{X}]$를 $\mu_{\mathbb{X}}$로 표기하기도 한다. 확률벡터의 분산은 다음과 같이 행렬로 정의된다. 확률벡터의 분산은 분산-공분산(variance-covariance) 행렬 또는 공분산 행렬이라고 한다.

$$
\begin{aligned}
Var(\mathbb{X}) &= E[(\mathbb{X} - E[\mathbb{X}])(\mathbb{X} - E[\mathbb{X}])'] \\
&= \begin{bmatrix} \sigma_1^2 & \sigma_{12} & \dots & \sigma_{13} \\ \sigma_{21} & \sigma_2^2 & \dots & \sigma_{23} \\ \vdots & & \ddots & \vdots \\ \sigma_{k1} & \sigma_{k2} & \dots & \sigma_k^2 \end{bmatrix} \\
&= [\sigma_{ij}], i, j = 1, \cdots, k.
\end{aligned}
$$

$Var(\mathbb{X})$를 $\Sigma_{\mathbb{X}}$로 표기하기도 한다. $Var(\mathbb{X})$는 $k \times k$차원의 행렬이 되고 각 (i, j)번째 원소는 X_i와 X_j의 공분산 σ_{ij}이 된다.

X_i, $i = 1, \cdots, k$가 각각 $N(\mu_i, \sigma_i^2)$을 따를 때, 확률벡터 $\mathbb{X} = [X_1, \cdots, X_k]'$는 다변수 정규분포(multivariate normal distribution)를 따른다고 한다. 다변수 정규분포를 따르는 확률벡터 $\mathbb{X}$의 결합확률밀도함수는 다음과 같다.

$$
f_{\mathbb{X}}(X_1, \cdots, X_k) = \frac{1}{(\sqrt{2\pi})^k \sqrt{|det(\Sigma_{\mathbb{X}})|}} \exp\left(-\frac{1}{2}(\mathbb{X} - \mu_{\mathbb{X}})' \Sigma_{\mathbb{X}}^{-1} (\mathbb{X} - \mu_{\mathbb{X}})\right)
$$

여기에서 $det(\Sigma_{\mathbb{X}})$는 $\Sigma_{\mathbb{X}}$의 행렬식(determinant)이고, $|\ |$는 절대값 기호이다.

이번에는 특별한 경우의 $\Sigma_{\mathbb{X}}^{-1}$를 생각해보자. 만약, $i \neq j$인 모든 i, j에 대해 $\sigma_{ij} = 0$이라면, 분산행렬은 다음과 같은 대각행렬이 된다.

$$
\Sigma_{\mathbb{X}} = \begin{bmatrix} \sigma_1^2 & 0 & \dots & 0 \\ 0 & \sigma_2^2 & \dots & \\ \vdots & & \ddots & \vdots \\ 0 & & & \sigma_k^2 \end{bmatrix}
$$

이 경우, $\Sigma_{\mathbb{X}}^{-1}$의 역행렬은 $\Sigma_{\mathbb{X}}$ 대각성분의 역수이므로 다음과 같이 된다.

$$
\Sigma_{\mathbb{X}}^{-1} = \begin{bmatrix} \frac{1}{\sigma_1^2} & 0 & \dots & 0 \\ 0 & \frac{1}{\sigma_2^2} & \dots & \\ \vdots & & \ddots & \vdots \\ 0 & & & \frac{1}{\sigma_k^2} \end{bmatrix}
$$

행렬식의 절대값은 다음이 된다.

$$|det(\Sigma_{\mathbb{X}})| = \left|\sigma_1^2 \times \cdots \times \sigma_k^2\right| = \sigma_1^2 \times \cdots \times \sigma_k^2.$$

그러므로, 이러한 특별한 경우의 다변수 정규분포의 결합확률밀도함수는 다음과 같다.

$$f_{\mathbb{X}}(x_1, \cdots, x_k) = \frac{1}{(\sqrt{2\pi})^k \sqrt{|det(\Sigma_{\mathbb{X}})|}} \exp\left(-\frac{1}{2}(\mathbb{X} - \mu_{\mathbb{X}})' \Sigma_{\mathbb{X}}^{-1} (\mathbb{X} - \mu_{\mathbb{X}})\right)$$

$$= \frac{1}{(\sqrt{2\pi})^k \sqrt{\sigma_1^2 \times \cdots \times \sigma_k^2}} \exp\left(-\frac{1}{2}(\mathbb{X} - \mu_{\mathbb{X}})' \begin{bmatrix} \frac{1}{\sigma_1^2} & 0 & \cdots & 0 \\ 0 & \frac{1}{\sigma_2^2} & \cdots & \\ \vdots & & \ddots & \vdots \\ 0 & & & \frac{1}{\sigma_k^2} \end{bmatrix} (\mathbb{X} - \mu_{\mathbb{X}}) \right)$$

$$= \frac{1}{(\sqrt{2\pi})^k \sqrt{\sigma_1^2 \cdots \sigma_k^2}} \exp\left(-\frac{1}{2}\sum_{i=1}^{k}\left(\frac{x_i - \mu_{X_i}}{\sigma_i}\right)^2\right)$$

$$= \frac{1}{\sqrt{2\pi\sigma_1^2}} \exp\left(-\frac{1}{2}\left(\frac{x_1 - \mu_1}{\sigma_1}\right)^2\right) \times \cdots \times \frac{1}{\sqrt{2\pi\sigma_k^2}} \exp\left(-\frac{1}{2}\left(\frac{x_k - \mu_k}{\sigma_k}\right)^2\right)$$

$$= \prod_{i=1}^{k} \frac{1}{\sqrt{2\pi\sigma_i^2}} \exp\left(-\frac{1}{2}\left(\frac{x_i - \mu_i}{\sigma_i}\right)^2\right)$$

$$= \prod_{i=1}^{k} f_{X_i}(x_i).$$

여기에서 $\prod$는 곱의 표시로서 일반적으로 $\prod_{i=1}^{n} a_i = a_1 \times \cdots \times a_n$을 의미한다. $f_{X_i}(x_i)$는 정규분포 $\mathcal{N}(\mu_i, \sigma_i^2)$의 확률밀도함수로서 다음과 같다.

$$f_{X_i}(x_i) = \frac{1}{\sqrt{2\pi\sigma_i^2}} \exp\left(-\frac{1}{2}\left(\frac{x_i - \mu_i}{\sigma_i}\right)^2\right).$$

따라서, 다변수 정규분포의 경우, $i \neq j$인 모든 i, j에 대해 $\sigma_{ij} = 0$이면 $X_1, \cdots, X_k$가 독립이다.

6.4 정규분포와 t-분포

$X_1, X_2, \cdots, X_n$이 상호 독립적이고, 동일하게 정규분포 $\mathcal{N}(\mu, \sigma^2)$를 따르는 확률변수라고 하자. 새로운 확률변수 $\overline{X}$와 S^2를 아래와 같이 정의하자.

$$\overline{X} = \frac{1}{n}\sum_{i=1}^{n} X_i, \; S^2 = \frac{1}{n-1}\sum_{i=1}^{n} (X_i - \overline{X})^2$$

위와 같은 조건에서 다음의 명제들은 모두 참이다.

1. $\overline{X}$는 $\mathcal{N}\left(\mu, \frac{\sigma^2}{n}\right)$를 따른다.
2. $\overline{X}$와 S^2는 독립이다.
3. $(n-1)S^2/\sigma^2$는 $\chi^2(n-1)$ 분포를 따른다.
4. 확률변수 $T = \frac{\overline{X}-\mu}{S/\sqrt{n}}$는 자유도가 $n-1$인 t-분포를 따른다.

이제 위의 네 가지 명제들을 각각 증명해보자.

명제 1. $\overline{X}$는 $\mathcal{N}\left(\mu, \frac{\sigma^2}{n}\right)$를 따른다.

증명

$$\overline{X} = \frac{1}{n}X_1 + \cdots + \frac{1}{n}X_n$$

정규분포 확률변수들의 선형결합은 정규분포를 따른다.[7] 따라서, $\overline{X}$는 $\mathcal{N}\Big(E(\overline{X}),$

7 여기에서는 이에 대한 증명은 하지 않는다. 독자들은 정규분포의 특징으로 받아들이기를 바란다.

$Var(\overline{X})\big)$를 따른다.

$$E(\overline{X}) = E\left[\frac{1}{n}X_1 + \cdots + \frac{1}{n}X_n\right] = \frac{1}{n}\sum_{i=1}^{n} E(X_i) = \mu.$$

$$\begin{aligned} Var(\overline{X}) &= Var\left[\frac{1}{n}X_1 + \cdots + \frac{1}{n}X_n\right] \\ &= Cov\left(\frac{1}{n}X_1 + \cdots + \frac{1}{n}X_n, \frac{1}{n}X_1 + \cdots + \frac{1}{n}X_n\right) \\ &= \frac{1}{n^2}\sum_{i=1}^{n} Cov(X_i, X_i) + \frac{1}{n^2}\sum_{i=1}^{n}\sum_{j\neq i}^{n} Cov(X_i, X_j) \\ &= \frac{1}{n^2} \times n \times Var(X_1) = \frac{\sigma^2}{n}. \end{aligned}$$

마지막 등식은 X_i와 X_j, $i \neq j$가 독립이라는 사실을 이용한 것이다. ▨

명제 2. $\overline{X}$와 S^2는 독립이다.

증명

$\mathbb{X} = (X_1, \cdots, X_n)'$라 하자. 각 확률변수 $X_i \sim \mathcal{N}(\mu, \sigma^2)$이다. 따라서, $\mathbb{X} \sim \mathcal{N}(\mu\iota, \sigma^2 I_n)$이다. 여기에서 $\boldsymbol{\iota}$는 1을 원소로 하는 $n \times 1$ 열벡터이고, I_n은 $n \times n$ 항등행렬(identity matrix)이다.

$\mathbf{v}' = \frac{1}{n}\boldsymbol{\iota}' = (1/n, \cdots, 1/n)$라 하자. 따라서, $\overline{X} = \mathbf{v}'\mathbb{X}$임에 유의하자.

$\mathbb{Y} = (X_1 - \overline{X}, \cdots, X_n - \overline{X})' = \mathbb{X} - \iota\mathbf{v}'\mathbb{X}$라 하자. $\mathbb{Y}$는 $n \times 1$ 열벡터임에 유의하라.

이제 다음의 벡터 $\mathbb{W}$를 생각해보자.

$$\mathbb{W} = \begin{bmatrix} \overline{X} \\ \mathbb{Y} \end{bmatrix} = \begin{bmatrix} \mathbf{v}'\mathbb{X} \\ (I_n - \iota\mathbf{v}')\mathbb{X} \end{bmatrix} = \begin{bmatrix} \mathbf{v}' \\ I_n - \iota\mathbf{v}' \end{bmatrix}\mathbb{X}$$

여기에서 $\mathbb{W}$는 $(n+1) \times 1$ 벡터임에 유의하라.

한편,

$$E[\mathbb{W}] = \begin{bmatrix} E[\mathbf{v}'\mathbb{X}] \\ E[(I_n - \iota\mathbf{v}')\mathbb{X}] \end{bmatrix} = \begin{bmatrix} \mathbf{v}' \\ I_n - \iota\mathbf{v}' \end{bmatrix} E[\mathbb{X}] = \begin{bmatrix} \mathbf{v}' \\ I_n - \iota\mathbf{v}' \end{bmatrix} \mu\boldsymbol{\iota} = \begin{bmatrix} \mathbf{v}'\mu\boldsymbol{\iota} \\ (I_n - \iota\mathbf{v}'\mu\boldsymbol{\iota}) \end{bmatrix} = \begin{bmatrix} \mu \\ \mathbf{0}_n \end{bmatrix}$$

여기에서 $\mathbf{v}'\mu\boldsymbol{\iota} = \mu\mathbf{v}'\boldsymbol{\iota} = \mu$이고, $(I_n - \iota\mathbf{v}')\mu\boldsymbol{\iota} = \mu\boldsymbol{\iota} - \boldsymbol{\iota}\mathbf{v}'\mu\boldsymbol{\iota} = \mu\boldsymbol{\iota} - \boldsymbol{\iota}\mu = \mu\boldsymbol{\iota} - \mu\boldsymbol{\iota} = \mathbf{0}_n$으로 n개의 0으로 구성되어 있는 $n \times 1$ 열벡터이다.

이제 $A = \begin{bmatrix} \mathbf{v}' \\ I_n - \iota\mathbf{v}' \end{bmatrix}$라 하면, $\mathbb{W} = A\mathbb{X}$이다. 여기에서 A는 $(n+1) \times n$ 행렬이다. 게다가, 다변수 정규분포를 따르는 $\mathbb{X}$의 선형식인 $\mathbb{W}$도 정규분포 $\mathcal{N}(E(\mathbb{W}), \Sigma_{\mathbb{W}})$를 따른다. 앞에서 $E[\mathbb{W}]$를 구했으니, 이제 분산 행렬인 $\Sigma_{\mathbb{W}}$을 구해보자.

$$\begin{aligned} Var(\mathbb{W}) = \Sigma_{\mathbb{W}} = Var[A\mathbb{X}] &= E\left[\left(A\mathbb{X} - E(A\mathbb{X})\right)\left(A\mathbb{X} - E(A\mathbb{X})\right)'\right] \\ &= A\,Var[\mathbb{X}]A' = A\Sigma_{\mathbb{X}}A' \\ &= \begin{bmatrix} \mathbf{v}' \\ I_n - \iota\mathbf{v}' \end{bmatrix} \sigma^2 I_n \begin{bmatrix} \mathbf{v}' \\ I_n - \iota\mathbf{v}' \end{bmatrix}' = \begin{bmatrix} \mathbf{v}' \\ I_n - \iota\mathbf{v}' \end{bmatrix} \sigma^2 I_n [\mathbf{v} \;\; I_n - \mathbf{v}\iota'] \\ &= \sigma^2 \begin{bmatrix} \mathbf{v}'\mathbf{v} & \mathbf{v}'(I_n - \mathbf{v}\iota') \\ (I_n - \iota\mathbf{v}')\mathbf{v} & (I_n - \iota\mathbf{v}')(I_n - \mathbf{v}\iota') \end{bmatrix} \\ &= \sigma^2 \begin{bmatrix} \frac{1}{n} & \mathbf{0}_{1\times n} \\ \mathbf{0}_{n\times 1} & I_n - \frac{1}{n}\iota\iota' \end{bmatrix} \end{aligned}$$

마지막 등식은 다음과 같은 이유 때문이다.

(1) $\mathbf{v}'\mathbf{v} = \frac{1}{n}\iota'\iota\frac{1}{n} = \frac{1}{n}$.

(2) $\mathbf{v}'(I_n - \mathbf{v}\iota') = \mathbf{v}' - \mathbf{v}'\mathbf{v}\iota' = \mathbf{v}' - \frac{1}{n}\iota' = \mathbf{0}$으로 $1 \times n$ 벡터이다.

(3) $(I_n - \iota\mathbf{v}')\mathbf{v} = \mathbf{v} - \iota\mathbf{v}'\mathbf{v} = \mathbf{v} - \iota\frac{1}{n} = \mathbf{0}$으로 $n \times 1$ 벡터이다.

(4) $(I_n - \iota\mathbf{v}')(I_n - \mathbf{v}\iota') = I_n - \mathbf{v}\iota' - \iota\mathbf{v}' + \iota\mathbf{v}'\mathbf{v}\iota' = I_n - \mathbf{v}\iota' = I_n - \frac{1}{n}\iota\iota'$. (4)에서는 다음의 사실이 이용되었다.

$$\iota\mathbf{v}' = \mathbf{v}\iota' = \iota\mathbf{v}'\mathbf{v}\iota' = \begin{bmatrix} \frac{1}{n} & \cdots & \frac{1}{n} \\ \vdots & \ddots & \vdots \\ \frac{1}{n} & \cdots & \frac{1}{n} \end{bmatrix}.$$

$\mathbb{W} = \begin{bmatrix} \overline{X} \\ \mathbb{Y} \end{bmatrix}$가 다변수 정규분포를 따르는 확률벡터이기 때문에 $\overline{X} \equiv \mathbf{v}'\mathbb{X}$와 $\mathbb{Y} \equiv (I_n - \iota\mathbf{v}')\mathbb{X}$의 공분산이 $\mathbf{0}$이란 사실은 $\overline{X}$와 $\mathbb{Y}$가 독립이라는 것을 함의한다.[8] 따라서, $\overline{X}$와 $\mathbb{Y}$의 함수인 $S^2 = \frac{1}{n-1}\mathbb{Y}'\mathbb{Y}$은 상호 독립이다. ▨

명제 3. $(n-1)S^2/\sigma^2$는 자유도가 $n-1$인 카이제곱 분포를 따른다.
즉, $(n-1)S^2/\sigma^2 \sim \chi^2(n-1)$.

증명

$V = \sum_{i=1}^{n}\left(\frac{X_i-\mu}{\sigma}\right)^2$라 하자. $(X_i-\mu)/\sigma \sim \mathcal{N}(0,1)$이므로, 정의에 따라서 $V \sim \chi^2(n)$를 따른다.

$$\begin{aligned} V &= \sum_{i=1}^{n}\left(\frac{(X_i-\overline{X})+(\overline{X}-\mu)}{\sigma}\right)^2 \\ &= \sum_{i=1}^{n}\left(\frac{X_i-\overline{X}}{\sigma}\right)^2 + n\left(\frac{\overline{X}-\mu}{\sigma}\right)^2 \\ &= \frac{(n-1)S^2}{\sigma^2} + \left(\frac{\overline{X}-\mu}{\sigma/\sqrt{n}}\right)^2. \end{aligned}$$

여기에서 $S^2 = \frac{1}{n-1}\sum_{i=1}^{n}\left(X_i-\overline{X}\right)^2$이다. 두 번째 등식은 $\sum_{i=1}^{n}\left(X_i-\overline{X}\right)\left(\overline{X}-\mu\right) = \left(\overline{X}-\mu\right)\sum_{i=1}^{n}\left(X_i-\overline{X}\right) = 0$이기 때문이다.

8 엄밀히 말해서 여기에서 공분산은 영벡터이다.

명제 2에 의하여 S^2과 $\overline{X}$는 독립이다. 따라서, S^2과 $\overline{X}$의 함수인 우변에 있는 두 항 $\frac{(n-1)S^2}{\sigma^2}$와 $\left(\frac{\overline{X}-\mu}{\sigma/\sqrt{n}}\right)^2$ 도 독립이다. 독립적인 두 확률변수의 적률생성함수는 각각의 적률생성함수의 곱으로 정의되므로 다음의 식이 성립한다.

$$M_V(t) = E(e^{tV}) = E\left(e^{t\frac{(n-1)S^2}{\sigma^2}}\right)E\left(e^{t\left(\frac{\overline{X}-\mu}{\sigma/\sqrt{n}}\right)^2}\right).$$

$M_V(t)$는 $\chi^2(n)$의 적률생성함수이므로, $M_V(t) = (1-2t)^{-\frac{n}{2}}$임에 유의하자. 그리고, $Z = \frac{\overline{X}-\mu}{\sigma/\sqrt{n}}$라고 하면, $Z^2 \sim \chi^2(1)$이므로,

$$M_Z(t) \equiv E\left(e^{t\left(\frac{\overline{X}-\mu}{\sigma/\sqrt{n}}\right)^2}\right) = (1-2t)^{-\frac{1}{2}}\text{이다.}$$

그러므로 확률변수 $\frac{(n-1)S^2}{\sigma^2}$의 적률생성함수는 $E\left(e^{t\frac{(n-1)S^2}{\sigma^2}}\right) = (1-2t)^{-\frac{n-1}{2}}$로 $\chi^2(n-1)$을 따른다. 즉, $\frac{(n-1)S^2}{\sigma^2} \sim \chi^2(n-1)$. ▨

명제 4. 확률변수 $T = \frac{\overline{X}-\mu}{S/\sqrt{n}}$는 자유도가 $n-1$인 t-분포를 따른다.

증명

$$\begin{aligned} T &= \frac{\overline{X}-\mu}{S/\sqrt{n}} \\ &= \frac{(\overline{X}-\mu)/(\sigma/\sqrt{n})}{S/\sigma} \\ &= \frac{(\overline{X}-\mu)/(\sigma/\sqrt{n})}{\sqrt{(n-1)S^2/\sigma^2(n-1)}} \end{aligned}$$

$$= \frac{(\bar{X} - \mu)/(\sigma/\sqrt{n})}{\sqrt{\frac{(n-1)S^2}{\sigma^2}/(n-1)}}$$

마지막 등식의 분자와 분모를 보면, 명제 1 $(\bar{X} - \mu)/(\sigma/\sqrt{n}) \sim \mathcal{N}(0,1)$ 과 명제 3 $\frac{(n-1)S^2}{\sigma^2} \sim \chi^2(n-1)$ 에 의하여 T 가 자유도가 $n-1$ 인 t-분포를 따른다는 것을 알 수 있다. ▨

6.5 연습문제

1. $i = 1, \cdots, n$에서 $X_i \sim \mathcal{N}(0,1)$이다. $Y = X_1 + X_2 + \cdots + X_n$이라고 하자. $X_1, \cdots, X_n$ 모두 독립적이고 동일하게 분포하고 있다(i.i.d)고 하자.
   (a) $E(Y)$를 구하여라.
   (b) $Var(Y)$를 구하여라.

2. $X \sim \mathcal{N}(0,1)$이고, X의 확률밀도함수(pdf)가 $-\infty < x < \infty$에서 $f_X(x) = \frac{1}{\sqrt{2\pi}} \exp\left(-\frac{1}{2}x^2\right)$ 라고 하자. X의 적률생성함수는 $M_X(t) = \exp(\frac{t^2}{2})$이다.
   (a) $E(X^3)$을 $M_X(t)$을 이용하여 구하여라.
   (b) $E(X^4)$을 $M_X(t)$을 이용하여 구하여라.

3. $i = 1, \cdots, n$에서 $X_i \sim \mathcal{N}(0,1)$일 때, $Y = X_1 + X_2 + \cdots + X_n$이다. $X_1, \cdots, X_n$은 독립적이고 동일하게 분포(i.i.d)한다.
   (a) $E(Y)$를 구하여라.
   (b) $Var(Y)$를 구하여라.

4. $X \sim \mathcal{N}(3, 5^2)$라고 하자. 확률 $P[X < -2]$을 표준정규분포표를 이용하여 구하여라.

5. X가 정규분포 $\mathcal{N}(2, 2^2)$를 따른다고 하자.
   (a) 적률생성함수 $M_X(t) \equiv E[e^{tX}]$를 구하여라.
   (b) (a)의 결과를 이용하여 $E[X^3]$를 구하여라.

07 통계적 추론(Statistical Inference)

7.1 주요 용어

본 장에서는 표본, 추정량 및 가설검정에 대한 통계적 추론 등에 대하여 소개하고자 한다. 우선, 주요 용어들을 소개한다.

1. 확률변수 $X_1, X_2, \cdots, X_n$ 이 독립이고 동일한 분포를 따르는 경우(independently and identically distributed, i.i.d.), 표본 $(X_1, X_2, \cdots, X_n)$을 **독립적이고 동일한 무작위 표본(i.i.d. random sample)**이라고 한다. 여기에서 n은 **표본의 크기(sample size)**라고 한다.

   우리가 실제 관측하는 표본은 그러한 무작위 표본의 확률변수들이 실현된 값들이라고 보면 된다. 예컨대, 30대 남성의 키를 알기 위하여 30대 남성을 무작위로 500명을 뽑아 그들의 센티미터 단위의 키를 조사하면 500개의 숫자, 예컨대 (180, 172, …, 175)와 같은 500명의 키를 얻을 것이다. 그러한 500개의 숫자는 무작위 표본 $(X_1, X_2, \cdots, X_{500})$의 실현값들이고, 이 경우 표본의 크기는 500이 된다. 500명이 독립적으로 뽑히고, 각각의 키가 동일한 분포에서 나온 것이라면 해당 표본을 독립적이고 동일한 무작위 표본이라고 할 수 있다.

2. 표본의 함수를 **통계량(statistic)**이라 부른다. 통계량 T를 식으로 표현하자면 다음과 같이 표현할 수 있다.

$$T = g(X_1, \cdots, X_n).$$

   표본평균을 예로 들어보자. 표본평균(sample mean)을 $\overline{X}$ 라고 하자. 그러면, $\overline{X} = \frac{1}{n}\sum_{i=1}^{n} X_i$ 로 $(X_1, X_2, \cdots, X_n)$의 함수이다. 따라서, 표본에 있는 확률변수들의 합을

표본의 크기로 나눈 표본평균은 통계량이다. 표본의 실현값에 따라서 통계량의 실현값도 달라질 것이다. 이런 의미에서 통계량은 확률변수이다.

3. 모집단 관점에서 우리가 관심이 있는 대상을 **모수(parameter)**라고 한다. 모수는 모집단의 분포를 결정하는 상수일 수도 있고, 모집단의 특징을 반영하는 어떤 특정한 계수일 수도 있다. 모집단의 모수에 대응하는 표본에서의 통계량이 **추정량(estimator)**이다.

예컨대, 대한민국 30대 남성을 모집단이라고 하자. 그리고 우리가 관심이 있는 숫자는 대한민국 30대 남성 키의 기댓값(mean)이라고 하자. 이 경우 우리가 관심을 가지는 모수(parameter)는 대한민국 30대 남성 키의 기댓값(mean)인 것이다. 확률변수 X를 대한민국 30대 남성의 키라고 한다면, 해당 확률밀도함수가 있을 것이고, 그에 따라 기댓값도 존재할 것이다. 다만, 우리에게 알려져 있지 않을 뿐이다. 30대 남성의 키를 알기 위하여 무작위 표본을 만든다고 하자. 무작위로 독립적으로 대한민국 30대 남성 500명을 뽑고, 그들의 키를 각각 $(X_1, X_2, \cdots, X_{500})$이라고 한다면 이는 독립적이고 동일한 무작위 표본이 된다. 따라서 모수인 30대 남성의 키에 대한 기댓값은 $E[X]$가 될 것이고, 그러한 모수에 대응하는 표본의 통계량은 표본평균 $\overline{X}$이다. 앞서 언급한 바와 같이 표본평균 $\overline{X}$는 $\frac{1}{500}\sum_{i=1}^{500} X_i$으로 통계량이지만, 모수에 대응되는 통계량이라는 이유에서 모수 $E[X]$의 추정량이라고 부를 수 있다.

4. **추정값(estimate)**은 추정량이 실현된 값이라고 할 수 있다. 즉, 표본의 각 확률변수가 특정값으로 실현되었을 때 추정량이 실현되는 값이 추정값이다.

예를 들어, 독립적이고 동일한 무작위 표본의 $(X_1, X_2, \cdots, X_n)$이 특정한 값들인 $(x_1, x_2, \cdots, x_n)$로 실현되었다면 모수 $E[X]$의 추정량인 $\overline{X} = \frac{1}{n}\sum_{i=1}^{n} X_i$는 추정값 $\frac{1}{n}\sum_{i=1}^{n} x_i$로 실현된다. 추정량이 표본의 함수인 확률변수인 반면, 추정값은 실현값인 하나의 숫자라는 것에 유의하라.

아래의 예를 통하여 관련 용어들에 대한 이해를 더 명확하게 해보자.

예시 7.1 2010년 40대 한국여성의 연간 소득

2010년 한국에서의 40대 여성의 연간 소득의 평균과 분산에 우리의 관심이 있다고 하자. 실제로 2010년 40대 여성 전체를 조사하여 소득을 조사하는 것은 물리적으로 거의 불가능하다. 하지만 해당 모집단으로부터 독립적이고 동일한 무작위 표본을 구성하는 것은 그리 어렵지 않다. 따라서 40대 여성의 소득에 대한 무작위 표본 $(X_1, X_2, \cdots, X_n)$을 이용하여 모수인 평균 $E(X)$와 분산 $Var(X)$에 대한 추정량 및 추정값을 얻을 수 있다.

(a) 만약 표본의 크기가 1,000인 독립적이고 동일한 무작위 표본을 구성한다면, 2010년을 기준으로 40대인 여성의 소득에 관한 관측값 1,000개를 얻게 될 것이다. 이를 구체적으로 표현하면 다음과 같다.

$$(x_1, x_2, \cdots, x_n), \ \ n = 1000$$

여기에서 x_i는 확률변수 X_i의 실현값으로서 표본에서 i번째 여성의 2010년도 실제 연간 소득으로 해석할 수 있다.

(b) 우리가 관심을 갖는 모수인 기댓값 $E(X)$에 대한 추정량(estimator)인 표본평균은 다음과 같다.

$$\overline{X} = \frac{1}{n}\sum_{i=1}^{n} X_i.$$

그에 대한 추정값(estimate)은 표본 내 확률변수들이 각각 실현된 값을 대입하여 얻을 수 있으며 다음과 같다.

$$\overline{x} = \frac{1}{n}\sum_{i=1}^{n} x_i.$$

(c) 우리가 관심을 갖는 또 다른 모수인 분산 $Var(X)$에 대한 추정량인 표본분산은 다음과 같다.

$$S_X^2 = \frac{1}{n}\sum_{i=1}^{n}(X_i - \overline{X})^2.$$

같은 원리로 확률변수들의 실현값을 이용하여 해당 추정값을 구할 수 있으며, 이는 다음과 같다.

$$s_X^2 = \frac{1}{n}\sum_{i=1}^{n}(x_i - \overline{x})^2.$$

여기에서 $\overline{x} = \frac{1}{n}\sum_{i=1}^{n} x_i$이다.

7.2 표본평균

본 절에서는 가장 많이 이용되는 통계량 중 하나인 표본평균을 소개하고 그 특징을 살펴본다. 동일하고 독립적인 확률변수로 구성된 무작위 표본을 $(X_1, \cdots, X_n)$이라고 하자. 동일한 확률변수 X_i의 평균과 분산을 각각 μ와 σ^2라고 하자. 우선, **표본평균 (sample mean)**은 우리가 많은 관심을 가지는 모수인 기댓값 μ에 대한 추정량이다. 이 경우 표본평균은 다음과 같이 정의된다.

$$\overline{X} = \frac{1}{n}\sum_{i=1}^{n} X_i.$$

표본평균 $\overline{X}$는 확률변수 $(X_1, \cdots, X_n)$의 함수이므로 확률변수이고 어떤 분포를 가질 것이다. 따라서 확률변수인 표본평균은 기댓값과 분산을 가지며, 그것들은 다음과 같다.

1. $E(\overline{X}) = \mu$.

증명

$$E(\overline{X}) = E\left(\frac{1}{n}(X_1 + X_2 + \cdots + X_n)\right)$$
$$= \frac{1}{n}E(X_1) + \cdots + \frac{1}{n}E(X_n)$$
$$= n \times \frac{1}{n}E(X_1)$$
$$= \mu.$$

두 번째 등식은 확률변수들의 선형결합에 대한 기댓값은 개별 확률변수 기댓값의 선형결합과 같기 때문이다. 세 번째 등식은 $X_1, \cdots, X_n$이 동일한 확률변수이기 때문이다. ▨

2. $Var(\overline{X}) = \frac{\sigma^2}{n}$.

증명

$$Var(\overline{X}) = Cov(\overline{X}, \overline{X})$$
$$= Cov\left(\frac{1}{n}(X_1 + X_2 + \cdots + X_n), \frac{1}{n}(X_1 + X_2 + \cdots + X_n)\right)$$
$$= Cov\left(\frac{1}{n}X_1 + \frac{1}{n}X_2 + \cdots + \frac{1}{n}X_n, \frac{1}{n}X_1 + \frac{1}{n}X_2 + \cdots + \frac{1}{n}X_n\right)$$
$$= \sum_{i=1}^{n}\sum_{j=1}^{n} Cov\left(\frac{1}{n}X_i, \frac{1}{n}X_j\right)$$
$$= \sum_{i=1}^{n} Cov\left(\frac{1}{n}X_i, \frac{1}{n}X_i\right) + \sum_{i=1}^{n}\sum_{j\neq i, j=1}^{n} Cov\left(\frac{1}{n}X_i, \frac{1}{n}X_j\right)$$
$$= n \times \frac{1}{n}\frac{1}{n}Cov(X_1, X_1) + \sum_{i=1}^{n}\sum_{j\neq i, j=1}^{n} \frac{1}{n}\frac{1}{n}Cov(X_i, X_j)$$
$$= \frac{1}{n}\sigma^2.$$

마지막 부등식은 $i \neq j$인 경우, X_i와 X_j가 독립이기 때문에 $Cov(X_i, X_j) = 0$이라는

사실에서 나온다. ▨

이제 확률변수로서 표본평균 $\overline{X}$와 그것의 기댓값과 분산인 $E(\overline{X}) = \mu$와 $Var(\overline{X}) = \frac{\sigma^2}{n}$의 의미를 개략적으로 생각해보자. $E(\overline{X}) = \mu$를 이해하기 위하여 다음과 같은 생각을 해보자. 만약 R개의 독립적이고 동일한 무작위 표본들이 있다고 생각하자. 각 표본의 크기는 n이다. 즉, $(X_1, \cdots, X_n)^{(r)}$, $r = 1, \cdots, R$인 가상적인 상황을 생각해보자. 이때 r번째의 표본으로부터 표본평균 $\overline{X}^{(r)}$을 구할 수 있다. 만약 R이 충분히 크다면 $\overline{X}^{(r)}$의 평균은 μ와 매우 가까울 것이며, R이 무한히 크다면 $\overline{X}^{(r)}$의 평균은 μ가 될 것이라는 것이 $E(\overline{X}) = \mu$의 의미이다. 즉, R이 충분히 크면 $\overline{X}^{(r)}$들의 히스토그램을 그렸을 때 그 중심이 μ가 될 것이라는 의미이다. 그렇다면, $Var(\overline{X}) = \frac{\sigma^2}{n}$의 의미는 무엇인가를 생각해보자. 만약, R개의 표본평균 $\overline{X}^{(r)}$의 실현값들을 히스토그램으로 그린다면, 이들의 분산은 σ^2/n으로 개별 확률변수 X의 분산 σ^2보다 훨씬 작다는 것을 의미한다. 이는 표본평균의 실현값은 다른 표본을 이용하여도 큰 차이가 나지 않을 것임을 시사하며, 표본의 크기 n이 클수록 더욱 그 차이가 작아질 것임을 의미한다.

7.3 추정량의 성질

추정량이 갖추어야 할 몇 가지 중요한 성질 가운데 대표적인 것은 **일치성(consistency)**, **불편성(unbiasedness)**, 그리고 **효율성(efficiency)**이다. 먼저, $X_1, \cdots, X_n$이 확률변수 X에 대한 독립적이고 동일한 무작위 표본이라 하고, θ는 우리가 관심을 가지는 모수라고 하자. θ에 대한 추정량을 $T = g(X_1, X_2, \cdots, X_n)$라고 하자.

1. 만약 $E(T) = \theta$이면, T는 θ의 **불편추정량(unbiased estimator)**이다. 즉, 추정량의 기댓값이 모수와 같을 때, 그러한 추정량을 불편추정량이라고 부른다.

2. 만약 추정량 $T = g(X_1, X_2, \cdots, X_n)$가 θ로 확률 수렴한다면, T는 θ의 **일치추정량(consistent estimator)**이다. 확률 수렴은 다음 절에서 소개한다. 따라서, 추정량의 점근적

인 성질을 다루는 다음 절에서 일치추정량에 관하여 보다 자세한 설명을 한다.

3. 두 개의 불편추정량 T_1과 T_2가 있다고 가정하자. 즉, $T_1 = g_1(X_1, X_2, \cdots, X_n)$이고 $T_2 = g_2(X_1, X_2, \cdots, X_n)$이라 하자. 만약 T_1의 분산이 T_2의 분산보다 작다면, 즉 $Var(T_1) < Var(T_2)$ 이면, T_1은 T_2 보다 상대적으로 **더 효율적인 추정량(more efficient estimator)**이라고 한다.

불편추정량을 이해하기 위하여 다음을 생각해보자.

$X_1, \cdots, X_n$은 평균이 μ이고 분산이 σ^2인 확률변수 X에 대한 독립적이고 동일한 (i.i.d.) 무작위 표본이다.

(a) $\overline{X} = \frac{\sum_{i=1}^{n} X_i}{n}$는 μ의 불편추정량임을 보여라.

(증명) 이미 표본평균과 관련하여 앞 절에서 $E[\overline{X}] = E[X_1] = \mu$임을 확인하였다. 따라서, $\overline{X}$는 μ의 불편추정량이다.

(b) $S_1^2 = \frac{\sum_{i=1}^{n}(X_i - \overline{X})^2}{n-1}$는 σ^2의 불편추정량임을 보여라.

증명

S_1^2이 σ^2의 불편추정량임을 보이기 위해서는 $E[S_1^2] = \sigma^2$이 성립함을 보여야 한다. 먼저, 다음의 관계를 이용하자.

$$
\begin{aligned}
S_1^2 &= \frac{\sum_{i=1}^{n} (X_i - \overline{X})^2}{n-1} \\
&= \frac{\sum_{i=1}^{n} \left((X_i - \mu) - (\overline{X} - \mu)\right)^2}{n-1} \\
&= \frac{\sum_{i=1}^{n} \left((X_i - \mu)^2 + (\overline{X} - \mu)^2 - 2(X_i - \mu)(\overline{X} - \mu)\right)}{n-1}.
\end{aligned}
$$

따라서,

$$E[S_1^2] = \frac{1}{n-1}\sum_{i=1}^{n}\left(E(X_i-\mu)^2 + E(\bar{X}-\mu)^2 - 2E(X_i-\mu)(\bar{X}-\mu)\right).$$

먼저, $E(X_i-\mu)^2 = \sigma^2$이다. $E\left(\bar{X}-\mu\right)^2 = E\left(\bar{X}-E(\bar{X})\right)^2 = Var(\bar{X}) = \frac{\sigma^2}{n}$이다. 마지막으로,

$$\begin{aligned}
E(X_i-\mu)(\bar{X}-\mu) &= E\left[(X_i-\mu)\left(\frac{1}{n}\sum_{i=1}^{n}(X_i-\mu)\right)\right] \\
&= E\left[(X_i-\mu)\left(\frac{1}{n}(X_1-\mu)+\frac{1}{n}(X_2-\mu)+\cdots+\frac{1}{n}(X_n-\mu)\right)\right] \\
&= E\left[\frac{1}{n}(X_i-\mu)^2 + \sum_{j=1,j\neq i}^{n}\frac{1}{n}(X_i-\mu)(X_j-\mu)\right] \\
&= \frac{1}{n}E[(X_i-\mu)^2] + \sum_{j=1,j\neq i}^{n}\frac{1}{n}E[(X_i-\mu)(X_j-\mu)] \\
&= \frac{1}{n}\sigma^2.
\end{aligned}$$

마지막 등식은 $j \neq i$인 경우 상호 독립인 X_i와 X_j의 공분산은 0이기 때문이다. 즉, $j \neq i$일 때 $E[(X_i-\mu)(X_j-\mu)] = 0$. 따라서,

$$\begin{aligned}
E[S_1^2] &= \frac{1}{n-1}\sum_{i=1}^{n}\left(E(X_i-\mu)^2 + E\left(\bar{X}-\mu\right)^2 - 2E(X_i-\mu)\left(\bar{X}-\mu\right)\right) \\
&= \frac{1}{n-1}\sum_{i=1}^{n}\left(\sigma^2 + \frac{\sigma^2}{n} - 2\frac{1}{n}\sigma^2\right) \\
&= \frac{1}{n-1}\sum_{i=1}^{n}\left(\frac{n-1}{n}\sigma^2\right) = \frac{1}{n}\sum_{i=1}^{n}\sigma^2 \\
&= \sigma^2. \quad ▨
\end{aligned}$$

(c) $S_2^2 = \frac{\sum_{i=1}^{n}(X_i-\bar{X})^2}{n}$은 σ^2의 불편추정량이 아니다. 불편추정량이 아님을 증명하여라.

증명

$S_2^2 = \frac{n-1}{n}S_1^2$. 기댓값을 취하면 다음과 같다.

$$E[S_2^2] = \frac{n-1}{n}E[S_1^2] = \frac{(n-1)}{n}\sigma^2 \neq \sigma^2.$$

따라서, S_2^2은 σ^2의 불편추정량이 아니다. ▨

7.4 추정량의 점근적 성질(Large Sample Property)

본 절에서는 추정량이 표본의 크기가 커짐에 따라 가지게 되는 특징들을 소개하고자 한다. 그러한 특징들을 점근적인 성질(asymptotic property)이라고 한다. 특히 확률 수렴(convergence in probability)과 분포 수렴(convergence in distribuition)에 대하여 소개하고, 그와 관련된 대수의 법칙(law of large numbers)과 중심극한정리(central limit theorem)를 소개한다. 대수의 법칙과 중심극한정리는 매우 중요하고 자주 사용되는 개념이므로 잘 이해하는 것이 중요하다.

7.4.1 확률 수렴(Convergence in probability)

$\{X_n\}$이 n의 변화에 따른 확률변수의 열(sequence of random variable)이고 X가 확률변수라 하자. 아래의 조건이 만족할 때 X_n은 X로 **확률 수렴**한다고 한다. 여기에서 n은 표본의 크기를 나타낸다.[1]

$$\text{모든 } \epsilon > 0\text{에 대하여, } \lim_{n\to\infty} P[|X_n - X| \geq \epsilon] = 0.$$

1 반드시 n이 표본의 크기일 필요는 없다. 다만, 본 절이 표본의 크기에 따른 추정량의 성질에 대한 것이므로 n을 표본의 크기로 보아도 무방한 경우가 대부분이다.

또는,

$$\text{모든 } \epsilon > 0\text{에 대하여, } \lim_{n\to\infty} P[|X_n - X| < \epsilon] = 1.$$

이는 X_n과 X는 n이 무한히 커짐에 따라 실현되는 값의 차이가 확률적으로 없다는 의미이다. 아래는 X_n이 X로 확률 수렴하는 것을 나타내는 동일한 표현들이다.

1. $X_n \xrightarrow{p} X.$
2. $X_n - X \xrightarrow{p} 0.$
3. $\text{plim}_{n\to\infty} X_n = X.$

1은 확률변수 X_n이 X로 확률 수렴하는 것을 나타내며, 2는 두 확률변수의 차인 $X_n - X$이 0으로 확률 수렴하는 것을 의미한다. 3은 확률변수 X_n의 확률 극한이 X라는 것을 의미한다. 위의 세 가지 표현은 동일한 내용을 말하고 있다. 수렴의 목적지가 되는 X는 확률변수가 될 수도 있고 어떤 하나의 숫자인 상수가 될 수도 있음에 유의하라.

다음은 확률 수렴의 한 예이다.

예시 7.2 확률 수렴의 예

$X \sim \mathcal{N}(0,1)$이다. 그리고, Z_n는 $E(Z_n) = 0$, $Var(Z_n) = \frac{1}{n}$인 확률변수 열(sequence)이다. 확률변수의 열 X_n을 다음과 같이 정의하자.

$$X_n = X + Z_n.$$

n이 커지면서 Z_n의 실현값은 0을 중심으로 발생하면서 실현값들의 차이가 줄어들기 때문에 결국 X_n은 X로 확률 수렴하게 될 것이다. 즉,

$$\text{plim}\, X_n = X.$$

위의 명제가 참임을 확률 수렴의 정의를 이용하여 증명하면 다음과 같다.
주어진 임의의 $\epsilon > 0$에 대하여,

$$\begin{aligned}\lim_{n\to\infty} P[|X_n - X| \geq \epsilon] &= \lim_{n\to\infty} P[|Z_n| \geq \epsilon] \\ &= \lim_{n\to\infty} P[|Z_n|^2 \geq \epsilon^2] \\ &\leq \lim_{n\to\infty} \frac{E[|Z_n|^2]}{\epsilon^2} \\ &= \lim_{n\to\infty} \frac{E[Z_n^2]}{\epsilon^2} \\ &= \lim_{n\to\infty} \frac{Var(Z_n)}{\epsilon^2} \\ &= \lim_{n\to\infty} \frac{1}{n\epsilon^2} = 0.\end{aligned}$$

위에서 세 번째 식인 부등식은 마르코프 부등식(Markov inequality)을 이용한 결과이다.

다음은 확률 수렴과 관련된 중요한 정리들이다. 먼저 대수의 법칙을 소개한다. 엄밀히 말하면, 여기에서 대수의 법칙은 약한 대수의 법칙(Weak Law of Large Numbers)이다.

(1) 대수의 법칙(Law of Large Numbers)

정리 7.1

$X_1, \cdots, X_n$이 조건하에서 표본평균 $\overline{X}$는 모집단의 기댓값 μ로 확률 수렴한다. 즉, 독립적이고 동일한 무작위 표본이고, 각 X_i의 평균과 분산은 각각 μ와 $\sigma^2 < \infty$이다. 이러한

$$\overline{X} = \frac{1}{n}\sum_{i=1}^{n} X_i \xrightarrow{p} \mu.$$

증명

주어진 임의의 $\epsilon > 0$에 대하여 다음이 성립한다.

$$P[|\overline{X} - \mu| \geq \epsilon] = P\left[|\overline{X} - \mu| \geq \epsilon \frac{\sqrt{n}\sigma}{\sqrt{n}\sigma}\right]$$

$$= P\left[|\overline{X} - \mu| \geq \epsilon \frac{\sqrt{n}}{\sigma} \frac{\sigma}{\sqrt{n}}\right]$$

$$= P\left[|\overline{X} - \mu| \geq \epsilon \frac{\sqrt{n}}{\sigma} \frac{\sigma}{\sqrt{n}}\right]$$

$$\leq \left(\frac{1}{\epsilon \frac{\sqrt{n}}{\sigma}}\right)^2$$

$$= \frac{\sigma^2}{n\epsilon^2}.$$

$n \to \infty$에 따라 마지막 항은 0으로 수렴한다. 즉, $\frac{\sigma^2}{n\epsilon^2} \to 0$. 따라서, 모든 $\epsilon > 0$에 대해, 확률 $P[|X_n - \mu| \geq \epsilon]$은 0으로 수렴한다. ▨

참고로, 위의 네 번째 식인 부등식은 체비쉐프의 부등식(Chebyshev's Inequality)을 이용한 것이다. 체비쉐프의 부등식은 임의의 양수 k에 대하여 다음 부등식이 성립한다는 것이다.

$$P[(X - \mu)^2 \geq k^2\sigma_X^2] \leq \frac{1}{k^2} \Leftrightarrow P[|X - \mu| \geq k\sigma_X] \leq \frac{1}{k^2}.$$

예시 7.3 동전 던지기 실험을 이용한 대수의 법칙의 예

동전을 던져서 앞면이 나오면 1을 뒷면이 나오면 0인 확률변수 X를 생각하자. 독립적으로 동일한 동전을 n번 던져서 무작위 표본 $(X_1, \cdots, X_n)$을 만들 수 있다. 이 경우 표본평균은 $\frac{1}{n}\sum_{i=1}^{n} X_i$ 이다. MATLAB라는 통계프로그램을 이용하여, n이 10, 20, 30, ⋯, 10000이 되도록 실험을 하고 각 경우의 표본평균을 구한 결과 다음 그림을 얻을 수 있었다. 표본의 크기가 커질수록 $\overline{X}$의 추정값이 기댓값 0.5에 근접함을 알 수 있다.

[그림 7.1] 대수의 법칙

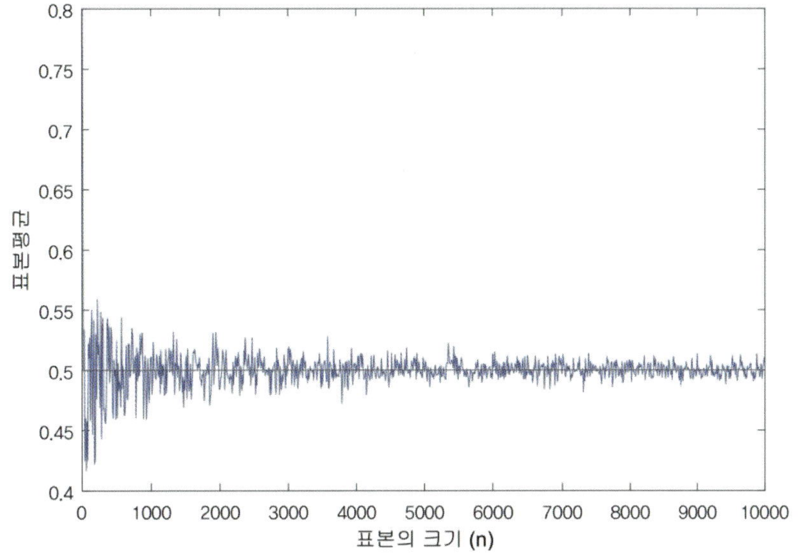

(2) 슬러츠키 정리(Slutsky Theorem) 1

정리 7.2

$X_n \xrightarrow{p} X$이고, 함수 $g(\cdot)$가 연속함수(continuous function)라고 할 때, $g(X_n)$은 $g(X)$로 확률 수렴한다. 즉,

$$g(X_n) \xrightarrow{p} g(X).$$

위에서 기술한 슬러츠키 정리는 확률변수로 수렴하는 경우를 포함한다. 이보다 이해하기 쉬운 내용의 슬러츠키 정리는 상수로 수렴하는 경우이며 여기에서는 이를 증명하고자 한다.

(3) 슬러츠키 정리(Slutsky Theorem) 2

정리 7.3

어떤 상수 c에 대하여, $X_n \xrightarrow{p} c$이고, 함수 $g(\cdot)$가 연속함수(continuous function)라고

할 때, $g(X_n)$은 $g(c)$로 확률 수렴한다. 즉,

$$g(X_n) \xrightarrow{p} g(c).$$

증명

앞에서 언급한 바와 같이 슬러츠키 정리 2는 정리 1의 특수한 형태이다. 대신, 증명이 간단하다. 먼저 함수 g가 c에서 연속이므로 임의의 $\epsilon > 0$에 대하여 어떤 $\delta > 0$가 있어서 다음을 만족한다.

$$\text{만약 } |x - c| < \delta \text{이면 } |g(x) - g(c)| < \epsilon.$$

위 명제는 대우와 동치이므로 다음도 성립한다.

$$\text{만약 } |g(x) - g(c)| \geq \epsilon \text{이면 } |x - c| \geq \delta.$$

x 대신 확률변수 X_n을 대입하면, 위의 명제로부터 다음의 관계를 얻을 수 있다.

$$P[|g(X_n) - g(c)| \geq \epsilon] \leq P[|X_n - c| \geq \delta].$$

$X_n \xrightarrow{p} c$ 이므로 $\lim_{n\to\infty} P[|X_n - c| \geq \delta] = 0$ 이고, 이는 $\lim_{n\to\infty} P[|g(X_n) - g(c)| \geq \epsilon] = 0$을 함의한다. 따라서, $g(X_n) \xrightarrow{p} g(c)$. ▨

예시 7.4

> 표본평균 $\overline{X} = \frac{1}{n}\sum_{i=1}^{n} X_i$와 모수 $E[X_i] = \mu$를 생각해보자. 여기에서 모수는 0이 아니라고 가정하자. 즉, $\mu \neq 0$. 이 경우 $\overline{X}^2$과 $\frac{1}{\overline{X}}$의 확률 극한은 각각 무엇인가?

우리는 대수의 법칙(LLN)에 의하여 $\overline{X} \xrightarrow{p} \mu$임을 알고 있다. 따라서, 슬러츠키 정리를 이용하여 $\overline{X}^2$와 $\frac{1}{\overline{X}}$의 확률 극한이 각각 μ^2와 $\frac{1}{\mu}$임을 쉽게 알 수 있다. 즉, 이를 다음과 같이 상세히 설명할 수도 있다. $\overline{X}^2$의 경우, 연속함수 $g(t) = t^2$라는 것을

생각하면 슬러츠키 정리를 쉽게 이용할 수 있다. 즉,

$$\overline{X}^2 \xrightarrow{p} \mu^2.$$

한편, $\frac{1}{\overline{X}}$의 경우, 연속함수 $g(t) = 1/t$를 생각할 수 있으며, $g(\overline{X})$의 확률 극한이 $\frac{1}{\mu}$가 됨을 쉽게 유추할 수 있다. 즉,

$$\frac{1}{\overline{X}} \xrightarrow{p} \frac{1}{\mu}.$$

확률 수렴과 관련된 추정량의 중요한 성질은 **일치성(consistency)**이다. $X_1, \cdots, X_n$이 독립적이고 동일한 무작위 표본이고, T가 모수 θ의 추정량이라 하자. 만약 $T \xrightarrow{p} \theta$가 성립하면, 추정량 T를 모수 θ의 **일치추정량(consistent estimator)**이라고 한다.

앞에서 소개한 표본평균 $\overline{X} = \frac{1}{n}\sum_{i=1}^{n} X_i$는 모수 $\mu \equiv E[X]$의 일치추정량이다. 이는 대수의 법칙 그 자체로서 당연히 성립한다. 그렇다면, 모수 $\sigma^2 \equiv Var(X)$의 추정량을 생각해보자. 우리는 앞에서 X의 분산 σ^2에 대한 추정량으로 $S_1^2 = \frac{1}{n-1}\sum_{i=1}^{n} \left(X_i - \overline{X}\right)^2$과 $S_2^2 = \frac{1}{n}\sum_{i=1}^{n} \left(X_i - \overline{X}\right)^2$을 고려하였다. S_1^2은 σ^2의 불편추정량이지만, S_2^2은 그렇지 못함을 확인할 수 있었다. 그렇다면 일치성 측면에서는 어떠할까?

먼저 $S_1^2 = \frac{1}{n-1}\sum_{i=1}^{n} \left(X_i - \overline{X}\right)^2$을 보자.

$$\begin{aligned} S_1^2 &= \frac{1}{n-1}\sum_{i=1}^{n} \left(X_i - \overline{X}\right)^2 \\ &= \frac{n}{n-1}\left(\frac{1}{n}\sum_{i=1}^{n} \left(X_i - \overline{X}\right)^2\right). \end{aligned}$$

여기에서 다음 세 가지 사항을 주목하자.

1. 대수의 법칙에 의하여 $\overline{X}$는 표본 크기 n이 커지면서 μ로 확률 수렴한다.
2. 표본의 크기가 충분히 크면 $\overline{X}$는 μ와 거의 같을 것이다. 따라서 $\frac{1}{n}\sum_{i=1}^{n}\left(X_i-\overline{X}\right)^2$는 $\frac{1}{n}\sum_{i=1}^{n}(X_i-\mu)^2$와 비슷할 것이다. 한편, $\frac{1}{n}\sum_{i=1}^{n}(X_i-\mu)^2$은 표본의 크기가 증가함에 따라서 대수의 법칙에 의하여 $E[(X_1-\mu)^2]=\sigma^2$으로 확률 수렴하게 된다. 따라서 다음이 성립한다.

$$\frac{1}{n}\sum_{i=1}^{n}\left(X_i-\overline{X}\right)^2 \xrightarrow{p} \sigma^2.$$

3. $\frac{n}{n-1}$은 n이 증가함에 따라 1로 수렴한다.

위의 세 가지 사항을 종합하면, 우리는 S_1^2이 σ^2으로 확률 수렴한다는 것을 알 수 있다.

이번에는 $S_2^2=\frac{1}{n}\sum_{i=1}^{n}\left(X_i-\overline{X}\right)^2$을 생각해보자.

$$\begin{aligned} S_2^2 &= \frac{1}{n}\sum_{i=1}^{n}\left(X_i-\overline{X}\right)^2 \\ &\approx \frac{1}{n}\sum_{i=1}^{n}(X_i-\mu)^2 \\ &\xrightarrow{p} \sigma^2 \equiv E[(X_1-\mu)^2]. \end{aligned}$$

여기에서 ≈는 거의 같다는 표시이다. 위의 두 예를 통하여 S_1^2과 S_2^2은 모두 σ^2의 일치추정량이 됨을 알 수 있다.

7.4.2 분포 수렴(Convergence in distribution)

$\{X_n\}$은 확률변수들의 열(sequence)이고 F_{X_n}은 X_n의 분포함수이다. 확률변수 X의 분포함수는 F_X이다. 다음의 조건이 만족할 때, X_n은 X로 **분포 수렴**한다고 말하며,

이를 다음과 같이 표기한다.

$$\text{모든 } x \text{ 에 대하여, } \lim_{n\to\infty} F_{X_n}(x) = F_X(x).$$

여기에서 F_X를 **점근분포**(asymptotic distribution)**함수** 또는 **극한분포**(limiting distribution)**함수**라고 부른다. 아래는 동일한 분포 수렴에 대한 다양한 표현들이다.

1. $X_n \xrightarrow{d} X$.
2. X_n은 X로 **법칙 수렴한다**(convergence in law).

분포 수렴과 관련된 주요 정리로는 중심극한정리(central limit theorem), 연속대응정리(continuous mapping theorem) 그리고 델타 방법(delta method) 등이 있다. 먼저, 가장 중요하고 기본이 되는 중심극한정리를 소개한다.

(1) 중심극한정리(Central Limit Theorem) 1

정리 7.4

σ^2이 알려져 있다고 가정하자. $X_1, \cdots, X_n$이 독립적이고 동일한(i.i.d.) 무작위 표본이며, X_i의 평균은 μ, 분산은 $\sigma^2 < \infty$이라 하자. 이러한 가정하에서 표본의 크기가 충분히 크면 통계량 $\sqrt{n}(\overline{X} - \mu)/\sigma$는 표준정규분포를 따르게 된다. 즉,

$$\frac{\sqrt{n}(\overline{X} - \mu)}{\sigma} \equiv \frac{\overline{X} - \mu}{\sqrt{Var(\overline{X})}} \equiv \frac{1}{\sqrt{n}} \sum_{i=1}^{n} \left(\frac{X_i - \mu}{\sigma}\right) \xrightarrow{d} Z$$

여기에서 $\overline{X} = \frac{1}{n}\sum_{i=1}^{n} X_i$, $\mu = E(X_1)$이고 $Z \sim \mathcal{N}(0,1)$이다.

증명

$Y_n = \sqrt{n}(\overline{X} - \mu)/\sigma$이라 놓고, Y_n의 적률생성함수를 구해보자.

$$M_{Y_n}(t) = E[\exp(tY_n)]$$

$$= E\left[\exp\left(t\sqrt{n}(\overline{X}-\mu)/\sigma\right)\right]$$
$$= E\left[\exp\left(t\sum_{i=1}^{n}\left(\frac{X_i-\mu}{\sigma\sqrt{n}}\right)\right)\right]$$
$$= E\left[\exp\left(t\left(\frac{X_1-\mu}{\sigma\sqrt{n}}\right)\right)\times\cdots\times\exp\left(t\left(\frac{X_n-\mu}{\sigma\sqrt{n}}\right)\right)\right].$$

확률변수 $X_1,\cdots,X_n$ 이 상호 독립이므로 확률변수 $\frac{X_1-\mu}{\sigma\sqrt{n}},\cdots,\frac{X_n-\mu}{\sigma\sqrt{n}}$도 상호 독립이다. 따라서,

$$M_{Y_n}(t) = E\left[\exp\left(t\left(\frac{X_1-\mu}{\sigma\sqrt{n}}\right)\right)\right]\times\cdots\times E\left[\exp\left(t\left(\frac{X_n-\mu}{\sigma\sqrt{n}}\right)\right)\right].$$

확률변수 $X_1,\cdots,X_n$ 이 동일하므로 확률변수 $\frac{X_1-\mu}{\sigma\sqrt{n}},\cdots,\frac{X_n-\mu}{\sigma\sqrt{n}}$도 동일하다. 여기서 동일하다는 것은 같은 분포를 따른다는 것을 의미한다. 따라서, $-h<\frac{t}{\sigma\sqrt{n}}<h$에 대하여

$$M_{Y_n}(t) = \left(E\left[\exp\left(t\left(\frac{X_1-\mu}{\sigma\sqrt{n}}\right)\right)\right]\right)^n.$$

한편, $(X-\mu)$의 적률생성함수 $m(t)$를 다음과 같이 정의하자. 임의의 $-h<t<h$, $h>0$에 대하여,

$$m(t) = E\left[\exp\left(t(X-\mu)\right)\right].$$

여기에서 $m'(t) = E\left[(X-\mu)\exp\left(t(X-\mu)\right)\right]$ 그리고 $m''(t) = E\left[(X-\mu)^2\exp\left(t(X-\mu)\right)\right]$임을 알 수 있다.

테일러 정리(Taylor's theorem)를 이용하면, 어떤 $t_0\in(0,t)$가 있어서 다음이 성립한다.

$$m(t) = m(0) + m'(0)t + \frac{m''(t_0)}{2}t^2$$

$$\begin{aligned}
&= 1 + \frac{m''(t_0)}{2}t^2 \\
&= 1 + \frac{\sigma^2 t^2}{2} - \frac{\sigma^2 t^2}{2} + \frac{m''(t_0)}{2}t^2 \\
&= 1 + \frac{\sigma^2 t^2}{2} + \frac{(m''(t_0) - \sigma^2)}{2}t^2.
\end{aligned}$$

두 번째 등식은 $m'(t) = E[(X-\mu)\exp(t(X-\mu))]$과 $m'(0) = E[X-\mu] = 0$, 그리고 $m(0) = 1$로부터 나온다.

이제 마지막 식의 t 자리에 $t/(\sigma\sqrt{n})$을 넣자. 그러면, $-h < \frac{t}{\sigma\sqrt{n}} < h$에 대하여

$$\begin{aligned}
m\big(t/(\sigma\sqrt{n})\big) &= 1 + \frac{\sigma^2(t/(\sigma\sqrt{n}))^2}{2} + \frac{(m''(t_0) - \sigma^2)}{2}(t/(\sigma\sqrt{n}))^2 \\
&= 1 + \frac{t^2}{2n} + \frac{(m''(t_0) - \sigma^2)}{2n\sigma^2}t^2.
\end{aligned}$$

여기에서 이제 t_0은 0과 $t/(\sigma\sqrt{n})$ 사이에 있다. 앞에서 구한 $M_{Y_n}(t)$는 다음과 같이 된다.

$$\begin{aligned}
M_{Y_n}(t) &= \left(E\left[\exp\left(t\left(\frac{X_1 - \mu}{\sigma\sqrt{n}}\right)\right)\right]\right)^n \\
&= \big(m(t/(\sigma\sqrt{n})\big)^n \\
&= \left(1 + \frac{t^2}{2n} + \frac{(m''(t_0) - \sigma^2)}{2n\sigma^2}t^2\right)^n.
\end{aligned}$$

따라서

$$\begin{aligned}
\lim_{n\to\infty} M_{Y_n}(t) &= \lim_{n\to\infty}\left(1 + \frac{t^2}{2n} + \frac{(m''(t_0) - \sigma^2)}{2n\sigma^2}t^2\right)^n \\
&= \lim_{n\to\infty}\left(1 + \frac{t^2}{2n}\left(1 + \frac{(m''(t_0) - \sigma^2)}{\sigma^2}\right)\right)^n \\
&= \exp\left(\frac{t^2}{2}\right).
\end{aligned}$$

이는 다음과 같은 이유 때문이다.

1. n이 증가할수록 t_0는 0으로 수렴하는데, 이는 t_0가 0과 $t/(\sigma\sqrt{n})$ 사이에 있기 때문이다. 따라서, n이 증가할수록 $m''(t_0)$는 $m''(0)$으로 수렴한다.
2. $m''(0) = \sigma^2$인데, 이는 $m''(t) = E[(X-\mu)^2\exp(t(X-\mu))]$로부터 얻을 수 있다.
3. $\exp(x) = \lim_{n\to\infty}\left(1+\frac{x}{n}\right)^n$이다. ▨

(2) 중심극한정리(Central Limit Theorem) 2

이번에는 σ^2이 알려져 있지 않은 경우의 중심극한정리를 소개한다. σ^2이 알려져 있지 않기 때문에 표본분산 S^2을 이용한다. 중심극한정리 1과 동일한 조건하에서, 통계량 $\frac{\overline{X}-\mu}{S/\sqrt{n}}$는 표본의 크기가 커질수록 표준정규분포를 따르게 된다. 즉, $n\to\infty$이면, 다음이 성립한다.

정리 7.5

$$\frac{\overline{X}-\mu}{S/\sqrt{n}} \equiv \frac{\overline{X}-\mu}{\sqrt{\widehat{Var}(\overline{X})}} \equiv \frac{1}{\sqrt{n}}\sum_{i=1}^{n}\left(\frac{X_i-E(X_1)}{S}\right) \xrightarrow{d} Z$$

여기에서 $S^2 = \frac{1}{n}\sum_{i=1}^{n}(X_i-\overline{X})^2$, $Z \sim \mathcal{N}(0,1)$를 따른다.

중심극한정리는 X가 원래 어떤 분포를 따르냐에 관계없이 성립함에 유의하라.

이를 다음 예시를 통하여 확인해보자.

예시 7.5 (X가 베르누이 분포를 따를 때)

확률변수 X는 성공확률이 0.5인 베르누이 분포를 따르는 경우이다. 독립적이고 동일한 무작위 표본을 1,000개를 만든다. 각 표본의 크기(n)는 10개, 100개, 그리고 1,000개인 세 가지 경우를 비교하고자 한다. 각각의 경우에서 통계량 $\frac{\sqrt{n}(\bar{X}-\mu)}{\sigma}$을 1,000개를 구하여 히스토그램을 그려 표본의 크기에 따른 히스토그램 모양을 비교해보고자 한다. 참고로, μ와 σ는 각각 0.5 및 $\sqrt{0.25} = 0.5$임을 알 수 있다.

아래 그림의 히스토그램은 맨 위가 $n = 10$, 두 번째가 $n = 100$ 그리고 맨 아래가 $n = 1000$인 경우이다. n이 클수록 정규분포에 근사함을 알 수 있다. 따라서, X가 0 또는 1인 값을 가지는 이산확률변수라 하더라도, 중심극한정리가 잘 작동함을 알 수 있다.

[그림 7.2] $\boldsymbol{X}$가 베르누이 분포를 따를 때 $\frac{\sqrt{n}(\bar{X}-\mu)}{\sigma}$의 히스토그램

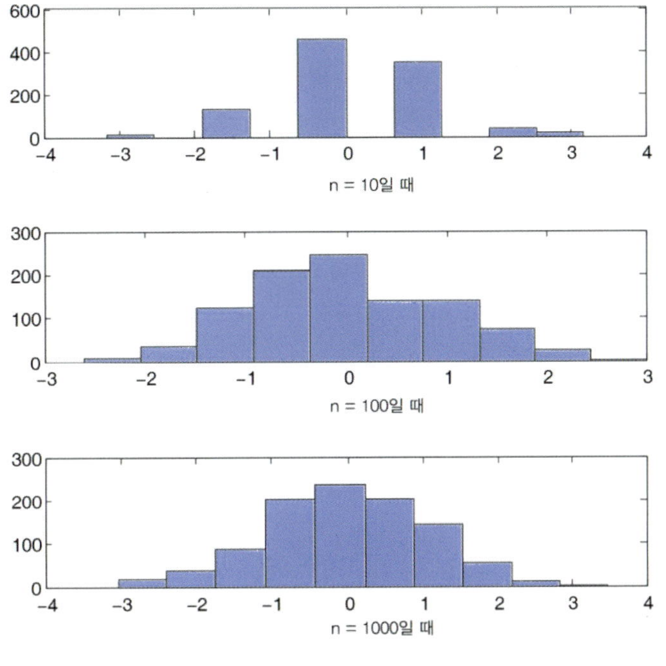

예시 7.6 (X가 $\chi^2(10)$을 따를 때)

확률변수 X는 자유도가 10인 카이제곱 분포를 따르는 경우이다. 이로부터 독립적이고 동일한 무작위 표본을 1,000개를 만든다. 각 표본의 크기(n)는 10개, 100개, 그리고 1,000개인 세 가지 경우를 비교하고자 한다. 각각의 경우에서 통계량 $\frac{\sqrt{n}(\bar{X}-\mu)}{\sigma}$을 구하고 히스토그램을 그려 표본의 크기에 따른 히스토그램 모양을 비교해보고자 한다. 참고로, μ와 σ는 각각 10 및 $\sqrt{20}$임을 알 수 있다.

연속확률변수의 경우에도 중심극한정리는 표본이 클수록 잘 작동함을 알 수 있다.

[그림 7.3] X가 자유도가 10인 카이제곱 분포를 따를 때 $\frac{\sqrt{n}(\bar{X}-\mu)}{\sigma}$의 히스토그램

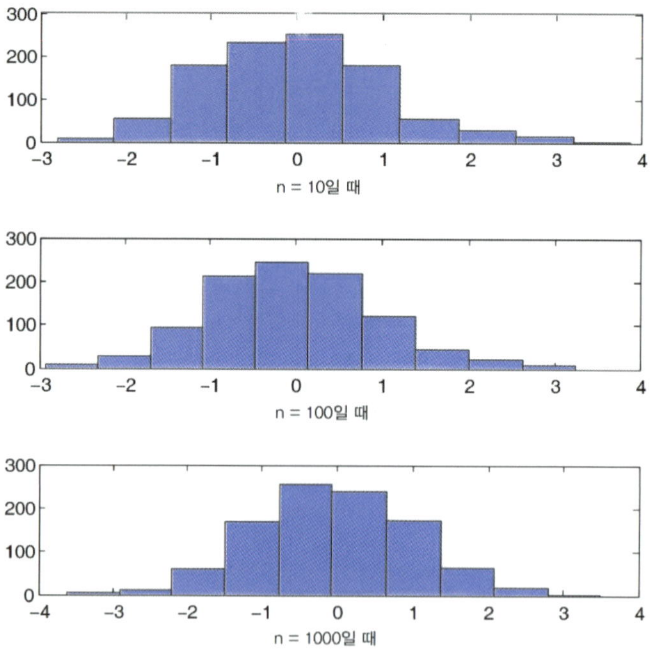

(3) 연속대응정리(Continuous Mapping Theorem)

정리 7.6

$X_n \xrightarrow{d} X$이고 $g(t)$가 연속함수일 때, $g(X_n) \xrightarrow{d} g(X)$이다.

예시 7.7

$X_1, \cdots, X_n$은 독립적이고 동일한 무작위 표본이다. X_i의 평균과 분산은 각각 μ와 σ^2이다. 표본평균은 $\overline{X} = \frac{1}{n}\sum_{i=1}^{n} X_i$이다. 확률변수 $W_n = \frac{\overline{X}-\mu}{\sigma/\sqrt{n}}$과 연속함수 $g(t) = t^2$를 생각해보자. 이때 $g(W_n)$은 어떠한 확률변수로 분포수렴하겠는가?

먼저, 중심극한정리에 의하여 다음을 알 수 있다.

$$W_n \xrightarrow{d} Z \quad \text{여기에서 } Z \sim \mathcal{N}(0,1).$$

이제 연속대응정리를 이용하면 $g(W_n)$은 확률변수 $g(Z) = Z^2$의 분포로 수렴함을 알 수 있다. 즉,

$$g(W_n) \xrightarrow{d} g(Z) = Z^2.$$

$Z \sim \mathcal{N}(0,1)$이므로 $Z^2 \sim \chi^2(1)$이다. 즉, $g(W_n)$은 표본의 크기가 증가함에 따라 자유도가 1인 카이제곱 분포를 따르게 된다.

참고로, 위와 같은 경우에 다음의 두 표기 방법이 모두 사용될 수 있음을 밝혀둔다.

- $g(W_n) \xrightarrow{d} Z^2$ 여기에서 $Z^2 \sim \chi^2(1)$.
- $g(W_n) \xrightarrow{d} \chi^2(1)$.

보다 엄밀한 표현은 첫 번째 표현이지만, 가끔씩 두 번째와 같은 표현이 더 편리한 경우가 있다. 독자들은 두 가지 표현이 모두 가능하다는 것을 기억하기 바란다.

(4) 델타 방법(Delta-Method)

정리 7.7

확률변수 W_n와 관련하여 $\sqrt{n}(W_n-\theta)\xrightarrow{d}\mathcal{N}(0,\sigma^2)$이 성립한다고 하자. 함수 $g(t)$는 θ에서 미분가능하며, $g'(\theta)\neq 0$이라고 하자. 그러면, $\sqrt{n}(g(W_n)-g(\theta))$은 다음과 같은 분포 수렴을 한다.

$$\sqrt{n}(g(W_n)-g(\theta))\xrightarrow{d}\mathcal{N}(0,\sigma^2\cdot(g'(\theta))^2).$$

증명

$\sqrt{n}(g(W_n)-g(\theta))\approx\sqrt{n}g'(\theta)(W_n-\theta)=g'(\theta)\sqrt{n}(W_n-\theta)$. 주어진 조건에 따라 $\sqrt{n}(W_n-\theta)\xrightarrow{d}\mathcal{N}(0,\sigma^2)$임을 알 수 있다. 따라서 $g'(\theta)$가 곱해진 통계량 $g'(\theta)$ $\sqrt{n}\,(W_n-\theta)$는 표본의 크기가 증가하면서 정규분포를 따르게 된다. 단, 수렴하게 되는 정규분포의 분산은 $g'(\theta)^2$이 곱해진 $\sigma^2\cdot(g'(\theta))^2$이 된다. ▨

예시 7.8

$X_1,\cdots,X_n$은 독립적이고 동일한(i.i.d.) 무작위 표본이다. X_i는 기댓값 μ와 분산 σ^2을 가진다. 이제 $\sqrt{n}(W_n-\theta)$을 다음과 같이 정의하자.

$$\sqrt{n}(W_n-\theta)=\frac{\overline{X}-\mu}{\frac{\sigma}{\sqrt{n}}}=\sqrt{n}\left(\frac{\overline{X}}{\sigma}-\frac{\mu}{\sigma}\right).$$

여기에서 $W_n=\frac{\overline{X}}{\sigma}$ 그리고 $\theta=\frac{\mu}{\sigma}$이다. 일단, 중심극한정리에 의하여 다음을 알 수 있다.

$$\sqrt{n}(W_n-\theta)\overset{d}{\to}\mathcal{N}(0,1).$$

만약 $g(t)=2t$이면, 델타 방법에 의하여 다음이 성립한다.

$$\sqrt{n}(g(W_n)-g(\theta))\xrightarrow{d}\mathcal{N}(0,1\cdot(g'(\theta))^2)=\mathcal{N}(0,2^2).$$

만약 $g(t) = \frac{t}{2}$이면, 델타 방법에 의하여 다음이 성립한다.

$$\sqrt{n}(g(W_n) - g(\theta)) \xrightarrow{d} \mathcal{N}(0, 1 \cdot (g'(\theta))^2) = \mathcal{N}\left(0, \frac{1}{2^2}\right).$$

7.5 신뢰구간(Confidence Intervals)

$X_1, \cdots, X_n$은 동일하고 독립적인 무작위 표본이며, 각 X_i의 확률밀도함수는 $f(x;\theta)$이다. $0 < \alpha < 1$ 그리고 L과 U를 각각 신뢰구간의 하한(lower bound) 및 상한(upper bound) 통계량이라고 할 때, 모수 θ에 대한 **$(1 - \alpha)100\%$ 신뢰구간(confidence interval)**은 다음과 같이 정의된다.

$$\mathbf{1 - \alpha = P[\theta \in (L, U)]}.$$

즉, 모수 θ가 구간 (L, U)에 사이에 있을 확률이 $1 - \alpha$가 되는 구간을 $\mathbf{(1 - \alpha)100\%}$ 신뢰구간이라고 하는 것이다. 예컨대, $\alpha = 0.05$이면, $0.95 = \mathrm{P}[\theta \in (\mathrm{L}, \mathrm{U})]$가 되는 구간 (L, U)가 θ의 95% 신뢰구간이 되는 것이다. 다음 예를 통하여 조금 더 상세히 이해해보자.

(1) 모수 μ에 대한 신뢰구간: $X_i \sim \mathcal{N}(\mu, \sigma^2)$일 때

$X_1, \cdots, X_n$은 독립적이고 동일한 무작위 표본이며, 각 X_i는 $\mathcal{N}(\mu, \sigma^2)$를 따른다. 이 경우 모수 μ에 대한 신뢰구간을 생각해보자.

$\overline{X} = \frac{1}{n}\sum_{i=1}^{n} X_i$와 $S^2 = \frac{1}{n-1}\sum_{i=1}^{n} (X_i - \overline{X})^2$는 각각 표본평균과 표본분산이다. 앞 장에서 소개된 바와 같이 통계량 $T = \frac{\overline{X}-\mu}{S/\sqrt{n}}$가 자유도 $n - 1$의 t-분포를 따른다는 것은 잘 알려져 있다. 이제, $0 < \alpha < 1$에 대해, $t_{\alpha/2,n-1}$는 $P\left[T > t_{\alpha/2,n-1}\right] = \alpha/2$를 만족시키는 값이라고 정의하자. 그렇다면, 다음과 같이 표현할 수 있다.

$$1 - \alpha = P[-t_{\alpha/2,n-1} < T < t_{\alpha/2,n-1}]$$

$$= P\left[-t_{\alpha/2,n-1} < \frac{\overline{X}-\mu}{S/\sqrt{n}} < t_{\alpha/2,n-1}\right]$$
$$= P\left[-t_{\alpha/2,n-1}\frac{S}{\sqrt{n}} < \overline{X}-\mu < t_{\alpha/2,n-1}\frac{S}{\sqrt{n}}\right]$$
$$= P\left[\overline{X}-t_{\alpha/2,n-1}\frac{S}{\sqrt{n}} < \mu < \overline{X}+t_{\alpha/2,n-1}\frac{S}{\sqrt{n}}\right].$$

따라서, 위의 사건을 모수 μ에 대하여 재정리하면, 모수 μ에 대한 $(1-\alpha)100\%$ 신뢰구간을 구할 수 있고, 그것은 다음과 같다.

$$\left(\overline{X}-t_{\alpha/2,n-1}\frac{S}{\sqrt{n}},\ \overline{X}+t_{\alpha/2,n-1}\frac{S}{\sqrt{n}}\right).$$

$(1-\alpha)100\%$ 신뢰구간의 하한 L은 $\overline{X}-t_{\alpha/2,n-1}\frac{S}{\sqrt{n}}$이고 상한 U는 $\overline{X}+t_{\alpha/2,n-1}\frac{S}{\sqrt{n}}$이 된다. 위의 통계량이 연속적인 확률변수로 분포 수렴하기 때문에 연속확률변수를 이용하여 신뢰구간을 구한 것이다. 이 때문에 부등식이 강한 부등식(> 또는 <)이냐 또는 약한 부등식(≥ 또는 ≤)이냐에 따라 결과의 차이는 없다. 따라서 신뢰구간을 위에서와 같이 열린 구간으로 표현하든지 아래와 같이 닫힌 구간으로 표현하든지 동일하게 모수 μ에 대한 $\mathbf{(1-\alpha)100\%}$ 신뢰구간이 된다.

$$\left[\overline{X}-t_{\alpha/2,n-1}\frac{S}{\sqrt{n}},\ \overline{X}+t_{\alpha/2,n-1}\frac{S}{\sqrt{n}}\right].$$

한편, $\frac{S}{\sqrt{n}}$를 $\overline{X}$의 **표준오차(standard error)**라고 부르는데, 표본에서 오는 오차(sampling error)를 반영한다고 할 수 있다. 표본의 크기가 클수록 표준오차는 작아짐을 알 수 있다.

(2) 모수 μ에 대한 신뢰구간: X_i의 기댓값과 분산이 존재할 때

$X_1,\cdots,X_n$은 독립적이고 동일한 무작위 표본이며, X_i의 기댓값과 분산은 각각 μ와 σ^2이라 하자. 이 경우 모수 μ에 대한 신뢰구간을 생각해보자. 바로 앞의 예가 X_i가 특정한 분포 $\mathcal{N}(\mu,\sigma^2)$를 따른다고 가정한데 반하여 지금 고려하는 예에서는

X_i의 기댓값과 분산이 존재한다는 가정만 하고 있다는 점에서 양자는 다르다는 점에 유의하라.

$\overline{X} = \frac{1}{n}\sum_{i=1}^{n} X_i$와 $S^2 = \frac{1}{n-1}\sum_{i=1}^{n} (X_i - \overline{X})^2$을 이용한 중심극한정리에 의하여 $\frac{\overline{X}-\mu}{S/\sqrt{n}} \xrightarrow{d} Z \sim \mathcal{N}(0,1)$이므로, 다음과 같이 표현할 수 있다.[2] 먼저 $z_{\alpha/2}$는 $P[Z \geq z_{\alpha/2}] = \alpha/2$인 값이다. 만약 $\alpha = 0.05$이면 $z_{\alpha/2} = 1.96$이다. 표본의 크기가 충분히 크다면 다음 식이 성립한다.

$$\begin{aligned}
1-\alpha &\approx P\left[-z_{\alpha/2} < \frac{\overline{X}-\mu}{S/\sqrt{n}} < z_{\alpha/2}\right] \\
&= P\left[-z_{\alpha/2}\frac{S}{\sqrt{n}} < \overline{X}-\mu < z_{\alpha/2}\frac{S}{\sqrt{n}}\right] \\
&= P\left[\overline{X}-z_{\alpha/2}\frac{S}{\sqrt{n}} < \mu < \overline{X}+z_{\alpha/2}\frac{S}{\sqrt{n}}\right].
\end{aligned}$$

따라서, μ에 대한 $(1-\alpha)100\%$ 신뢰구간은 다음과 같다.

$$\left(\overline{X}-z_{\alpha/2}\frac{S}{\sqrt{n}},\ \overline{X}+z_{\alpha/2}\frac{S}{\sqrt{n}}\right).$$

물론, 앞에서 언급한 바와 같이 닫힌 구간으로 표현해도 된다.

예시 7.9

서울 명동의 A기념품점을 방문하는 관광객 1인당 평균 구매액을 추정하려고 한다. 10명을 임의의 표본으로 뽑은 결과, 구매액에 대한 표본평균이 5,000원이고, 표본 표준편차는 500원이었다. 관광객 1인당 구매액이 정규분포를 따른다고 가정할 때, 기댓값에 대한 95%의 신뢰구간을 구하여라.

---

2 S^2으로 $\frac{1}{n}\sum_{i=1}^{n} (X_i - \overline{X})^2$을 이용하여도 무방하다. 이는 표본의 크기가 충분히 클 때 $Var(X_1)$과의 차이가 무시할 만큼 작은 일치추정량이기 때문이다.

예시 7.10

서울 명동의 A기념품점을 방문하는 관광객 1인당 평균 구매액을 추정하려고 한다. 400명을 임의의 표본으로 뽑은 결과, 구매액에 대한 표본평균이 5,000원이고, 표본 표준편차는 500원이었다. 관광객 1인당 구매액의 기댓값은 μ이라고 할 때, μ에 대한 95%의 신뢰구간을 구하여라.

(3) 모수 p_0에 대한 신뢰구간: X_i가 베르누이 확률변수일 때

$X_1, \cdots, X_n$은 독립적이고 동일한 무작위 표본이며, 각 X_i는 성공확률이 p_0인 베르누이 확률변수이다. 즉, $E[X_i] = P(X_i = 1) = p_0$이다. 우리가 관심을 갖는 모수는 기댓값인 성공확률 p_0이다. 베르누이 확률변수의 특징을 반영하여 기댓값 $\mu = p_0$에 대한 추정량 표본평균 $\overline{X} = \frac{1}{n}\sum_{i=1}^{n} X_i$을 $\hat{p}_0$으로 표기하자. 즉, $\hat{p}_0 = \frac{1}{n}\sum_{i=1}^{n} X_i$. 마찬가지로 $Var(\overline{X}) = \frac{Var(X_1)}{n} = \frac{p_0(1-p_0)}{n}$이므로 이에 대한 추정량은 $\widehat{Var}(\overline{X}) = \frac{\hat{p}_0(1-\hat{p}_0)}{n}$이 된다. $\hat{p}_0 = \overline{X}$임을 감안하여, $\widehat{Var}(\overline{X})$을 $\widehat{Var}(\hat{p}_0)$으로 표기하자. 즉, $\widehat{Var}(\hat{p}_0) = \frac{\hat{p}_0(1-\hat{p}_0)}{n}$.

이제 중심극한정리에 따라 다음 사실을 알 수 있다.

$$Z = \frac{\overline{X} - \mu}{\sqrt{\widehat{Var}(\overline{X})}} = \frac{\hat{p}_0 - p_0}{\sqrt{\frac{\hat{p}_0(1-\hat{p}_0)}{n}}} \xrightarrow{d} \mathcal{N}(0,1)$$

즉, 표본의 크기인 n이 충분히 클 때, 통계량 $\frac{\hat{p}_0 - p_0}{\sqrt{\frac{\hat{p}_0(1-\hat{p}_0)}{n}}}$은 $\mathcal{N}(0,1)$를 따른다. 여기에서 추정량 $\widehat{Var}(\hat{p}_0)$을 이용하였음에 유의하라. 따라서 모수 p_0의 $(1-\alpha)100\%$ 신뢰구간은 다음과 같이 정의된다.

$$1 - \alpha \approx P\left[-z_{\alpha/2} < \frac{\hat{p}_0 - p_0}{\sqrt{\frac{\hat{p}_0(1-\hat{p}_0)}{n}}} < z_{\alpha/2}\right]$$

$$= P\left[-z_{\alpha/2}\sqrt{\frac{\hat{p}_0(1-\hat{p}_0)}{n}} < \hat{p}_0 - p_0 < z_{\alpha/2}\sqrt{\frac{\hat{p}_0(1-\hat{p}_0)}{n}}\right]$$

$$= P\left[\hat{p}_0 - z_{\alpha/2}\sqrt{\frac{\hat{p}_0(1-\hat{p}_0)}{n}} < p_0 < \hat{p}_0 + z_{\alpha/2}\sqrt{\frac{\hat{p}_0(1-\hat{p}_0)}{n}}\right].$$

따라서 p_0의 $(1-\alpha)100\%$ 신뢰구간은 다음과 같다.

$$\left(\hat{p}_0 - z_{\alpha/2}\sqrt{\frac{\hat{p}_0(1-\hat{p}_0)}{n}},\ \hat{p}_0 + z_{\alpha/2}\sqrt{\frac{\hat{p}_0(1-\hat{p}_0)}{n}}\right)$$

여기에서 $\hat{p}_0 = \frac{1}{n}\sum_{i=1}^{n} X_i$이다. 한편, $\sqrt{\frac{\hat{p}_0(1-\hat{p}_0)}{n}}$는 $\hat{p}_0$의 표준오차라고 한다.

예시 7.11

A전자에서 생산하는 휴대폰의 불량률을 추정하고자 한다. 900대의 휴대폰을 임의로 표본 추출하여 조사하였고, 그 중의 불량품은 300대였다. 생산되는 모든 휴대폰에 대한 불량률에 대한 95% 신뢰구간을 구하여라.

(4) 기댓값의 차이 $\Delta = \mu_1 - \mu_2$에 대한 신뢰구간: 두 집단의 분산이 다를 때

두 확률변수 X와 Y의 기댓값의 차이에 대한 $(1-\alpha)100\%$ 신뢰구간을 생각해보자. 구체적으로 다음과 같이 가정한다. X의 독립적이고 동일한 무작위 표본을 $X_1, X_2, \cdots, X_{n_1}$이라고 하고, Y의 독립적이고 동일한 무작위 표본을 $Y_1, Y_2, \cdots, Y_{n_2}$라고 하자. X와 Y의 기댓값을 각각 μ_1과 μ_2라고 하자. X와 Y의 분산을 각각 σ_1^2과 σ_2^2라고 하자. 두 표본들은 각각 독립적으로 얻어진 것이라고 가정한다. 이제 두 기댓값의 차이 $\Delta = \mu_1 - \mu_2$를 우리가 관심을 갖는 모수라 할 때, 그에 대한 $(1-\alpha)100\%$ 신뢰구간을 생각해보자.

먼저 모수 $\Delta = \mu_1 - \mu_2$에 대한 추정량을 생각해보자. 가장 쉽게 생각할 수 있는 일치추정량은 두 표본평균의 차이 $\hat{\Delta}=\overline{X}-\overline{Y}$일 것이다. 여기에서 $\overline{X}=\frac{1}{n_1}\sum_{i=1}^{n_1}X_i$, 그리고 $\overline{Y}=\frac{1}{n_2}\sum_{i=1}^{n_2}Y_i$이다. 대수의 법칙에 의하여 표본의 크기인 n_1과 n_2가 증가하면, 이는 모수 $\Delta=\mu_1-\mu_2$로 확률 수렴하게 될 것이다. 또는 n_1과 n_2가 충분히 크다면 $\hat{\Delta}$은 Δ와 차이가 거의 없을 것이다.

이제 $\hat{\Delta}$의 분산 $Var(\hat{\Delta})$를 생각해보자. 두 표본이 독립적으로 얻어지기 때문에 X_i와 Y_i는 상호 독립이다. 따라서, X_i들의 함수인 $\overline{X}$와 Y_i들의 함수인 $\overline{Y}$도 상호 독립이 되어 분산은 다음과 같이 된다.

$$
\begin{aligned}
Var(\hat{\Delta}) &= Var\left(\frac{1}{n_1}\sum_{i=1}^{n_1}X_i-\frac{1}{n_2}\sum_{i=1}^{n_2}Y_i\right)\\
&= Var\left(\frac{1}{n_1}\sum_{i=1}^{n_1}X_i\right)+Var\left(\frac{1}{n_2}\sum_{i=1}^{n_2}Y_i\right)\\
&= \frac{\sigma_1^2}{n_1}+\frac{\sigma_2^2}{n_2}.
\end{aligned}
$$

여기에서 두 번째 등식은 X_i와 Y_i가 상호 독립이므로 $Cov\left(\frac{1}{n_1}\sum_{i=1}^{n_1}X_i, \frac{1}{n_2}\sum_{i=1}^{n_2}Y_i\right)=0$이 되기 때문이다.

$Var(\hat{\Delta})=\frac{\sigma_1^2}{n_1}+\frac{\sigma_2^2}{n_2}$에 대한 일치추정량 $\widehat{Var}(\hat{\Delta})$은 σ_1^2과 σ_2^2의 일치추정량인 S_1^2과 S_2^2을 이용하여 구할 수 있으며, 이는 다음과 같다.

$$\widehat{Var}(\hat{\Delta})=\frac{S_1^2}{n_1}+\frac{S_2^2}{n_2}.$$

여기에서 $S_1^2=\frac{1}{n_1-1}\sum_{i=1}^{n_1}(X_i-\overline{X})^2$ 그리고 $S_2^2=\frac{1}{n_2-1}\sum_{i=1}^{n_2}(Y_i-\overline{Y})^2$이다. 이제 중심극한정리를 이용하면 n_1과 n_2가 충분히 클 때 다음과 같은 사실을 얻을 수 있다.

$$\frac{\hat{\Delta}-\Delta}{\sqrt{Var(\hat{\Delta})}} \approx \frac{\hat{\Delta}-\Delta}{\sqrt{\widehat{Var}(\hat{\Delta})}} \approx Z \sim \mathcal{N}(0,1).$$

즉,

$$\frac{\hat{\Delta}-\Delta}{\sqrt{\widehat{Var}(\hat{\Delta})}} \xrightarrow{d} Z \sim \mathcal{N}(0,1).$$

위의 사실을 이용하면 Δ에 대한 $(1-\alpha)100\%$ 신뢰구간을 얻을 수 있다.

$$\begin{aligned}
1-\alpha &\approx P\left[-z_{\alpha/2} < \frac{\hat{\Delta}-\Delta}{\sqrt{\widehat{Var}(\hat{\Delta})}} < z_{\alpha/2}\right] \\
&= P\left[-z_{\alpha/2} < \frac{\hat{\Delta}-\Delta}{\sqrt{\frac{S_1^2}{n_1}+\frac{S_2^2}{n_2}}} < z_{\alpha/2}\right] \\
&= P\left[\hat{\Delta} - z_{\alpha/2}\sqrt{\frac{S_1^2}{n_1}+\frac{S_2^2}{n_2}} < \Delta < \hat{\Delta} + z_{\alpha/2}\sqrt{\frac{S_1^2}{n_1}+\frac{S_2^2}{n_2}}\right] \\
&= P\left[\bar{X}-\bar{Y} - z_{\alpha/2}\sqrt{\frac{S_1^2}{n_1}+\frac{S_2^2}{n_2}} < \mu_1-\mu_2 < \bar{X}-\bar{Y} + z_{\alpha/2}\sqrt{\frac{S_1^2}{n_1}+\frac{S_2^2}{n_2}}\right].
\end{aligned}$$

따라서, 모수 $\Delta = \mu_1 - \mu_2$에 대한 $(1-\alpha)100\%$ 신뢰구간은 다음과 같다.

$$\left(\bar{X}-\bar{Y} - z_{\alpha/2}\sqrt{\frac{S_1^2}{n_1}+\frac{S_2^2}{n_2}},\ \ \bar{X}-\bar{Y} + z_{\alpha/2}\sqrt{\frac{S_1^2}{n_1}+\frac{S_2^2}{n_2}}\right).$$

(5) 기댓값의 차이 $\Delta = \mu_1 - \mu_2$에 대한 신뢰구간: 두 집단의 분산이 같을 때

X의 독립적이고 동일한 무작위 표본을 $X_1, X_2, \cdots, X_{n_1}$이라고 하고, Y의 독립적이고 동일한 무작위 표본을 $Y_1, Y_2, \cdots, Y_{n_2}$라고 하자. X와 Y의 기댓값을 각각 μ_1과 μ_2라고

하자. 단, X와 Y의 분산이 같다고 가정하자. 즉, $\sigma_1^2 = \sigma_2^2 = \sigma^2$. 두 표본들은 각각 독립적으로 얻어진 것이라고 가정한다. 이제 두 기댓값의 차이 $\Delta = \mu_1 - \mu_2$를 우리가 관심을 갖는 모수라 할 때, 그에 대한 $(1-\alpha)100\%$ 신뢰구간을 생각해보자.

$\Delta = \mu_1 - \mu_2$에 대한 추정량은 앞에서와 같이 $\hat{\Delta} = \overline{X} - \overline{Y}$이다. 이제 추정량의 분산 $Var(\hat{\Delta})$을 생각하면 다음과 같다.

$$\begin{aligned}
Var(\hat{\Delta}) &= Var\left(\frac{1}{n_1}\sum_{i=1}^{n_1} X_i - \frac{1}{n_2}\sum_{i=1}^{n_2} Y_i\right) \\
&= Var\left(\frac{1}{n_1}\sum_{i=1}^{n_1} X_i\right) + Var\left(\frac{1}{n_2}\sum_{i=1}^{n_2} Y_i\right) \\
&= \frac{\sigma_1^2}{n_1} + \frac{\sigma_2^2}{n_2} \\
&= \frac{\sigma^2}{n_1} + \frac{\sigma^2}{n_2} \\
&= \left(\frac{1}{n_1} + \frac{1}{n_2}\right)\sigma^2.
\end{aligned}$$

이제 $Var(\hat{\Delta}) = \left(\frac{1}{n_1} + \frac{1}{n_2}\right)\sigma^2$에 대한 추정량을 구하기 위해서는 σ^2에 대한 추정량을 구하는 것이 필요하다. σ^2의 일치추정량은 두 일치추정량 S_1^2과 S_2^2의 가중평균을 이용한 S_p^2으로 다음과 같이 구할 수 있다.

$$S_p^2 = \frac{n_1 - 1}{n_1 - 1 + n_2 - 1} S_1^2 + \frac{n_2 - 1}{n_1 - 1 + n_2 - 1} S_2^2 = \frac{(n_1 - 1)S_1^2 + (n_2 - 1)S_2^2}{n_1 + n_2 - 2}.$$

여기에서 $S_1^2 = \frac{1}{n_1 - 1}\sum_{i=1}^{n_1}(X_i - \overline{X})^2$, 그리고 $S_2^2 = \frac{1}{n_2 - 1}\sum_{i=1}^{n_2}(Y_i - \overline{Y})^2$이다. 따라서, $Var(\hat{\Delta})$에 대한 일치추정량은 다음과 같이 구할 수 있다.

$$\widehat{Var}(\hat{\Delta}) = \left(\frac{1}{n_1} + \frac{1}{n_2}\right) S_p^2.$$

이제, 중심극한정리를 이용하면 다음의 사실을 얻을 수 있다

$$\frac{\hat{\Delta}-\Delta}{\sqrt{Var(\hat{\Delta})}} \approx \frac{\hat{\Delta}-\Delta}{\sqrt{\widehat{Var}(\hat{\Delta})}} \approx Z \sim \mathcal{N}(0,1)$$

즉,

$$\frac{\hat{\Delta}-\Delta}{\sqrt{\widehat{Var}(\hat{\Delta})}} \xrightarrow{d} Z \sim \mathcal{N}(0,1)$$

여기에서 $\widehat{Var}(\hat{\Delta}) = \left(\frac{1}{n_1}+\frac{1}{n_2}\right)S_p^2$, $S_p^2 = \frac{(n_1-1)S_1^2}{n_1+n_2-2} + \frac{(n_2-1)S_2^2}{n_1+n_2-2}$, $S_1^2 = \frac{1}{n_1-1}\sum_{i=1}^{n_1}(X_i - \overline{X})^2$, 그리고 $S_2^2 = \frac{1}{n_2-1}\sum_{i=1}^{n_2}(Y_i - \overline{Y})^2$ 이다. 따라서, 다음이 성립한다.

$$\begin{aligned}
1-\alpha &\approx P\left[-z_{\alpha/2} < \frac{\hat{\Delta}-\Delta}{\sqrt{\widehat{Var}(\hat{\Delta})}} < z_{\alpha/2}\right] \\
&= P\left[-z_{\alpha/2} < \frac{\hat{\Delta}-\Delta}{\sqrt{\left(\frac{1}{n_1}+\frac{1}{n_2}\right)S_p^2}} < z_{\alpha/2}\right] \\
&= P\left[-z_{\alpha/2} < \frac{\hat{\Delta}-\Delta}{S_p\sqrt{\frac{1}{n_1}+\frac{1}{n_2}}} < z_{\alpha/2}\right] \\
&= P\left[-z_{\alpha/2}S_p\sqrt{\frac{1}{n_1}+\frac{1}{n_2}} < \hat{\Delta}-\Delta < z_{\alpha/2}S_p\sqrt{\frac{1}{n_1}+\frac{1}{n_2}}\right] \\
&= P\left[\hat{\Delta}-z_{\alpha/2}S_p\sqrt{\frac{1}{n_1}+\frac{1}{n_2}} < \Delta < \hat{\Delta}+z_{\alpha/2}S_p\sqrt{\frac{1}{n_1}+\frac{1}{n_2}}\right] \\
&= P\left[\overline{X}-\overline{Y}-z_{\alpha/2}S_p\sqrt{\frac{1}{n_1}+\frac{1}{n_2}} < \mu_1-\mu_2 < \overline{X}-\overline{Y}+z_{\alpha/2}S_p\sqrt{\frac{1}{n_1}+\frac{1}{n_2}}\right].
\end{aligned}$$

따라서, $\Delta = \mu_1 - \mu_2$의 $(1-\alpha)100\%$ 신뢰구간은 다음과 같다.

$$\left(\bar{X} - \bar{Y} - z_{\frac{\alpha}{2}} S_p \sqrt{\frac{1}{n_1} + \frac{1}{n_2}},\ \bar{X} - \bar{Y} + z_{\alpha/2} S_p \sqrt{\frac{1}{n_1} + \frac{1}{n_2}}\right).$$

여기에서 S_p^2은 앞에서 정의된 추정량 $S_p^2 = \frac{(n_1-1)S_1^2}{n_1+n_2-2} + \frac{(n_2-1)S_2^2}{n_1+n_2-2}$이다.

7.6 가설검정(Testing Hypotheses)

가설에는 귀무가설(null hypothesis)과 대립가설(alternative hypothesis)이라는 두 종류의 가설이 있다. **귀무가설(null hypothesis, H_0)**은 검정해야 할 가설이다. 귀무가설과 비교되는 가설은 **대립가설(alternative hypothesis, H_1)**로 귀무가설에서 내포하는 사건의 여집합을 내포한다. 굳이 추상적으로 표현하자면, 대립가설과 귀무가설은 다음과 같이 표기할 수 있다.

$$H_0: \theta \in E_0 \quad \text{vs.} \quad H_1: \theta \in E_1$$

여기에서 $E_0 \cup E_1 = \Omega$이며 $E_0 \cap E_1 = \phi$.

검정에는 양측검정과 단측검정이 있다.

예시 7.12 양측검정과 단측검정

1. 우리의 관심이 $\mu = 1$인 경우의 양측검정은 다음과 같다.

$$H_0: \mu = 1 \text{ vs. } H_1: \mu \neq 1$$

이 경우 우리는 모수 μ가 어떤 실수도 될 수 있다는 가정을 하고 있는 것이다. 즉, $\mu \in \mathbb{R}$이다.

2. 우리의 관심이 $\mu = 0$인 경우의 단측검정의 한 예는 다음과 같다.

$$H_0: \mu = 0 \text{ vs. } H_1: \mu > 0$$

이 경우 귀무가설은 $\mu = 0$인 사건을 함의하는 반면 대립가설은 $\mu > 0$인 사건을 함의한다. 따라서 연구자가 이러한 단측검정을 설정하는 경우, 연구자는 $\mu \geq 0$을 암묵적으로 가정하고 있는 것이다.

다음으로, 가설검정과 관련된 두 가지 유형의 오류인 제1종 오류와 제2종 오류를 소개한다. 제1종 오류(Type I error)는 귀무가설(H_0)이 실제로 참임에도 불구하고, 귀무가설(H_0)이 기각되는 오류이다. 제2종 오류(Type II error)는 귀무가설(H_0)이 실제로 참이 아님에도 불구하고, 귀무가설(H_0)이 기각되지 않는 오류이다. 아래의 표에서 설명하는 바와 같이 실제로 귀무가설이 참일 때 귀무가설을 기각하지 않는 것, 즉 채택하는 것은 옳은 결정이다. 또한 실제로 대립가설이 참일 때, 즉 귀무가설이 거짓일 때 귀무가설이 기각되는 것도 옳은 결정이다. 제1종 오류와 제2종 오류는 가설검정이 옳지 않은 결정을 내리는 경우인 것이다.

	실제 H_0이 참 (즉, H_1은 거짓)	실제 H_1이 참 (즉, H_0은 거짓)
(검정결과) H_0 기각	**제1종 오류**	옳은 결정
(검정결과) H_0 채택	옳은 결정	**제2종 오류**

가설검정을 위하여 우리는 일종의 결정규칙(decision rule)을 세워야 한다. 이를 위하여 먼저 가설검정에 필요한 통계량이 필요한데, 이를 검정 통계량(test statistic)이라 부른다. 검정 통계량이 특정한 영역에 속하면 귀무가설을 기각하고, 그렇지 않으면 기각하지 않는 것이 결정규칙이다. 귀무가설을 기각하는 영역을 기각역이라고 부른다. 이를 정리하면 다음과 같다.

1. 검정 통계량의 값이 기각역에 포함되면 귀무가설 H_0을 기각한다.
2. 검정 통계량의 값이 기각역에 포함되지 않으면 귀무가설 H_0을 기각하지 않는다.

만약 기각역이 공집합 ϕ인 경우에는 귀무가설 H_0을 기각할 수 없다. 따라서 이 경우는 제1종 오류가 발생할 수 없다. 다음은 가설검정과 관련된 주요 용어들이다.

1. **검정의 크기**(size of the test) : 검정의 크기는 귀무가설 H_0이 실제로 참임에도 불구하고 가설검정이 H_0을 기각할 확률이다. 제1종 오류가 발생하는 **실제 확률**이라 말할 수 있다.
2. **유의수준**(significance level) : 검정 통계량의 이론적 성질에 따라 미리 설정되는 명목적인 제1종 오류의 발생확률을 말한다. 따라서 표본의 크기가 클수록 검정의 크기는 유의수준으로 수렴하게 된다. 통상적으로 많이 이용하는 유의수준(α)은 0.01(1%) 또는 0.05(5%)이다.
3. **검정력**(power of the test) : H_0이 거짓일 때, H_0을 기각하는 확률을 말한다. 즉, 제2종 오류가 발생하지 않는 확률을 말한다. 이를 확률로 표현하면 1 − P(제2종 오류)이다.
4. **임계값**(critical value) $c_{\alpha/2}$ 또는 c_α : 주어진 유의수준 α에서의 기각역 가운데 (절대값 측면에서) 가장 작은 특정값이다. 유의수준 α로 양측검정을 수행하는 경우 임계값은 $c_{\alpha/2}$가 된다. 즉, $\mathrm{P}\left[|\text{검정 통계량}| \geq c_{\alpha/2}\right] = \frac{\alpha}{2}$. 단측검정의 경우 $\mathrm{P}\left[\text{검정 통계량} > c_\alpha\right] = \alpha$ 또는 $\mathrm{P}\left[\text{검정 통계량} < c_\alpha\right] = \alpha$가 된다.
5. **p-value** : 귀무가설하에서 새로운 무작위 표본을 얻었다고 가정할 때 그로부터 얻는 검정 통계량이 기존 표본으로부터 이미 얻어진 검정 통계량의 값보다 (절대값 측면에서) 더 클 확률을 말한다. 따라서 귀무가설이 참이라면 상대적으로 높은 값을 가지게 되며, 참이 아니라면 낮은 값을 가지게 될 것이다.

다음은 귀무가설 $H_0 : \mu = c$을 대립가설 $H_1 : \mu \neq c$에 대하여 검정하는 예이다. 앞에서 언급하였지만, 1종 오류가 발생하지 않으려면 기각역이 ϕ이 되어야 하는데, 그렇게 되면 H_0을 기각할 수가 없다. 따라서, 가설검정을 위해서는 어느 정도의 1종 오류를 감수할 수밖에 없다. 이를 위하여, 관행적으로 유의수준 $\alpha = 0.05$ (또는 0.01)를 많이 이용한다고 하자. 이는 귀무가설하에서 일어나는 극단적인 5%의 사건이 발생하면, 설령 귀무가설이 참이더라도 기각하는 결정을 내리겠다는 의미이다. 먼저 기댓값 μ에 대한 추정량을 독립적이고 동일한 무작위 표본 $X_1, \cdots, X_n$의 표본평균 $\overline{X}$라고 하자. 중심극한정리로부터 우리는 다음을 알 수 있다.

$$\frac{\overline{X}-\mu}{\sqrt{S^2/n}} \xrightarrow{d} \mathcal{N}(0,1).$$

귀무가설 $H_0: \mu = c$ 하에서, 검정 통계량의 값은 $\frac{\overline{X}-c}{\sqrt{S^2/n}}$가 되며, 이는 다음과 같이 분해하여 생각할 수 있다.

$$\frac{\overline{X}-c}{\sqrt{S^2/n}} = \frac{\overline{X}-\mu}{\sqrt{S^2/n}} + \frac{(\mu-c)}{\sqrt{S^2/n}}.$$

만약 귀무가설 $H_0: \mu = c$가 참이라면, 우변의 두 번째 항 $\frac{(\mu-c)}{\sqrt{S^2/n}} = 0$이 되어 위의 검정 통계량은 결국 $\frac{\overline{X}-\mu}{\sqrt{S^2/n}}$이 되어 표본의 크기가 충분히 크면 표준정규분포를 따르게 될 것이다. 그러나 $H_0: \mu = c$가 참이 아니라면, 즉 대립가설인 $H_1: \mu \neq c$가 참이라면, 위의 통계량은 우변에 있는 두 항의 합으로 분해될 것이다. 먼저 첫 번째 항 $\frac{\overline{X}-\mu}{\sqrt{S^2/n}}$은 중심극한정리에 따라 표본의 크기가 커짐에 따라 표준정규분포를 따르는 확률변수가 될 것임을 알 수 있다. 그러나 두 번째 항 $\frac{(\mu-c)}{\sqrt{S^2/n}} = \sqrt{n}\frac{(\mu-c)}{\sqrt{S^2}}$은 표본의 크기가 커짐에 따라 $\mu > c$일 때는 $+\infty$ 또는 $\mu < c$일 때는 $-\infty$로 발산하게 될 것이다. 그 이유는 표본의 크기가 늘어남에 따라 S^2은 X의 분산 $\sigma^2 = Var(X)$으로 확률 수렴하게 되고 $\mu - c \neq 0$인 상황에서 $\sqrt{n}$은 $+\infty$로 발산하기 때문이다. 따라서 귀무가설이 참이 아니면 검정 통계량 $\frac{\overline{X}-c}{\sqrt{S^2/n}}$은 두 번째 항의 효과가 표준정규분포를 따르는 첫 번째 항의 효과를 압도하여 표본 크기가 충분히 크다면 매우 큰 수($+\infty$) 또는 매우 작은 수($-\infty$)로 실현되는 값을 가지게 될 것이다.

이러한 검정을 우리는 *t*-검정(*t*-test)이라고 부르며, $\frac{\overline{X}-c}{\sqrt{S^2/n}}$를 *t*-검정 통계량이라고 부른다. 표본의 크기가 작은 경우에 X_i가 정규분포를 따른다면 *t*-검정 통계량을 *t*-분포에 적용할 수 있다. 그러나 일반적으로 표본의 크기가 큰 경우 X_i의 분포에 상관없이 중심극한정리가 작동하므로 t-검정 통계량은 표준정규분포를 따르게 된다. 어떤 이들은 후자의 경우를 z-검정 통계량으로 구분하여 부르기도 한다. 그러나 표본의 크기가 작거나 큰 것에 관계없이 관행적으로 이러한 유형의 검정은 t-검정이라고 부르며, 해당 검정 통계량도 t-검정 통계량이라고 부른다. 이렇게 t-검정 통계량이 준비되고, 유의수준 α를 정하면, 다음과 같은 결정규칙을 세울 수 있다.

(1) 유의수준 α에서 양측검정: $H_0: \mu = c$ vs. $H_1: \mu \neq c$에 대한 결정규칙

1. $\overline{X}$가 $\overline{x}$라는 실현값을 가지고, S^2은 s^2의 실현값을 가진다고 하자. 만약, $|t$-검정 통계량$| = \left|\frac{\overline{x}-c}{\sqrt{s^2/n}}\right| > z_{\alpha/2}$이면, 유의수준 α에서 H_0를 기각한다.
2. 그렇지 않으면, 유의수준 α에서 H_0를 기각하지 않는다.

만약, $\alpha = 0.05(5\%)$이면, $z_{\alpha/2} = 1.96$이 된다. 따라서, $|t$-검정 통계량$|$이 1.96보다 크면 유의수준 5%에서 귀무가설 $H_0: \mu = c$는 기각된다. 검정 통계량 값이 1.96보다 작으면 귀무가설은 유의수준 5%에서 기각되지 않는다. 이를 정리하면 다음과 같다.

1. $|t| = \left|\frac{\overline{x}-c}{s/\sqrt{n}}\right| > 1.96$일 때, 5%의 유의수준에서 H_0를 기각한다.
2. $|t| = \left|\frac{\overline{x}-c}{s/\sqrt{n}}\right| < 1.96$일 때, 5%의 유의수준에서 H_0를 기각할 수 없다.

어떤 독자들은 $|t| = 1.96$인 경우는 어디에 속하는지 궁금해할 수도 있다. 그러나 실제 그러한 사건이 일어날 확률은 0이다. 따라서 위의 결정규칙에서 $\geq$와 $<$를 사용하는 것과 $>$와 $<$를 사용하는 것은 확률적으로 동일한 것이다.

(2) 유의수준 α에서 단측검정: $H_0: \mu = c$ vs. $H_1: \mu > c$에 대한 결정규칙

1. $\overline{X}$가 $\overline{x}$라는 실현값을 가지고, S^2은 s^2의 실현값을 가진다고 하자. 만약, t-검정 통계량 $= \frac{\overline{x}-c}{\sqrt{s^2/n}} > z_\alpha$이면, 유의수준 α에서 H_0를 기각한다.
2. 그렇지 않으면, 유의수준 α에서 H_0를 기각할 수 없다.

위에서 소개한 단측검정에서의 대립가설은 $H_1: \mu > c$이므로 $\mu < c$ 상황을 고려할 필요가 없다. 따라서 검정 통계량도 절대값이 아닌 $\frac{\overline{X}-c}{\sqrt{S^2/n}}$를 고려하면 된다. 만약, $\alpha = 0.05(5\%)$이면, $z_\alpha = 1.64$가 된다. 따라서, t-검정 통계량이 1.64보다 크면 유의수준 5%에서 귀무가설 $H_0: \mu = c$는 기각된다. 반면, 검정 통계량 값이 1.64보다 작으면 귀무가설은 유의수준 5%에서 기각되지 않는다. 이를 정리하면 다음과 같다.

1. $t = \frac{\overline{x}-c}{s/\sqrt{n}} > 1.64$일 때, 5%의 유의수준에서 H_0를 기각한다.
2. $t = \frac{\overline{x}-c}{s/\sqrt{n}} < 1.64$일 때, 5%의 유의수준에서 H_0를 기각할 수 없다. 즉, H_0를 채택한다.

예시 7.13

완두콩밭 100평당 평균 산출량은 500kg으로 알려져 있다. A대학 식품공학연구소에서 새로운 종자를 만들었다. 이 종자는 이전에 비하여 다른 수준의 평균 산출량을 보일 것으로 예상하고 있다. 이를 가설검정하기 위하여 100평 단위로 100곳의 농지를 임의로 뽑아 파종 후 수확량을 계산하였다. 표본 자료에서 표본평균과 표본표준편차는 각각 $\overline{x} = 550$, $s = 300$이다. 이때 새로운 종자의 100평당 산출량이 종전과 같다고 결론을 내릴 수 있는가? 귀무가설과 대립가설을 설정하고, 유의수준 5%에서 검정하여라.

$H_0: \mu = 500$ vs. $H_1: \mu \neq 500$. $t = \frac{550-500}{300/\sqrt{100}} = \frac{50}{30} = 5/3 = 1.67$. $|t| < z_{0.025} = 1.96$ 이므로 유의수준 5%에서 귀무가설을 기각하지 못한다. 종전과 같다는 귀무가설을 채택한다.

예시 7.14

완두콩밭 100평당 평균 산출량은 500kg으로 알려져 있다. A대학 식품공학연구소에서 새로운 종자를 만들었다. 이 종자는 이전보다 더 높은 수준의 평균 산출량을 보일 것으로 예상하고 있다. 이를 가설검정하기 위하여 100평 단위로

> 100곳의 농지를 임의로 뽑아 파종 후 수확량을 계산하였다. 표본 자료에서 표본평균과 표본표준편차는 각각 $\bar{x} = 550$, $s = 300$이다. 이때 새로운 종자의 100평당 산출량이 500kg보다 많다는 결론을 내릴 수 있는가? 귀무가설과 대립가설을 설정하고, 유의수준 5%에서 검정하여라.

$H_0: \mu = 500$ vs. $H_1: \mu > 500$. $t = \frac{550-500}{300/\sqrt{100}} = \frac{50}{30} = 5/3 = 1.67$. $t > z_{0.05} = 1.64$이므로 유의수준 5%에서 귀무가설을 기각한다. 즉, 500kg이 넘는다는 대립가설을 채택한다.

(3) 확률에 대한 양측검정: $H_0: p_0 = c$ vs. $H_1: p_0 \neq c$ (단 $0 < c < 1$)

X가 성공확률이 p_0인 베르누이 확률변수라고 하자. 결과가 성공 또는 실패일 때, X는 각각 1 또는 0의 값을 갖는다. $X_1, \cdots, X_n$은 X의 독립적이고 동일한 무작위 표본이다.

$\hat{p}_0 = \bar{X} = \frac{1}{n}\sum_{i=1}^{n} X_i$, $Var(\hat{p}_0) = \frac{p_0(1-p_0)}{n}$, 그리고 $\widehat{Var}(\hat{p}_0) = \frac{\hat{p}_0(1-\hat{p}_0)}{n}$임을 우리는 이미 알고 있다. 따라서, 중심극한정리(CLT)를 적용하면 다음이 성립한다.

$$Z = \frac{\hat{p}_0 - p_0}{\sqrt{\widehat{Var}(\hat{p}_0)}} = \frac{\hat{p}_0 - p_0}{\sqrt{\frac{\hat{p}_0(1-\hat{p}_0)}{n}}} \xrightarrow{d} \mathcal{N}(0,1).$$

귀무가설 $H_0: p_0 = c$하의 t-검정 통계량의 값은 다음과 같다.

$$t = \frac{\hat{p}_0 - c}{\sqrt{\frac{\hat{p}_0(1-\hat{p}_0)}{n}}}.$$

따라서, 유의수준 $\alpha = 0.05$에서의 결정규칙은 다음과 같다.

(a) $|t| = \left|\frac{\hat{p}_0 - c}{\sqrt{\frac{\hat{p}_0(1-\hat{p}_0)}{n}}}\right| > 1.96$이면, 5%의 유의수준에서 H_0를 기각한다.

(b) $|t| = \left|\frac{\hat{p}_0 - c}{\sqrt{\frac{\hat{p}_0(1-\hat{p}_0)}{n}}}\right| < 1.96$이면, 5%의 유의수준에서 H_0를 기각하지 못한다.

유사한 방식으로 유의수준 α에서 단측검정도 할 수 있다. 이 경우 대립가설은 H_1: $p_0 > c$ 또는 H_1: $p_0 < c$이 될 것이다. 바로 앞의 양측검정에서와 동일한 조건 하에서, 귀무가설 H_0: $p_0 = c$하의 t-검정 통계량도 $t = \frac{\hat{p}_0 - c}{\sqrt{\hat{p}_0(1-\hat{p}_0)/n}}$로 같다. 유의수준 $\alpha = 0.05$에서의 단측검정의 결정규칙은 다음과 같이 요약된다.

(4) 유의수준 α에서 확률에 대한 양측검정: $H_0: p_0 = c$ vs. $H_1: p_0 < c$ (단 $0 < c < 1$)

1. $t = \frac{\hat{p}_0 - c}{\sqrt{\frac{\hat{p}_0(1-\hat{p}_0)}{n}}} < -1.64$이면, 5%의 유의수준에서 H_0를 기각한다.
2. $t = \frac{\hat{p}_0 - c}{\sqrt{\frac{\hat{p}_0(1-\hat{p}_0)}{n}}} \geq -1.64$이면, 5%의 유의수준에서 H_0를 채택한다.

예시 7.15

한 신문사에서 500명의 유권자를 임의로 뽑아 박 후보와 김 후보 중 어느 후보에게 투표할지를 물었다. 이 결과 박 후보가 48.5%의 결과를 얻고 김 후보가 51.5%의 결과를 얻었다. 이 신문사는 이 조사를 바탕으로 김 후보가 앞서가고 있는지를 통계적으로 확인하고 싶어한다. 여러분이 신문사에 조언한다면 어떻게 하겠는가? 귀무가설과 대립가설을 설정하고, 5% 유의수준에서 가설검정을 하여라. 유권자는 두 후보자 중 한 명을 반드시 더 선호한다고 가정한다.

김 후보의 지지율을 p_0이라고 하면, $H_0: p_0 = 0.5$ vs. $H_1: p_0 > 0.5$를 검정하면 된다. $t = \frac{0.515 - 0.5}{\sqrt{\frac{0.515 \times 0.495}{500}}} = 0.67 < 1.64$. 따라서, 5%의 유의수준에서 귀무가설을 기각할 수 없다. 김 후보가 우세하다는 설문 결과는 통계적으로 유의한 수준은 아니다.

(5) 두 집단 평균의 차이에 대한 가설검정: H_0: $\mu_1 - \mu_2 = 0$ vs. H_1: $\mu_1 - \mu_2 \neq 0$

두 개의 독립적이고 동일한 무작위 표본 $(X_1, \cdots, X_{n_1})$와 $(Y_1, \cdots, Y_{n_2})$가 있다. $\Delta = \mu_1 - \mu_2$ 는 모평균들의 차이고, 표본평균들의 차이는 $\hat{\Delta} = \overline{X} - \overline{Y}$ 이다. 여기에서 $\overline{X} = \frac{1}{n_1}\sum_{i=1}^{n_1} X_i$, $\overline{Y} = \frac{1}{n_2}\sum_{i=1}^{n_2} Y_i$이다.

신뢰구간에서 설명한 바와 같이 중심극한정리에 의하여 다음이 성립한다.

$$\frac{\hat{\Delta} - \Delta}{\sqrt{Var(\hat{\Delta})}} \approx \frac{\hat{\Delta} - \Delta}{\sqrt{\widehat{Var}(\hat{\Delta})}} \approx Z \sim \mathcal{N}(0,1)$$

여기에서 $\widehat{Var}(\hat{\Delta}) = \frac{S_1^2}{n_1} + \frac{S_2^2}{n_2}$, $S_1^2 = \frac{1}{n_1 - 1}\sum_{i=1}^{n_1} (X_i - \overline{X})^2$, 그리고 $S_2^2 = \frac{1}{n_2 - 1}\sum_{i=1}^{n_2} (Y_i - \overline{Y})^2$이다.

따라서, 귀무가설 $H_0: \mu_1 - \mu_2 = 0$ 하에서 t-검정 통계량은 $\frac{\overline{X} - \overline{Y} - 0}{\sqrt{S_1^2/n_1 + S_2^2/n_2}}$이며, 확률변수 $\overline{X}, \overline{Y}, S_1^2, S_2^2$의 실현된 값 $\overline{x}, \overline{y}, s_1^2, s_2^2$을 대입하면 t-검정 통계량의 실현된 값을 얻을 수 있다. 그러므로, 5% 유의수준에서의 결정규칙은 다음과 같다.

(a) $|t| = \left|\frac{\overline{x} - \overline{y} - 0}{\sqrt{s_1^2/n_1 + s_2^2/n_2}}\right| > 1.96$이면, 5%의 유의수준에서 H_0를 기각한다.

(b) $|t| = \left|\frac{\overline{x} - \overline{y} - 0}{\sqrt{s_1^2/n_1 + s_2^2/n_2}}\right| < 1.96$이면, 5%의 유의수준에서 H_0를 채택한다.

(6) 두 집단 확률의 차이에 대한 가설검정: H_0: $p_1 - p_2 = 0$ vs. H_1: $p_1 - p_2 \neq 0$

X와 Y가 각각 성공확률이 p_1과 p_2인 베르누이 분포를 따르는 독립적인 확률변수라고 하자. $X_1, X_2, \cdots, X_{n_1}$가 X의 독립적이고 동일한 무작위 표본이고, $Y_1, Y_2, \cdots, Y_{n_2}$가 Y의 독립적이고 동일한 무작위 표본이다. 두 표본은 독립적으로 얻어진다. 중심극한정

리에 의하여 다음이 성립한다.

$$\frac{\hat{\Delta}-\Delta}{\sqrt{Var(\hat{\Delta})}} \approx \frac{\hat{\Delta}-\Delta}{\sqrt{\widehat{Var}(\hat{\Delta})}} \approx Z \sim \mathcal{N}(0,1)$$

여기에서 $\hat{\Delta}=\hat{p}_1-\hat{p}_2$, $\Delta=p_1-p_2$, $\widehat{Var}(\hat{\Delta})=\frac{\hat{p}_1(1-\hat{p}_1)}{n_1}+\frac{\hat{p}_2(1-\hat{p}_2)}{n_2}$, $\hat{p}_1=\frac{\sum_{i=1}^{n_1}X_i}{n_1}$, 그리고 $\hat{p}_2=\frac{\sum_{i=1}^{n_2}Y_i}{n_2}$이다.

귀무가설 $H_0: p_1-p_2=0$하의 t-검정 통계량의 값은 실현된 값을 대입함으로써 다음과 같다.

$$t=\frac{\hat{p}_1-\hat{p}_2-0}{\sqrt{\frac{\hat{p}_1(1-\hat{p}_1)}{n_1}+\frac{\hat{p}_2(1-\hat{p}_2)}{n_2}}}.$$

이다. 따라서, 5% 유의수준에서의 결정규칙은 다음과 같다.

(a) $|t|=\left|\frac{\hat{p}_1-\hat{p}_2-0}{\sqrt{\frac{\hat{p}_1(1-\hat{p}_1)}{n_1}+\frac{\hat{p}_2(1-\hat{p}_2)}{n_2}}}\right| > 1.96$이면, 5%의 유의수준에서 H_0를 기각한다.

(b) $|t|=\left|\frac{\hat{p}_1-\hat{p}_2-0}{\sqrt{\frac{\hat{p}_1(1-\hat{p}_1)}{n_1}+\frac{\hat{p}_2(1-\hat{p}_2)}{n_2}}}\right| < 1.96$이면, 5%의 유의수준에서 H_0를 채택한다.

7.7 연습문제

1. $X_1, X_2, \cdots, X_{100}$가 독립적이고 동일한 무작위 표본이고, $E[X_1] = 2$와 $E[X_1^2] = 5$를 갖는다고 하자. $\overline{X} = \frac{1}{100}\sum_{i=1}^{100} X_i$일 때, $E(\overline{X})$와 $Var(\overline{X})$을 각각 구하라.

2. 아래의 명제가 참이면 증명하고, 거짓이면 반례를 들어라.

   $X \sim \mathcal{N}(0,1)$와 $Y \sim \mathcal{N}(0,1)$라고 하자. 이때 만약 $Cov(X,Y) = 0$이면, X와 Y가 서로 독립이다.

   (힌트 : 만약, $Cov(X,Y) = \sigma_{XY}$이면, (X,Y)의

   결합확률함수가 $f_{XY}(x,y) = \frac{1}{\sqrt{(2\pi)^2|\Sigma_{XY}|}}\exp\left(-\frac{1}{2}(x,y)\Sigma_{XY}^{-1}(x,y)'\right)$이고,

   분산-공분산 행렬이 $\Sigma_{XY} = \begin{pmatrix} 1 & \sigma_{XY} \\ \sigma_{XY} & 1 \end{pmatrix}$이다.)

3. [0,1]에서 균일분포를 따르는 U를 생각해보자.
   (a) $E(U)$와 $Var(U)$을 구하여라.
   (b) [0,1]에서 균일분포를 따르는 U에서 $U_1, U_2, \cdots, U_n$가 독립적이고 동일한 무작위 표본이라고 하자. $\overline{U} = \frac{1}{n}\sum_{i=1}^{n} U_i$이고, $S^2 = \frac{1}{n}\sum_{i=1}^{n}(U_i - \overline{U})^2$라고 하자. 표본의 크기인 n이 매우 크다고 하면, 확률 $P\left[\frac{1}{\sqrt{n}}\sum_{i=1}^{n}\left(\frac{\overline{U}-0.5}{S}\right) \leq 0\right]$는 무엇인가?
   (c) $\overline{U}$와 S^2가 (b)에서 정의되었다. 표본의 크기 n이 충분히 크다고 할 때, $\left[\frac{1}{\sqrt{n}}\sum_{i=1}^{n}\left(\frac{\overline{U}-0.5}{S}\right)\right]^2$는 어떤 분포를 따르겠는가?

4. $X_1, X_2, \cdots, X_n$ 표본의 크기가 n이고, $X_1, X_2, \cdots, X_n$의 독립적이고 동일한 무작위 표본을 가지고 있다고 하자. 각 X_i가 $P[X=1] = p_0$이고, $P[X=0] = 1 - p_0$인 베르누이 분포를 따르고 있다고 하자. 그리고, $\overline{X} \equiv \frac{1}{n}\sum_{i=1}^{n} X_i$라고 하자.
   (a) 표본의 크기 n이 증가하면서, $\overline{X}$는 최종적으로 어떤 값에 가까워지겠는가?
   (b) $E(\overline{X})$와 $Var(\overline{X})$을 각각 구하여라.

(c) 표본평균 $\overline{X}$가 모수 p_0에 대해 불편추정량인가?

(d) 중심극한정리를 적용해보자. 즉, $Z_n \xrightarrow{d} Z \sim \mathcal{N}(0,1)$라고 하자. $\hat{p} = \overline{X}$, p_0 그리고, n의 함수인 Z_n을 정의하라.

(e) $n = 10000$이고, $\overline{X} = 0.5$라고 하자. p_0에 대한 95%의 신뢰구간을 구하여라. (힌트: $P[|Z| \le 1.96] = 0.95$이고 $Z \sim \mathcal{N}(0,1)$.)

5. X와 Y가 $P[X = 1] = p_0$와 $P[Y = 1] = q_0$인 베르누이 확률변수라고 하자. X의 분포에서의 $(X_1, X_2, \cdots, X_n)$는 독립적이고 동일한 무작위 표본이다. Y의 분포에서의 $(Y_1, Y_2, \cdots, Y_n)$는 독립적이고 동일한 무작위 표본이다. X와 Y가 독립이고, $p_0, q_0 \in (0,1)$라고 하자.

(a) $E(X_1)$와 $E(Y_1)$를 각각 구하여라.

(b) $Var(X_1)$와 $Var(Y_1)$을 각각 구하여라.

(c) $\hat{p} = \frac{1}{n}\sum_{i=1}^{n} X_i$이고 $\hat{q} = \frac{1}{m}\sum_{i=1}^{m} Y_i$라고 하자. $E(\hat{p})$와 $E(\hat{q})$을 각각 구하여라.

(d) $Var(\hat{p})$와 $Var(\hat{q})$을 각각 구하여라.

(e) $Var(\hat{p} - \hat{q})$을 구하여라.

(f) $Var(\hat{p} - \hat{q})$의 일치추정량은 무엇인가? 즉, $\widehat{Var}(\hat{p} - \hat{q})$를 구하여라.

(g) $\hat{p} = 0.4$, $\hat{q} = 0.6$, $n = 4000$이고, $m = 6000$이라고 하자. 대립가설 $H_1: p \neq q$에 대응되는 귀무가설 $H_0: p = q$을 5%의 유의수준에서 검정하여라.

(h) 이제 $n = 40$과 $m = 60$이라고 하자. $\hat{p} = 0.4$, $\hat{q} = 0.6$이다. 그렇다면, 대립가설 $H_1: p \neq q - 0.1$에 대응되는 귀무가설 $H_0: p = q - 0.1$을 5%의 유의수준에서 검정하여라.

6. $(X_1, X_2, \cdots, X_{10000})$가 X의 독립적이고 동일한 무작위 표본이라고 하자. X는 자유도 10을 갖는 카이제곱 분포를 따른다. 즉, $X \sim \chi^2(10)$이다.
표본평균 $\overline{X} = \frac{1}{10000}\sum_{i=1}^{10000} X_i$이 어떤 값에 가까워지겠는가?

7. 확률변수 Y가 다음과 같은 확률질량함수를 가진다고 하자.

$$P(Y=y)=\begin{cases}\dfrac{5^y e^{-5}}{y!}, & y=0,1,2,3,4,\cdots, \\ 0 \quad , & \text{그 밖의 경우.}\end{cases}$$

(a) $(Y_1, Y_2, \cdots, Y_n)$가 위의 정의된 Y의 분포에서 독립적이고 동일한 무작위 표본이라고 하자. 이제, $Var(Y_i^2) < \infty$라고 가정하자. $T=\frac{1}{n}\sum_{i=1}^{n} Y_i^2$ 라고 정의하자. 그러면, 표본의 크기 n이 증가하면서, 확률변수 T가 확률에서 어떤 값으로 수렴하게 되겠는가?

(b) 이제 새로운 확률변수 $\frac{\sqrt{n}(T-5)}{\sqrt{5}}$를 정의하자. 중심극한정리에 따라, 확률변수 $\frac{\sqrt{n}(T-5)}{\sqrt{5}}$가 표본의 크기 n이 충분히 커지면서 어떤 분포로 수렴하게 되겠는가?

(c) n이 $n=10{,}000$으로 매우 크다고 하자. 그렇다면 확률 $P\left[\frac{\sqrt{n}(T-5)}{\sqrt{5}} \le -1.96\right]$은 어떤 값을 가지겠는가?

부 록

<표 A.1> 표준정규분포표

<표 A.2> 카이제곱 분포표

<표 A.3> t-분포표

<표 A.4> F-통계표 : 상위 5% 통계값

<표 A.5> F-통계표 : 상위 1% 통계값

<표 A.1> 표준정규분포표 : $Z \sim \mathcal{N}(0,1)$

표 안의 값은 확률변수 Z가 z_0보다 작거나 같은 값으로 실현될 확률 $P(Z \le z_0)$이다.

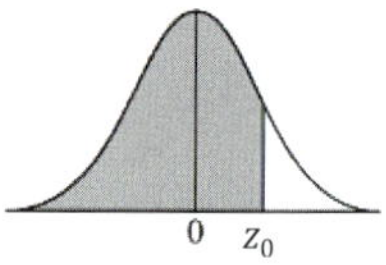

z_0	0.00	0.01	0.02	0.03	0.04	0.05	0.06	0.07	0.08	0.09
0.0	0.5000	0.5040	0.5080	0.5120	0.5160	0.5199	0.5239	0.5279	0.5319	0.5359
0.1	0.5398	0.5438	0.5478	0.5517	0.5557	0.5596	0.5636	0.5675	0.5714	0.5753
0.2	0.5793	0.5832	0.5871	0.5910	0.5948	0.5987	0.6026	0.6064	0.6103	0.6141
0.3	0.6179	0.6217	0.6255	0.6293	0.6331	0.6368	0.6406	0.6443	0.6480	0.6517
0.4	0.6554	0.6591	0.6628	0.6664	0.6700	0.6736	0.6772	0.6808	0.6844	0.6879
0.5	0.6915	0.6950	0.6985	0.7019	0.7054	0.7088	0.7123	0.7157	0.7190	0.7224
0.6	0.7257	0.7291	0.7324	0.7357	0.7389	0.7422	0.7454	0.7486	0.7517	0.7549
0.7	0.7580	0.7611	0.7642	0.7673	0.7704	0.7734	0.7764	0.7794	0.7823	0.7852
0.8	0.7881	0.7910	0.7939	0.7967	0.7995	0.8023	0.8051	0.8078	0.8106	0.8133
0.9	0.8159	0.8186	0.8212	0.8238	0.8264	0.8289	0.8315	0.8340	0.8365	0.8389
1.0	0.8413	0.8438	0.8461	0.8485	0.8508	0.8531	0.8554	0.8577	0.8599	0.8621
1.1	0.8643	0.8665	0.8686	0.8708	0.8729	0.8749	0.8770	0.8790	0.8810	0.8830
1.2	0.8849	0.8869	0.8888	0.8907	0.8925	0.8944	0.8962	0.8980	0.8997	0.9015
1.3	0.9032	0.9049	0.9066	0.9082	0.9099	0.9115	0.9131	0.9147	0.9162	0.9177
1.4	0.9192	0.9207	0.9222	0.9236	0.9251	0.9265	0.9279	0.9292	0.9306	0.9319
1.5	0.9332	0.9345	0.9357	0.9370	0.9382	0.9394	0.9406	0.9418	0.9429	0.9441
1.6	0.9452	0.9463	0.9474	0.9484	0.9495	0.9505	0.9515	0.9525	0.9535	0.9545
1.7	0.9554	0.9564	0.9573	0.9582	0.9591	0.9599	0.9608	0.9616	0.9625	0.9633
1.8	0.9641	0.9649	0.9656	0.9664	0.9671	0.9678	0.9686	0.9693	0.9699	0.9706
1.9	0.9713	0.9719	0.9726	0.9732	0.9738	0.9744	0.9750	0.9756	0.9761	0.9767
2.0	0.9772	0.9778	0.9783	0.9788	0.9793	0.9798	0.9803	0.9808	0.9812	0.9817
2.1	0.9821	0.9826	0.9830	0.9834	0.9838	0.9842	0.9846	0.9850	0.9854	0.9857
2.2	0.9861	0.9864	0.9868	0.9871	0.9875	0.9878	0.9881	0.9884	0.9887	0.9890
2.3	0.9893	0.9896	0.9898	0.9901	0.9904	0.9906	0.9909	0.9911	0.9913	0.9916
2.4	0.9918	0.9920	0.9922	0.9925	0.9927	0.9929	0.9931	0.9932	0.9934	0.9936
2.5	0.9938	0.9940	0.9941	0.9943	0.9945	0.9946	0.9948	0.9949	0.9951	0.9952
2.6	0.9953	0.9955	0.9956	0.9957	0.9959	0.9960	0.9961	0.9962	0.9963	0.9964
2.7	0.9965	0.9966	0.9967	0.9968	0.9969	0.9970	0.9971	0.9972	0.9973	0.9974
2.8	0.9974	0.9975	0.9976	0.9977	0.9977	0.9978	0.9979	0.9979	0.9980	0.9981
2.9	0.9981	0.9982	0.9982	0.9983	0.9984	0.9984	0.9985	0.9985	0.9986	0.9986
3.0	0.9987	0.9987	0.9987	0.9988	0.9988	0.9989	0.9989	0.9989	0.9990	0.9990
3.1	0.9990	0.9991	0.9991	0.9991	0.9992	0.9992	0.9992	0.9992	0.9993	0.9993
3.2	0.9993	0.9993	0.9994	0.9994	0.9994	0.9994	0.9994	0.9995	0.9995	0.9995
3.3	0.9995	0.9995	0.9995	0.9996	0.9996	0.9996	0.9996	0.9996	0.9996	0.9997
3.4	0.9997	0.9997	0.9997	0.9997	0.9997	0.9997	0.9997	0.9997	0.9997	0.9998

<표 A.2> 카이제곱 분포표: $Y_n \sim \chi_n^2$

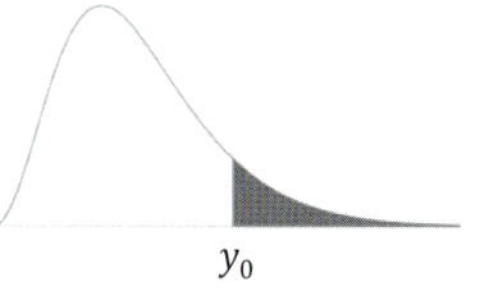

표 안의 값은 y_0로서 자유도가 n인 카이제곱분포를 따르는 확률변수 Y_n이 y_0보다 크거나 같을 확률이 α가 되는 값이다. 즉, $P[Y_n \geq y_0] = \alpha$.

자유도 (n)	α									
	0.995	**0.990**	**0.975**	**0.950**	**0.900**	**0.100**	**0.050**	**0.025**	**0.010**	**0.005**
1	0.000	0.000	0.001	0.004	0.016	2.706	3.841	5.024	6.635	7.879
2	0.010	0.020	0.051	0.103	0.211	4.605	5.991	7.378	9.210	10.597
3	0.072	0.115	0.216	0.352	0.584	6.251	7.815	9.348	11.345	12.838
4	0.207	0.297	0.484	0.711	1.064	7.779	9.488	11.143	13.277	14.860
5	0.412	0.554	0.831	1.145	1.610	9.236	11.070	12.833	15.086	16.750
6	0.676	0.872	1.237	1.635	2.204	10.645	12.592	14.449	16.812	18.548
7	0.989	1.239	1.690	2.167	2.833	12.017	14.067	16.013	18.475	20.278
8	1.344	1.646	2.180	2.733	3.490	13.362	15.507	17.535	20.090	21.955
9	1.735	2.088	2.700	3.325	4.168	14.684	16.919	19.023	21.666	23.589
10	2.156	2.558	3.247	3.940	4.865	15.987	18.307	20.483	23.209	25.188
11	2.603	3.053	3.816	4.575	5.578	17.275	19.675	21.920	24.725	26.757
12	3.074	3.571	4.404	5.226	6.304	18.549	21.026	23.337	26.217	28.300
13	3.565	4.107	5.009	5.892	7.042	19.812	22.362	24.736	27.688	29.819
14	4.075	4.660	5.629	6.571	7.790	21.064	23.685	26.119	29.141	31.319
15	4.601	5.229	6.262	7.261	8.547	22.307	24.996	27.488	30.578	32.801
16	5.142	5.812	6.908	7.962	9.312	23.542	26.296	28.845	32.000	34.267
17	5.697	6.408	7.564	8.672	10.085	24.769	27.587	30.191	33.409	35.718
18	6.265	7.015	8.231	9.390	10.865	25.989	28.869	31.526	34.805	37.156
19	6.844	7.633	8.907	10.117	11.651	27.204	30.144	32.852	36.191	38.582
20	7.434	8.260	9.591	10.851	12.443	28.412	31.410	34.170	37.566	39.997
21	8.034	8.897	10.283	11.591	13.240	29.615	32.671	35.479	38.932	41.401
22	8.643	9.542	10.982	12.338	14.041	30.813	33.924	36.781	40.289	42.796
23	9.260	10.196	11.689	13.091	14.848	32.007	35.172	38.076	41.638	44.181
24	9.886	10.856	12.401	13.848	15.659	33.196	36.415	39.364	42.980	45.559
25	10.520	11.524	13.120	14.611	16.473	34.382	37.652	40.646	44.314	46.928
26	11.160	12.198	13.844	15.379	17.292	35.563	38.885	41.923	45.642	48.290
27	11.808	12.879	14.573	16.151	18.114	36.741	40.113	43.195	46.963	49.645
28	12.461	13.565	15.308	16.928	18.939	37.916	41.337	44.461	48.278	50.993
29	13.121	14.256	16.047	17.708	19.768	39.087	42.557	45.722	49.588	52.336
30	13.787	14.953	16.791	18.493	20.599	40.256	43.773	46.979	50.892	53.672
60	35.534	37.485	40.482	43.188	46.459	74.397	79.082	83.298	88.379	91.952
70	43.275	45.442	48.758	51.739	55.329	85.527	90.531	95.023	100.425	104.215
80	51.172	53.540	57.153	60.391	64.278	96.578	101.879	106.629	112.329	116.321
90	59.196	61.754	65.647	69.126	73.291	107.565	113.145	118.136	124.116	128.299
100	67.328	70.065	74.222	77.929	82.358	118.498	124.342	129.561	135.807	140.169

<표 A.3> t-분포표

표 안의 숫자는 자유도가 n인 T_n의 CDF값이 A가 되는 값(t_0)이다. 즉, $P(T_n \le t_0) = A$이다.

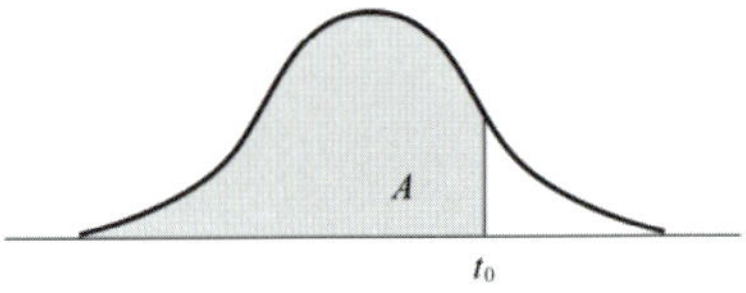

자유도 (n)	A						
	0.6	**0.7**	**0.8**	**0.85**	**0.9**	**0.95**	**0.975**
1	0.325	0.727	1.376	1.963	3.078	6.314	12.706
2	0.289	0.617	1.061	1.386	1.886	2.920	4.303
3	0.277	0.584	0.978	1.250	1.638	2.353	3.182
4	0.271	0.569	0.941	1.190	1.533	2.132	2.776
5	0.267	0.559	0.920	1.156	1.476	2.015	2.571
6	0.265	0.553	0.906	1.134	1.440	1.943	2.447
7	0.263	0.549	0.896	1.119	1.415	1.895	2.365
8	0.262	0.546	0.889	1.108	1.397	1.860	2.306
9	0.261	0.543	0.883	1.100	1.383	1.833	2.262
10	0.260	0.542	0.879	1.093	1.372	1.812	2.228
11	0.260	0.540	0.876	1.088	1.363	1.796	2.201
12	0.259	0.539	0.873	1.083	1.356	1.782	2.179
13	0.259	0.538	0.870	1.079	1.350	1.771	2.160
14	0.258	0.537	0.868	1.076	1.345	1.761	2.145
15	0.258	0.536	0.866	1.074	1.341	1.753	2.131
16	0.258	0.535	0.865	1.071	1.337	1.746	2.120
17	0.257	0.534	0.863	1.069	1.333	1.740	2.110
18	0.257	0.534	0.862	1.067	1.330	1.734	2.101
19	0.257	0.533	0.861	1.066	1.328	1.729	2.093
20	0.257	0.533	0.860	1.064	1.325	1.725	2.086
21	0.257	0.532	0.859	1.063	1.323	1.721	2.080
22	0.256	0.532	0.858	1.061	1.321	1.717	2.074
23	0.256	0.532	0.858	1.060	1.319	1.714	2.069
24	0.256	0.531	0.857	1.059	1.318	1.711	2.064
25	0.256	0.531	0.856	1.058	1.316	1.708	2.060
26	0.256	0.531	0.856	1.058	1.315	1.706	2.056
27	0.256	0.531	0.855	1.057	1.314	1.703	2.052
28	0.256	0.530	0.855	1.056	1.313	1.701	2.048
29	0.256	0.530	0.854	1.055	1.311	1.699	2.045
30	0.256	0.530	0.854	1.055	1.310	1.697	2.042
40	0.255	0.529	0.851	1.050	1.303	1.684	2.021
60	0.254	0.527	0.848	1.045	1.296	1.671	2.000
120	0.254	0.526	0.845	1.041	1.289	1.658	1.980
∞	0.253	0.524	0.842	1.036	1.282	1.645	1.960

<표 A.4> F-통계표 : 상위 5% 통계값

W가 분자의 자유도가 m 그리고 분모의 자유도가 n인 F분포를 따르는 확률변수일 때, 표 안의 값은 W의 CDF값이 0.95가 되는 값 w_0이다. 즉, $P[W \ge w_0] = 0.05$이다.

분모의 자유도 (n)	분자의 자유도 (m)									
	1	**2**	**3**	**4**	**5**	**6**	**7**	**8**	**9**	**10**
1	161.45	199.50	215.71	224.58	230.16	233.99	236.77	238.88	240.54	241.88
2	18.51	19.00	19.16	19.25	19.30	19.33	19.35	19.37	19.38	19.40
3	10.13	9.55	9.28	9.12	9.01	8.94	8.89	8.85	8.81	8.79
4	7.71	6.94	6.59	6.39	6.26	6.16	6.09	6.04	6.00	5.96
5	6.61	5.79	5.41	5.19	5.05	4.95	4.88	4.82	4.77	4.74
6	5.99	5.14	4.76	4.53	4.39	4.28	4.21	4.15	4.10	4.06
7	5.59	4.74	4.35	4.12	3.97	3.87	3.79	3.73	3.68	3.64
8	5.32	4.46	4.07	3.84	3.69	3.58	3.50	3.44	3.39	3.35
9	5.12	4.26	3.86	3.63	3.48	3.37	3.29	3.23	3.18	3.14
10	4.96	4.10	3.71	3.48	3.33	3.22	3.14	3.07	3.02	2.98
11	4.84	3.98	3.59	3.36	3.20	3.09	3.01	2.95	2.90	2.85
12	4.75	3.89	3.49	3.26	3.11	3.00	2.91	2.85	2.80	2.75
13	4.67	3.81	3.41	3.18	3.03	2.92	2.83	2.77	2.71	2.67
14	4.60	3.74	3.34	3.11	2.96	2.85	2.76	2.70	2.65	2.60
15	4.54	3.68	3.29	3.06	2.90	2.79	2.71	2.64	2.59	2.54
16	4.49	3.63	3.24	3.01	2.85	2.74	2.66	2.59	2.54	2.49
17	4.45	3.59	3.20	2.96	2.81	2.70	2.61	2.55	2.49	2.45
18	4.41	3.55	3.16	2.93	2.77	2.66	2.58	2.51	2.46	2.41
19	4.38	3.52	3.13	2.90	2.74	2.63	2.54	2.48	2.42	2.38
20	4.35	3.49	3.10	2.87	2.71	2.60	2.51	2.45	2.39	2.35
21	4.32	3.47	3.07	2.84	2.68	2.57	2.49	2.42	2.37	2.32
22	4.30	3.44	3.05	2.82	2.66	2.55	2.46	2.40	2.34	2.30
23	4.28	3.42	3.03	2.80	2.64	2.53	2.44	2.37	2.32	2.27
24	4.26	3.40	3.01	2.78	2.62	2.51	2.42	2.36	2.30	2.25
25	4.24	3.39	2.99	2.76	2.60	2.49	2.40	2.34	2.28	2.24
26	4.23	3.37	2.98	2.74	2.59	2.47	2.39	2.32	2.27	2.22
27	4.21	3.35	2.96	2.73	2.57	2.46	2.37	2.31	2.25	2.20
28	4.20	3.34	2.95	2.71	2.56	2.45	2.36	2.29	2.24	2.19
29	4.18	3.33	2.93	2.70	2.55	2.43	2.35	2.28	2.22	2.18
30	4.17	3.32	2.92	2.69	2.53	2.42	2.33	2.27	2.21	2.16
40	4.08	3.23	2.84	2.61	2.45	2.34	2.25	2.18	2.12	2.08
60	4.00	3.15	2.76	2.53	2.37	2.25	2.17	2.10	2.04	1.99
120	3.92	3.07	2.68	2.45	2.29	2.18	2.09	2.02	1.96	1.91
∞	3.84	3.00	2.61	2.37	2.21	2.10	2.01	1.94	1.88	1.83

<표 A.5> F-통계표 : 상위 1% 통계값

W가 분자의 자유도가 m 그리고 분모의 자유도가 n인 F분포를 따르는 확률변수일 때, 표 안의 값은 W의 CDF값이 0.99가 되는 값 w_0이다. 즉, $P[W \geq w_0] = 0.01$이다.

분모의 자유도 (n)	분자의 자유도 (m)									
	1	**2**	**3**	**4**	**5**	**6**	**7**	**8**	**9**	**10**
1	4052.18	4999.50	5403.35	5624.58	5763.65	5858.99	5928.36	5981.07	6022.47	6055.85
2	98.50	99.00	99.17	99.25	99.30	99.33	99.36	99.37	99.39	99.40
3	34.12	30.82	29.46	28.71	28.24	27.91	27.67	27.49	27.35	27.23
4	21.20	18.00	16.69	15.98	15.52	15.21	14.98	14.80	14.66	14.55
5	16.26	13.27	12.06	11.39	10.97	10.67	10.46	10.29	10.16	10.05
6	13.75	10.92	9.78	9.15	8.75	8.47	8.26	8.10	7.98	7.87
7	12.25	9.55	8.45	7.85	7.46	7.19	6.99	6.84	6.72	6.62
8	11.26	8.65	7.59	7.01	6.63	6.37	6.18	6.03	5.91	5.81
9	10.56	8.02	6.99	6.42	6.06	5.80	5.61	5.47	5.35	5.26
10	10.04	7.56	6.55	5.99	5.64	5.39	5.20	5.06	4.94	4.85
11	9.65	7.21	6.22	5.67	5.32	5.07	4.89	4.74	4.63	4.54
12	9.33	6.93	5.95	5.41	5.06	4.82	4.64	4.50	4.39	4.30
13	9.07	6.70	5.74	5.21	4.86	4.62	4.44	4.30	4.19	4.10
14	8.86	6.51	5.56	5.04	4.69	4.46	4.28	4.14	4.03	3.94
15	8.68	6.36	5.42	4.89	4.56	4.32	4.14	4.00	3.89	3.80
16	8.53	6.23	5.29	4.77	4.44	4.20	4.03	3.89	3.78	3.69
17	8.40	6.11	5.18	4.67	4.34	4.10	3.93	3.79	3.68	3.59
18	8.29	6.01	5.09	4.58	4.25	4.01	3.84	3.71	3.60	3.51
19	8.18	5.93	5.01	4.50	4.17	3.94	3.77	3.63	3.52	3.43
20	8.10	5.85	4.94	4.43	4.10	3.87	3.70	3.56	3.46	3.37
21	8.02	5.78	4.87	4.37	4.04	3.81	3.64	3.51	3.40	3.31
22	7.95	5.72	4.82	4.31	3.99	3.76	3.59	3.45	3.35	3.26
23	7.88	5.66	4.76	4.26	3.94	3.71	3.54	3.41	3.30	3.21
24	7.82	5.61	4.72	4.22	3.90	3.67	3.50	3.36	3.26	3.17
25	7.77	5.57	4.68	4.18	3.85	3.63	3.46	3.32	3.22	3.13
26	7.72	5.53	4.64	4.14	3.82	3.59	3.42	3.29	3.18	3.09
27	7.68	5.49	4.60	4.11	3.78	3.56	3.39	3.26	3.15	3.06
28	7.64	5.45	4.57	4.07	3.75	3.53	3.36	3.23	3.12	3.03
29	7.60	5.42	4.54	4.04	3.73	3.50	3.33	3.20	3.09	3.00
30	7.56	5.39	4.51	4.02	3.70	3.47	3.30	3.17	3.07	2.98
40	7.31	5.18	4.31	3.83	3.51	3.29	3.12	2.99	2.89	2.80
60	7.08	4.98	4.13	3.65	3.34	3.12	2.95	2.82	2.72	2.63
120	6.85	4.79	3.95	3.48	3.17	2.96	2.79	2.66	2.56	2.47
∞	6.64	4.61	3.78	3.32	3.02	2.80	2.64	2.51	2.41	2.32

찾아보기(Index)

[ㄱ]

가산교집합(countable intersection) 7
가산집합(countable set) 5
가산합집합(countable union) 6
감마함수(gamma function) 153
검정력(power of the test) 228
검정의 크기(size of the test) 228
검정 통계량(test statistic) 227
결과(outcome) 2
결정규칙 227, 230
결합누적분포함수 92
결합분포(joint distribution) 91, 92
결합분포함수 92
결합확률밀도함수(joint pdf) 95, 98, 110
결합확률질량함수 95, 108
공리(axioms) 12
공분산 113
공분산 행렬 182
공집합(empty set) 3
교집합(intersection) 7
귀무가설(null hypothesis) 226
균일분포 151
극한분포(limiting distribu-tion)함수 209
기각역 227
기댓값 51

[ㄴ]

누적분포함수(cumulative distribution function, CDF) 30

[ㄷ]

다변수 정규분포(multivariate normal distribution) 183
단측검정 226
대립가설(alternative hypothesis) 226
대수의 법칙(law of large numbers) 201, 203
델타 방법(Delta-Method) 216
도함수(derivative) 74
독립 23
독립적이고 동일한 무작위 표본(i.i.d. random sample) 193

[ㅁ]

마르코프 부등식(Markov's Inequality) 69
모수(parameter) 194
미분 가능 74

[ㅂ]

반복 평균의 법칙 125
베르누이 분포(Bernoulli distribution) 143
베르누이 시행 143
베르누이 확률변수 144
베이즈 정리(Bayes Theroem) 22
볼록함수(convex function) 71
부분적분법(integration by parts) 86
부분집합(subset) 3
분산(variance) 59
분산 분해 정리 125
분산-공분산(variance-covariance) 행렬 135, 182
분포 수렴(convergence in distribuition) 201, 208
분포함수(distribution function) 30
불편성(unbiasedness) 198
불편추정량(unbiased estimator) 198
비가산집합(uncountable set) 5
비임의사건(non-random event) 1

[ㅅ]

사건(events) 1, 11
상관계수(correlation, 또는 correlation coefficient) 118

상대적으로 더 효율적인 추정량 199
상호 독립 23, 107
상호 배타적(mutually disjoint or exclusive) 10
상호 완전적(mutually exhaustive) 10
서로소 10
서포트(support) 40
수학적 기댓값 51
슬러츠키 정리(Slutsky theorem) 205
시그마 필드(또는 시그마 대수, sigma-algebra) 11

[ㅇ]

약한 대수의 법칙 203
양 반정부호(positive semi-definite) 135
양측검정 226
여집합(complementary set) 8, 10
연속대응정리 215
연속적(continuous) 27
연속확률변수 40
유의수준(significance level) 228
이변량 결합분포(bivariate joint distribution) 91
이산적(discrete) 27
이산확률벡터(discrete random vector) 95
이산확률변수 38
이항분포(Binomial distribution) 145
일치성(consistency) 198, 207
일치추정량(consistent estimator) 198, 207
임계값(critical value) 228
임의사건(random event) 1
임의실험(random experiment) 2

[ㅈ]

자코비안 행렬의 행렬식(Jacobian determinant) 129
전체확률의 법칙(total probability rule) 21
점근분포(asymptotic distribution)함수 209
점근적인 성질(asymptotic property) 201
정규분포(normal distribution) 157
제1종 오류(Type I error) 227
제2종 오류(Type II error) 227
젠센 부등식(Jensen's Inequality) 71
조건부 기댓값 121
조건부 분산(conditional variance) 121, 122
조건부 확률(conditional probability) 20
조건부 확률밀도함수(conditional pdf) 121
조건부 확률질량함수(conditional pmf) 121
주변확률밀도함수(marginal pdf) 102
주변확률질량함수(marginal pmf) 97
중심극한정리(central limit theorem) 201, 209
지수분포 180
집합(set) 3

[ㅊ]

차집합(difference) 10
체비쉐프 부등식(Chebyshev's Inequality) 70, 204
추정값(estimate) 194
추정량(estimator) 194

[ㅋ]

카이제곱 분포(Chi-Square distribution) 165

[ㅌ]

통계량(statistic) 193

[ㅍ]

평균(mean) 51
포아송 분포(Poisson distribution) 147
표본공간(sample space) 2, 11
표본의 크기 193
표본평균(sample mean) 193, 196
표준오차(standard error) 218
표준정규분포(standard normal distribution) 159
표준정규분포표 159
표준편차 60

[ㅎ]

합집합(union) 6
확률벡터(random vector) 91, 182
확률변수 27

확률변수 X의 기댓값을 중심으로 한 r차 적률 68
확률 수렴(convergence in probability) 201
확률질량함수(probability mass function, pmf) 38
효율성(efficiency) 198

*****
r차 적률(r-th moment) 65
$(1-\alpha)100\%$ 신뢰구간 217
Boole의 부등식 18
F-분포(F-distribution) 177
p-value 228
t-검정(t-test) 229
t-검정 통계량 229
t-분포(t-distribution) 172

저자 소개

송호신 교수는 서울대학교에서 경제학 학사 및 석사를 마친 후에 한국은행에서 근무한 후, 2007년 Pennsylvania State University에서 경제학 박사 학위를 받았다. 이후 한국조세재정연구원에서 근무하였고, 2012년부터 이화여자대학교에서 학생들을 가르치고 있다.

경제통계학

2020년 3월 20일 인쇄
2020년 3월 27일 발행

저 자	송호신
발행인	김광범
발행처	도서출판 시대가치
주 소	서울특별시 마포구 토정로 222, 422-1호(한국출판콘텐츠센터)
전 화	02)3152-2620
팩 스	02)6442-2621
등 록	2017년 3월 23일 제2018-000088호
이메일	timepub2017@gmail.com

정가 20,000원 ISBN 979-11-89607-26-5 93320

이 도서의 국립중앙도서관 출판예정도서목록(CIP)은 서지정보유통지원시스템 홈페이지(http://seoji.nl.go.kr)와 국가자료종합목록 구축시스템(http://kolis-net.nl.go.kr)에서 이용하실 수 있습니다. (CIP제어번호 : CIP2020010466)